本书出版得到"吉林师范大学学术著作出版基金"资助

王弼哲学思想研究

孔祥玲 著

中国社会科学出版社

图书在版编目（CIP）数据

王弼哲学思想研究／孔祥玲著．—北京：中国社会科学出版社，2020.9
ISBN 978 - 7 - 5203 - 7400 - 2

Ⅰ.①王…　Ⅱ.①孔…　Ⅲ.①王弼(226 - 249)—哲学思想—研究
Ⅳ.①B235.25

中国版本图书馆 CIP 数据核字(2020)第 197766 号

出 版 人　赵剑英
责任编辑　朱华彬
责任校对　张爱华
责任印制　张雪娇

出　　版　中国社会科学出版社
社　　址　北京鼓楼西大街甲 158 号
邮　　编　100720
网　　址　http://www.csspw.cn
发 行 部　010 - 84083685
门 市 部　010 - 84029450
经　　销　新华书店及其他书店

印刷装订　北京市十月印刷有限公司
版　　次　2020 年 9 月第 1 版
印　　次　2020 年 9 月第 1 次印刷

开　　本　710×1000　1/16
印　　张　15.5
插　　页　2
字　　数　216 千字
定　　价　98.00 元

目　　录

序

　　魏晋玄学是中国古代哲学的重要环节，它上承秦汉儒道哲学，下启东晋、南北朝、隋唐时期的佛学，对宋明理学也有颇深影响。王弼作为魏晋玄学的领军人物，其学说在魏晋玄学中居于核心地位，在中国古代哲学中也占有重要位置，他的哲学思想具有重要的研究意义和价值。

　　自现代学术兴起以来，学术界对王弼哲学思想已经作出了广泛而深入的探讨，想要在已有研究基础上，继续开展创新性研究是很困难的，但是从本书内容来看，作者的论述颇有新意，具体来说，主要表现在以下三个方面：

　　第一，研究方法具有创新性。在本书中，作者直面现实，简要梳理了学术界的研究成果，反思研究成果中存在的问题。认为现有研究成果中，大部分研究者对王弼哲学思想的把握是受西方哲学研究范式影响的，但是由于中西方哲学内在义理的不同，在西方哲学研究范式下研究的王弼哲学思想只能是对王弼哲学思想"逻辑性"的把握，而无法把握其内在逻辑及其精神实质。基于这一问题，作者为了给王弼哲学思想研究提供一个更加开放的视域，提出了"历史与逻辑""心理与文化"相统一的研究方法。即从王弼生活的时代背景出发，去认识这一时代背景所提出的时代课题，分析时人为解决这一时代课题所形成的共同文化心理，探索王弼在解决这一时代课题时经历的心理辩证过程，及这一过程对其后魏晋玄学发展的影响，进而探究王弼哲学思想的内在逻辑和精神实质。"历史与逻辑""心理与文化"辩证统一的方法将王弼哲学思想研究纳入到王弼哲学思想自身发展的逻辑中，这种研究方法避免了西方哲学范式下的"逻辑性"研究，符合中国古代哲学发展的内在逻辑特征，这种研究方法对于王弼哲学思想研究来说，具有创新性的意义。

　　第二，研究思路具有创新性。在本书中，作者首先通过对自汉初至东汉末的"名教之治"变化过程的梳理，发现汉王朝由兴盛转向衰落的原因，不在于"名教之治"制度本身，而在于实行"名教之治"的过程中，由于人的主观因素，使现实中的"名教"流于形式而脱离实质。作者进而分析，名教流于形式而脱离实质的根源是由托身名教的孔子儒学自身的理论形态中缺少形上思辨导致的。于是，作者得出结论：魏晋玄学的时代课题是论证名教的合理性。接着，作者进一步分析了时人为解决这一时代课题形成的文化心理。作者认为，在论证名教合理性的道路上，魏晋玄学家发现儒家长于言必及有，道家善于形上思辨，所以，以道家所言之道弥补儒家之所不言，成为魏晋玄学家共同的理想追求。王弼之前的哲学家，不管他们是试图将儒道两家不同的理论外观简单地捏合在一起，还是以道家的"无"汇通儒道，均以失败告终。但是受到他们的启发，王弼另辟蹊径，找到了解决问题的办法。再接下来，作者着重阐释了王弼哲学思想产生的心理辩证过程。这一过程主要包括以下几个环节：一、王弼从认识论的角度分析儒道两家之间的关系。王弼认为儒道两家学说共同关心的核心问题是万物的最高根据"无"，儒道两家理论外观的差异是由两家对于"无"的不同的言说方式造成的，不同的言说方式又是因为两家不同的认识论产生的。在这个基础上，王弼以"言意"关系为基础，对认识论进行了自觉反思。其反思的结果是，"言"与"意"具有内在统一性，即对于同一事物可以付诸不同的语言，但是这些不同的语言并不影响对这一事物的认识。由此，王弼确认了儒道两家所言说的"无"的确定性，以及在此基础上的儒道两家的内在统一性。二、王弼对儒道两家经典文献《老

子》《周易》进行研究并注释。王弼通过对《老子》《周易》的认识
论及语言研究，确认《老子》《周易》共同关心着"无"这一问题，
而且确认其不同的理论外观是由儒道两家不同的认识论原则造成的。
在此基础上，王弼注释《老子》《周易》，从中发现儒道两家的本体
论思想。三、借鉴儒道两家本体论资源，建构"贵无"本体论。对
于《老子》《周易》的本体论资源，王弼直接吸收其相同论述，化
解其"矛盾"内容，合并其"分野"之处，最终建立自己的本体论
思想。王弼的本体论思想内在包涵着"以无为本""以无为用""崇
本息末""崇本举末"四个环环相扣的逻辑环节，这四个环节诠释
了从"无"到"物"，以及从"物"到"无"的内在逻辑关系，为
名教合理性的论证奠定了基础。四、王弼以本体论思想为基础，论
证名教合理性。王弼通过对"无"与"自然"，"自然"与"物"
的关系论证了生于自然、成于自然是事物存在的合理性根据。在此
基础上，通过分析"名教"与"自然"及现实社会的"名教"与
"自然"关系，从理论上论证了名教是生于自然、成于自然，符合事
物的合理性规律的。王弼又以《论语》为依据，在《论语释疑》中
对儒家之"仁""礼乐""道"的合理性进行分析，推进了对名教的
合理性论证。五、王弼"体无"的玄学认识论与"贵无"本体论成
为王弼哲学思想的闪光点。面对魏晋玄学的时代课题，王弼由认识
论至本体论的思维方式从理论上论证了名教的合理性，王弼的思维
方式对其后的魏晋玄学家具有启发性的意义，他们在论证名教合理
性的同时，却意外地共同推进了魏晋玄学的认识论、本体论的发展，
最终使魏晋的本体论哲学成为中国古代哲学史上一道独特的风景线。
王弼"体无"的玄学认识论与"贵无"本体论也因此而成为王弼哲
学思想中最为闪光的部分。至此为止，作者已经以清晰的思路、连
贯的线索、合理的论证，非常准确地把握了王弼哲学思想的内在逻
辑和精神实质。从研究思路看，作者对于王弼哲学思想研究的步调
完全是开放的。作者并不事先假定王弼具有某一种哲学思想，然后
从王弼的文本中为自己的假定找证据，作者探究尝试以王弼自己的

声音所显露出来的详尽的文献证据，来呈现王弼哲学思想的逻辑和结构。总体来说，这一研究思路，在目前的王弼哲学思想研究领域还是比较具有创新性的。

第三，研究观点具有创新性。在本书中，作者对王弼的文本进行了不少相当细密的解读，提出了一些具有创新性的观点，限于篇幅原因，仅举两例予以说明。例一，关于对王弼注本的理解方面。对于王弼注本的理解，当前学术界最为普遍的方法就是执着于王弼具体的诠释语言去理解王弼的"注本"，但是作者却认为，对于王弼诠释性语言的理解必须要考虑到王弼对原文本的语言特点及原文本言说对象的特殊性的认识。王弼认为《老子》《周易》的核心问题是"无"，但是由于"无"不能直接用语言表达，所以《老子》《周易》各自采用了特殊的方式，由此，对于《老子》《周易》的注释，不能执着于语言的表面意思，因而建立了"得象忘言，得意忘象"的诠释方式。由此，作者认为，对于王弼注本的理解也不能执着于字面的意思，如果执着于注本中的语言去理解王弼的注释恰恰是违背了王弼"得意忘象""得象忘言"的方法论原则，必将陷入"存言者，非得象者也；存象者，非得意者也"的困境。例二，关于王弼的本体论思想。对于王弼的本体论，学界一般认为是王弼在注释《老子》过程中的创新性发明，但是作者却认为，尽管"无"在王弼那里被定义为本体论范畴，但是本体论思想并不是王弼首创。作者认为《周易》《老子》中的"道"都内在包涵着本源论和本体论两种意义，而且无论是本源论还是本体论的"道"，其特征都可以指涉为"无"，其不同的是作为本源的"道"可向往、可追求，却不可体认，但是作为本体的"道"，它是事物的存在根据，事物是它的外显形态，它以事物规律的方式存在于事物之中，这样的"道"尽管不能通过眼、耳、口、鼻等感官直接认识，但是人们却可以透过纷繁复杂的自然现象予以体认。而王弼正是发现了这一点，于是将"本体"之"道"从"本体"与"本源"的纠缠中分离出来，并且从能否被认知的角度区分了二者，并将二者予以不同称谓，将"道"

留给了本源义，此即"不可体之道"，把"无"赋予了本体义，此即"可体"之"无"。王弼本体论思想由此成为中国古代哲学的内在逻辑环节。王弼注本的理解问题和本体论问题，在以往学术研究中，是重视程度比较高的两个问题，而且研究结论争议也不少。但是对于王弼注本的理解，作者能够回归王弼本人的语言观，提出"对于王弼注本的理解也不能执着于字面的意思"这一观点，确实与学术界现有观点有所不同。而对于王弼的本体论问题，以往学术界也曾注意到王弼之"无"与老子之"道"的关系问题，但是作者对这一问题的研究更加深入而细致。

本书的作者孔祥玲博士，能够以王弼哲学思想这一学术界的"老问题"，作为博士学位论文的研究对象，显示出巨大的理论勇气。但是她能够潜心研究，其博士学位论文居于如何把握王弼哲学思想的内在逻辑和精神实质、如何看待王弼哲学思想与中国古代哲学逻辑发展的关系、王弼哲学思想中各领域的内部逻辑关系以及王弼哲学思想的现代意义与启示等问题意识，采取历史与逻辑、心理与文化统一的研究方法，得出令人信服的观点，充实了学术界对王弼哲学思想的认识。孔祥玲博士的学位论文取得了内外审专家及学位答辩委员会的认可，但是她并没有满足已经取得的成绩，仅仅历时半年多的时间，她又根据内外审专家及答辩委员会的相关意见和建议修改并充实论文，使之以专著的方式再次呈现，作为她的答辩委员会主席，我感到十分欣慰。在此，我也希望她能够在今后的学术研究中，再接再厉，取得更好的成绩。

胡海波
二〇一九年九月六日于东北师大

引　言

一

魏晋玄学是中国古代哲学的重要环节。汤用彤先生指出，中国古代哲学发展至魏晋玄学时期，"已不复拘拘于宇宙运行之外用，进而论天地万物之本体"①。朱春红先生认为"在中国哲学史上，魏晋玄学是上承汉代的儒学和道家思想，下启东晋、南北朝、隋唐时期的佛学，以至于对宋明理学的产生也有深刻影响的一个重要发展阶段。玄学所言谈和辨析的有无、言意、名教与自然、情性等问题，涉及宇宙本体和人之本性等较深刻的哲学问题，在理论上幽深玄远，在形式上灵活多变，具有较强的思辨性，这些问题直到今天仍有一定的理论意义和思想价值"②。王弼作为魏晋玄学的领军人物，其学说在魏晋玄学居于核心地位，也是中国古代哲学的有机组成部分，具有重要的研究意义和价值，王晓毅先生曾评价说，"王弼在哲学史上奏出了时代的最强音。虽然他像流星一样匆匆闪过，只生活了二十三个春秋，却以其不可思议的天才智慧之光，照亮了整个时代，指明了魏晋玄学的理论航向"③。

王弼的学术体系庞大、内涵深奥。他所注释的《老子》《周易》曾经在众多的注本中被认可为官方版本，在中国诠释史上地位非凡；

---

① 汤用彤：《魏晋玄学论稿》，上海古籍出版社2001年版，第43—44页。

② 朱春红：《玄学之辨》，山西人民出版社2011年版，第2页。

③ 王晓毅：《中国文化的清流》，中国社会科学出版社1991年版，第178页。

他所建立的高度思辨的玄学哲学，在本体论、认识论中提出的新观点对中国古代哲学发展有深远的影响。王弼哲学思想以其独特的魅力吸引着历代研究者的关注。但是，在这些研究者眼中，就如同一百个人眼里有一百个哈利波特一样，王弼哲学思想变成了五花八门的存在：有人认为他的哲学思想充满新义，"震撼了整整一个时代的心灵"[①]；也有人认为他"罪深于桀纣"[②]，对魏晋南北朝的动乱负有不可推卸的责任，是"清谈误国"的开创者；有人认为他对《老子》《周易》进行了创造性的解释[③]，赋予了《老子》《周易》新生命；也有人认为他注释《老子》《周易》扫清了汉代注经传统为《老子》《周易》带来的迷障，使他们的原意得到复归[④]；有人认为他没有构造出一个完整的理论体系，只是提出了零零散散的观点[⑤]；也有人认为他已经创造了一个完整的哲学体系[⑥]……当然，不管后人如何评价，历史的真相只能有一个，那就是王弼哲学思想的内在逻

[①]　王晓毅：《王弼评传》，南京大学出版社 1996 年版，第 329 页。

[②]　（唐）房玄龄：《晋书》，中华书局 2000 年标点本，第 1319 页。

[③]　高晨阳先生认为王弼在建构玄学体系时首先完成的是对《老子》崇本息末进行创造性的解释，然后将崇本息末观念当作方法去解释《老子》，而后把执一统众观念具体化为得意忘言的方法去理解《周易》，进而建构了自己的玄学体系。载高晨阳：《论王弼玄学体系的建构方法》，《中国哲学史》1999 年第 3 期。

[④]　瓦格纳先生认为："王弼的注释技艺是以《老子》自身的理论陈述和实践方法为基础的，在这种方式上，他的做法是解释学的。他用来消除多义性的材料绝大多数来源于《老子》，再用源自与孔子相关的文本的对等文段加以强化。因此，在方法论、解释材料和哲学主张上，王弼让自己从属于文本的假想作者。此外，他对《周易》的解读技巧也基于《周易》本身的内在策略指导和解释，特别是'十翼'。"载［德］瓦格纳《王弼〈老子注〉研究》，杨立华译，江苏人民出版社 2009 年版，第 267—268 页。

[⑤]　田永胜先生认为："就现有的资料看，王弼没有能够构造出一个较周密的思想体系，而只有一点零零碎碎的观点。"载田永胜《王弼思想与诠释文本》，光明日报出版社 2003 年版，第 247—248 页。

[⑥]　余敦康先生认为："就思想内容而论，王弼的玄学毫无疑问业已形成了一个体系，不像何晏、夏侯玄、荀粲等人那样，只是阐发了一些零零散散缺乏内在联系的玄学观点。"载余敦康《何晏王弼玄学新探》，方志出版社 2007 年版，第 265 页。

辑和精神实质。因此，我们认为，尽管王弼哲学思想研究已经成为一个"老问题"，但是澄清王弼哲学思想的内在逻辑和精神实质仍然具有非常重要的意义和价值。

　　研究王弼哲学思想的内在逻辑和精神实质，是王弼哲学思想研究的重要课题，也是中国哲学史研究的重要课题。理由是：首先，王弼作为魏晋玄学的领军人物，其后的魏晋玄学家的思想都与其有着不可分割的联系，只有把握王弼哲学思想的内在逻辑和精神实质，才能够进一步分析王弼哲学思想体系与其他魏晋玄学家的思想体系的内在逻辑关系，才能够从整体上把握魏晋玄学的内在逻辑与精神实质。其次，王弼作为中国古代哲学史上的重要人物，他所注释的《老子》《周易》上接先秦哲学，他所建构的本体论、认识论又下启隋唐哲学、宋明理学，把握王弼哲学思想的内在逻辑与精神实质对于澄清中国古代哲学发展的内在逻辑特质有着重要的作用。最后，王弼哲学思想的内在逻辑和精神实质能否得到合理性的揭示，还关涉到以王弼思想为代表的中国古代哲学如何在世界哲学中的主体地位的挺立，以及如何看待王弼哲学思想在中国哲学未来合理化的学理性建设中的价值等问题。总而言之，研究王弼哲学思想，把握王弼哲学思想的内在逻辑和精神实质具有非常重要的意义。

二

　　王弼哲学思想自其产生以来，在历代都曾受到过学者的关注。何晏认为他思想深刻："仲尼称后生可畏，若斯人者，可与言天人之际乎"[1]；孙盛担心他使儒家"中道旁落"："易之为书，穷神知化，非天下之至精，其孰能与于此？世之注解，殆皆妄也。况弼以傅会之辨而欲笼统玄旨者乎？故其叙浮义则丽辞溢目，造阴阳则妙颐无间，至于六爻变化，群象所效，日时岁月，五气相推，弼皆摈落，

―――――――――――

　　[1]　（晋）陈寿：《三国志》，（宋）裴松之注，中华书局1999年版，第591页。

多所不关。虽有可观者焉，恐将泥夫大道"①；东晋范宁则将"礼崩乐坏，中原倾覆"的责任加诸王弼、何晏，指斥"二人之罪，深于桀纣"②；唐代的孔颖达认为"其传易者，西都则有丁孟京田，东都则有荀刘马郑，大体更相祖述非有绝伦，唯魏世王辅嗣之注，独冠古今，所以江左名儒，并传其学，河北学者，罕能及之"③；明末清初的思想家顾炎武却在《日知录》"正始"条中称："讲明《六经》，郑玄、王肃为集汉之终；演说老庄，王弼、何晏为晋之始。以至于国亡于上，教沦于下，羌戎互僭，君臣屡易，非林下诸贤之咎而谁哉？"又说："有亡国有亡天下。亡国与亡天下奚辨？曰：易姓改号谓之亡国，仁义充塞而至于率兽食人，人将相食，谓之亡天下。魏晋之清谈何以亡天下？是孟子所谓杨墨之言，至于使天下无父无君而入于禽兽者也……自正始以来，而大义之不明遍于天下"；而章太炎却说："五朝所以不竞，由任世贵，又以言貌举人，不在玄学。"④ ……前人对于王弼的评价无论是褒贬毁誉，都已"斯人已逝"。至于近人，民国以后，学术研究从传统向现代转变，王弼哲学思想研究在学界依然存有一席之地。

20 世纪三四十年代以来，王弼哲学思想研究的成果非常丰硕，除了专门研究王弼哲学思想或王弼哲学思想某一领域的著作有多部外，涉及王弼哲学思想研究的其他著作也有十几部之多，如《中国哲学史》《魏晋玄学史》等。除此以外，还有博、硕学位论文、期刊论文等多篇。这些著作、论文各有所见，各具价值，各有不同程度的开创性意义。在这些研究成果中，不乏有一些论著试图揭示王弼哲学思想的内在逻辑和精神实质。比如汤用彤先生从他对早期欧洲哲学的研究范式中提取了从宇宙论到本体论发展的基本历史学框

---

① （晋）陈寿：《三国志》，（宋）裴松之注，中华书局 1999 年版，第 592 页。

② （唐）房玄龄：《晋书》，中华书局 2000 年标点本，第 1319 页。

③ （清）阮元：《十三经注疏（清嘉庆刊本）》（一），中华书局 2009 年版，第 14 页。

④ 章太炎：《章太炎全集》，上海人民出版社 1985 年版，第 76—77 页。

架，并以此研究汉魏哲学的学术变迁，他认为在这个变迁的过程中，王弼起到了极其重要的作用，并认为"言意之辨"是王弼用以解决魏晋玄学时代课题的新眼光、新方法，"言为象之代表，象为意之代表，二者均为得意之工具。吾人解《易》要不滞于名言，忘言忘象，体会其所蕴义，则圣人之意乃昭然可见。王弼依此方法，乃将汉易象数之学一举而廓清之，汉代经学转为魏晋玄学，其基础由此而定"①。汤用彤先生认为王弼的"言意之辨"思想不仅是王弼哲学思想的内在逻辑，而且是魏晋人士建构玄学思想的基本方法。他认为王弼的"言意之辨"在魏晋时代影响极大，魏晋人士以此解释经典②，用于证解、建构形上学③，汇通儒道④，影响魏晋人士的生活方式⑤等。牟宗三先生根据西方哲学中诸形而上学系统、中国道家之玄理系统、佛教之般若佛性系统与儒家之性理系统之相比照而对魏晋玄学的详检⑥，他认为谈才性和谈玄理是魏晋时期先后出现的两个学术主题，王弼扭转汉代图画式的气化宇宙论而开启纯玄理的形而上学。他认为王弼哲学思想的造诣主要表现在两个方面，一个是"圣人体无，老子是有者"，另一个是"圣人有情"，"这两个大端合起来，根本就只是一个体用问题"⑦，王弼的"圣人体无""圣人有情"等思想都是他"体用论"的特殊表现⑧。以此不难看出，在牟宗三先生看来，"体用论"即为王弼哲学思想的精神实质。汤一介先生在《郭象与魏晋玄学》中指出，汉魏之际由于儒家思想统治地位

---

① 汤用彤：《魏晋玄学论稿》，上海古籍出版社 2001 年版，第 25—26 页。

② 同上书，第 26 页。

③ 同上书，第 28 页。

④ 同上书，第 29 页。

⑤ 同上书，第 35 页。

⑥ 牟宗三：《才性与玄理·原版自序二》，载牟宗三《才性与玄理》，广西师范大学出版社 2006 年版，第 2 页。

⑦ 牟宗三：《才性与玄理》，广西师范大学出版社 2006 年版，第 67 页。

⑧ 同上书，第 106 页。

的削弱，当时的社会问题提出了给社会、人生寻找存在根据的问题，"因此有何晏、王弼等玄学家对这些问题作了哲学论证，而魏晋玄学生焉"①。王弼哲学思想的特点是："即用'体用如一''本末不二'来论证'无'（本体）和'有'（功用、现象）的关系，建立其'以无为本'的玄学思想体系。"② 按照汤一介先生的说法，"体用如一""本末不二"应为王弼所建构的玄学体系的内在逻辑与精神实质。许抗生先生在《魏晋玄学史》中，集中讨论了王弼玄学体系的建立、王弼玄学抽象思维的方法、"以性统情"的人性论和王弼的政治思想。对于王弼玄学体系的建立，许抗生先生认为："王弼建立的哲学体系是以'举本（无）统末（有）'为特征的。"③ 这说明，在许抗生先生看来，"举本统末"应为王弼哲学思想的精神实质。余敦康先生在《魏晋玄学史》中指出："玄学的主题是自然与名教的关系，道家明自然，儒家贵名教，因而如何处理儒道之间的矛盾使之达于会通也就成为玄学清谈的热门话题。"④ 在《何晏王弼玄学新探》中指出，何晏、王弼依据传统而又不囿于传统，通过对《老子》《周易》《论语》三部传统经典的注释创建玄学体系，是中国哲学史上，关于传统与现实、继承与创新关系问题的成功典范⑤。总之，对于王弼的哲学思想，余敦康先生认为，"王弼找到了一种有无互训的方法解决了孔老之间的矛盾……表面上看来确实是机智的，但是其中蕴含着一种十分深刻的本体思维"⑥，这种思维使王弼在解释《老子》时着重于由体以及用，注释《周易》时，则着重于由用

---

① 汤一介：《郭象与魏晋玄学》，北京大学出版社 2000 年版，第 28 页。

② 同上书，第 43 页。

③ 许抗生：《魏晋玄学史》，陕西师范大学出版社 1989 年版，第 84 页。

④ 余敦康：《魏晋玄学与儒道会通（代序）》，载余敦康《魏晋玄学史》，北京大学出版社 2004 年版，第 1 页。

⑤ 余敦康：《何晏王弼玄学新探·自序》，载余敦康《何晏王弼玄学新探》，方志出版社 2007 年版，第 1 页。

⑥ 余敦康：《何晏王弼玄学新探》，方志出版社 2007 年版，第 109 页。

以及体。通过这样的解释，王弼"不仅全面地解释了《周易》和《老子》，而且使这两部经典中的本体论思想形成一种有无互补的关系，结合时代需要展开为与汉代神学目的论大异其趣的新的内圣外王之道"①。以上论述说明在余敦康先生看来，王弼哲学思想的内在逻辑在于"儒道汇通"，其精神实质则在于"本末""体用"之学。王晓毅先生在《王弼评传》中指出，王弼创建玄学的方法是："'辨名析理'是其逻辑思维方式；'得意忘言'是其解释经典的工具；'本末体用'是其解决本质与现象关系的哲学思路。"② 王晓毅先生在《王弼评传·内容提要》中指出："在经学危机、道家复兴和佛教东渐的条件下，何晏初步创立了贵'无'本体论玄学。王弼则在这一基础上，运用本末体用方法成功地解答了有与无、有为与无为、名教与自然等一系列学术难题，以形名学逻辑习惯，得意忘言，全面刷新了《老子》《周易》和《论语》，奠定了魏晋玄学的理论基础，将中国文化引入儒道融合的新时代。"③

　　以上，我们列举了自古及今的王弼哲学思想研究的部分成果，当然，这些研究成果不过是王弼哲学思想研究中的极少部分。还有很多研究者也在此领域作出了极其重要的贡献。限于篇幅原因，在此不进行一一列举。综上所论，不难看出，从研究的历史、数量与规模上来看，王弼哲学思想已经是学术界的一个"老问题"，学界对此领域的研究已经广泛而深入。

三

　　王弼哲学思想研究的学术成果已经相当丰富，如何在此基础上继续开展研究，则需要找到一个现有研究中尚未涉足或涉之未足之

---

① 余敦康：《何晏王弼玄学新探》，方志出版社 2007 年版，第 109 页。

② 王晓毅：《王弼评传》，南京大学出版社 1996 年版，第 193 页。

③ 王晓毅：《王弼评传·内容提要》，载王晓毅《王弼评传》，南京大学出版社 1996 年版，第 9 页。

处，或者通过对现有研究成果中存在的问题进行反思而建立的新的切入点。事实上，在梳理现有研究成果的过程中，我们也确实发现了如下一些问题：

第一，如何把握王弼哲学思想的内在逻辑和精神实质的问题。除了汤一介、余敦康等一少部分学者直言希望通过王弼自身的逻辑把握王弼哲学思想以外，大部分研究者对王弼哲学思想的把握仍然是受西方哲学范式影响的。比如汤用彤先生借助于早期欧洲哲学研究的基本历史学框架，冯友兰先生使用形式逻辑的方法，冯契先生使用马克思主义辩证法等。西方哲学思想体系和范式体现的是一种强烈的逻辑性和条理性，因此在西方哲学的诠释模式和逻辑框架下，研究中国古代哲学思想，就会出现对中国古代哲学思想逻辑系统的"建构"和"诠释"，从而形成一种对中国哲学思想的"逻辑性"的把握，这种"逻辑性的把握"能否反映哲学思想的内在逻辑和精神实质则是值得商榷的。余敦康先生认为："如果我们以西方哲学为参照系，把王弼的一些零零散散的言论分类整理成本体论、认识论、人性论、历史观、政治伦理思想等几个部分，然后再进行组装，使之具有某种形式上的体系性，这似乎是一个可行的办法。但是，西方哲学与中国哲学有着不同的传统，不同的问题，不同的思路，不同的特点，如果忽视这些不同，削足适履，用西方哲学的模式来硬套中国哲学，往往会弄得面目全非，仅有西方哲学的那种形式上的体系，而丧失了中国哲学的实质内容。"① 张连良先生在《中国古代哲学史》序论中称："中西哲学在起源阶段的根本不同，必然会导致二者在哲学史的发展脉络中的差异性。因此，以西方哲学为范式整理中国古代传统文化、建立中国哲学学科，必然会带来两个严重的后果：一是将哲学学科变成中国传统文化诸形式中的最高形式；二是将遮蔽中国传统文化中所内在包含着的神圣性。这两个后果导致

---

① 余敦康：《何晏王弼玄学新探》，方志出版社 2007 年版，第 265 页。

了中国传统文化之灵魂的丧失。"① 两位先生的研究提示我们有必要对以西方哲学范式研究中国哲学的做法进行反思。那么，落实到王弼哲学思想研究时，我们必须要考虑到：这种在西方哲学的逻辑框架和理论范式下的王弼哲学思想研究是否已经真实地实现了对王弼哲学思想的内在逻辑和精神实质的合理性把握？如果回答是否定的，那么我们如何重新开启对王弼哲学思想的研究，才能实现对王弼哲学思想本真的还原？如果我们要实现对王弼哲学思想的本真的还原，我们怎样做才是合理的？

第二，如何看待王弼哲学思想与中国古代哲学逻辑发展的关系问题。对于中国古代哲学的产生与发展，刘大杰先生认为"作品的产生取决于时代精神和周围风俗"②，冯契先生认为是"文化思想之盛衰，盖有随时救弊之义焉"③，韩强先生在《王弼与中国文化》中指出："中国传统文化表现出创新的解释学和文化哲学的特征。"④尽管他们的说法不同，但是他们对中国古代哲学的产生与发展的研究无不带有进化史观的色彩。中国古代哲学研究中的进化史观来源于西方近代进化史观。在 19 世纪末 20 世纪初，西方近代进化史观随着严复《天演论》的出版传入中国，从此，中国学者开始使用进化史观的思维来叙述中国哲学史，由此改变了中国学者传统的、复古的、循环的或变易的历史观。严复译介的《天演论》，是"将英国思想家赫胥黎的生物进化论及其社会进化论与斯宾塞的社会达尔文主义思想糅合，在中国较为系统和深入地介绍西方近代进化史观"⑤，这说明，传入中国的进化史观杂糅着赫胥黎的生物进化论、社会进化论和斯宾塞的文化进化论。赫胥黎是达尔文进化论的辩护

---

① 张连良：《中国古代哲学史》，中国社会科学出版社 2015 年版，序论，第 2页。

② 刘大杰：《魏晋思想论》，上海古籍出版社 1998 年版，第 8 页。

③ 贺昌群：《魏晋清谈思想初论》，商务印书馆 1999 年版，第 58 页。

④ 韩强：《王弼与中国文化》，贵州人民出版社 2001 年版，第 5 页。

⑤ 舒习龙：《进化史观的传播与史书编撰的创新》，《理论导刊》2007 年第 3 期。

者，他曾宣布自己是"达尔文的斗犬"，所以他的进化论保持着达尔文进化论的基本含义，达尔文在《物种起源》中使用的"进化"有"进步""变异""演变"之义；斯宾塞是将达尔文进化论用于社会理论的建构，他明确地将"进化"界定为"进步"的代名词。所以，传入中国的文化进化史观中，"进化"包涵着"进步""变异""演变"等多重含义。总之，它着重强调"变"的意义。基于这一立场下的中国哲学史研究，无疑是更加关注中国哲学在不同发展阶段的变异性特点，研究方法也更加注重"明变"和"评判"。在这种进化史观的影响下，对于王弼哲学思想的研究，就特别强调"这些思想在魏晋时代社会环境下的传承、发展和革新，特别注意到魏晋思想在进化过程中的重演性、选择性和变异性"①。

那么，以西方哲学的进化史观研究魏晋玄学乃至王弼哲学思想是否合适呢？我们认为这是有待商榷的。首先，"文化进化论让中国学者认识到，人类生活在一个永恒变化的世界之中，近现代中国遭遇的三千年未有之变局加强了这种意识，并促使他们孜孜以求地探寻中国古代'变之哲学'及进化社会思想与史观"②，当然，就"变"这一点来说，中国古人从不否认世界是变化的，比如《系辞》云："《易》之为书也，不可远，为道也屡迁。变动不居，周流六虚，上下无常，刚柔相易，不可为典要，唯变所适。"然而，中国古代哲人在承认世界千变万化的同时，却并不把"变"作为世界的唯一主题，反而是将永恒不变的"常道"作为"变"的根源和根据。中国古人认为世界的变化是在永恒不变的最高统一性统摄下的变化，世界是体用如一、体用不二的系统规律作用下的世界。在这样的立场下，如果我们一味地以文化进化史观研究中国古代哲学，恰恰是违反了中国古代哲学的基本原则、解构了中国古代哲学中传统的常

---

① 刘大杰：《魏晋思想论》，上海古籍出版社1998年版，第9页。
② 黄燕强：《"进化"视野下的"中国哲学史"创作》，《哲学研究》2017年第4期。

道、遮蔽了中国古代哲学发展的内在逻辑，同时消解了中国古代哲学的阶段性发展乃至某个哲学家的哲学思想在中国古代哲学逻辑发展中的作用、地位和价值。其次，就中国哲学发展过程来看，按照雅斯贝尔斯"轴心时代"的说法，在公元前800—前200年之间的"轴心时代"，世界上几个传统的民族文化各自实现了一个超越性的哲学突破，产生了东西方两种不同的哲学形态。对于古希腊哲学而言，古希腊民族在实现其哲学突破时，是将其前的希腊先民的神王文化中的神圣性与世俗性统一的整体性割裂开来，神王文化中的世俗生活理性发展为哲学文化，而神王文化中的神圣性被宗教神学系统所继承，哲学与宗教神学之间的张力关系保证了西方文化的长足发展。但是在中国，"中国先秦时期的子学文化作为对上古三代思想的'哲学突破'，亦即对子学之前的中国先民文化（上古三代的礼乐典章制度文化）的'超越性突破'，是在前文化基础上的顺遂（连续性）的发展突破"①。由此，我们认为中国古代哲学自其产生以来，便具有其独特的内在义理。这种独特的义理就在于"作为中国哲学产生期的先秦子学从一开始就保持着与前文化形式即天道观念的'连续性'历史关联。而思想文化的原始统一性又直接关联的是人的生命存在的原始统一性，所以从这个角度上说，从先秦子学文化开始形成的中国古代哲学从起点就一直保持着与人的生命的原始统一性高度一致的发展连续性"②。这说明，中国古代哲学的发展，虽然在不同阶段体现出不同的阶段性特点，但是不同阶段之间仍然存在着必然的逻辑关系。在这种独特的内在义理的关照下，基于进化史观的魏晋玄学研究乃至王弼哲学思想研究，在突出理论特色时，有一定的合理性，但是却无法反映出魏晋玄学乃至王弼哲学思想在中国古代哲学思想发展的内在逻辑中的价值，因此也便无法从中国

---

① 张连良：《中国古代哲学史》，中国社会科学出版社2015年版，第8页。

② 陈琦：《王阳明"致良知"思想研究》，博士学位论文，吉林大学，2014年12月，第7页。

古代哲学存在与发展的有机整体性中把握魏晋玄学乃至王弼哲学思想的重要意义。以上两点足以说明，西方进化史观并不适合用来把握王弼哲学思想与中国古代哲学内在逻辑发展之间的关系。那么，在中国古代哲学的内在义理和发展逻辑的整体性的关照下，魏晋玄学的基本特征又是怎样的呢？由这些基本特征所规定的魏晋玄学在中国古代哲学发展的内在逻辑中又具有怎样的地位和作用呢？王弼哲学思想与中国古代哲学逻辑发展的内在关系又是怎样的呢？

第三，关于王弼哲学思想中各领域的内部逻辑关系的问题。王弼生于公元 226 年，卒于公元 249 年。王弼一生何其短暂，但他短暂的一生又何其辉煌：王弼未弱冠便迎来时任吏部侍郎裴徽的造访，并提出"圣人体无"的观点，这一观点甚至得到了时任吏部尚书何晏的称赞；其后，又多次参与清谈，甚至在何晏的辩论会，提出"圣人有情"的惊人之论；王弼除了在清谈场上叱咤风云外，还著述了《老子注》《周易注》等不朽名篇，而且在其注释性著作之后又作了《周易略例》《老子指略》两文。然而，就是这样一位青年才俊，他的生平事迹在文献中的记载却极为鲜见。这就很难从历史发展的角度去探析王弼哲学思想的发展历程，因此对于王弼哲学思想的内在逻辑和精神实质的把握便存在着一种复杂性，这种"复杂性"也引发后来学者的无数猜测，比如汤用彤先生认为"言意之辨"是王弼用以解决魏晋玄学时代课题的新眼光、新方法，王弼依此法，解释经典，用于证解、建构形上学，汇通儒道；汤一介先生认为王弼是通过用改造的老子思想解释儒家经典，建立他们的玄学新体系；许抗生先生认为王弼建立的哲学体系是以"举本（无）统末（有）"为特征的。那么，王弼哲学思想的内部逻辑关系何在？我们应当如何把握真实的王弼思想呢？王弼哲学思想的形成究竟经历了怎样的一系列的辩证过程呢？在这一系列的辩证过程中所展现的王弼哲学思想的内在逻辑结构和精神实质又是什么呢？

第四，关于王弼哲学思想意义和价值的问题。王弼哲学思想自其产生以来，似乎没有哪位哲学家的思想受到如此多的争议。晋代范宁认为"其罪深于桀纣"，直至清末，仍有学者认为"清谈误国"肇端于王弼，这期间虽然有些学者试图为王弼平反，但其作用似乎并不明显。那么，王弼哲学思想是否真如王晓毅先生所说的那样，他的理论结构存在着先天不足，最终导致"社会思想向多元化方向发展，弱化了社会凝聚力和整体生存功能，使中国陷入了长期社会动荡和国家分裂状态"[①] 吗？在现代社会，王弼哲学思想研究日益广泛深入，我们要把握王弼哲学思想的内在逻辑和精神实质，我们的研究仅仅只是为了停留在哲学史研究的理论层面的意义和价值吗？王弼哲学思想的内在逻辑和精神实质对于现代人的精神生活的建构有怎样的意义？对于现代哲学学科的建构又会有怎样的启示呢？

关于王弼哲学思想研究，我们必须首肯的是，众多学者已经作出了非常重要的理论贡献。但是，我们同时也必须承认，现有研究中仍然存在着诸如以上的各种问题需要继续深入思考。由此可见，反思以往研究中存在的问题，重新展开对王弼哲学思想的研究仍然是一项重要的研究课题。

四

为了提供一个开放的场域来呈现王弼哲学思想的内在逻辑与精神实质，"历史与逻辑统一"的方法给了我们一定的启示。

"历史与逻辑统一"的方法是 19 世纪德国哲学家黑格尔在他的唯心辩证法体系中首次提出的。他说："我认为哲学体系在历史中的次序同观念的逻辑规定在推演中的次序是一样的。我认为，如果从现在哲学史中的各个体系的基本概念身上清除掉属于其外在形式、属于其局部应用范围等等的东西，那么就会得出观念自身在其逻辑概念中的规定的不同阶段。"[②] 黑格尔把逻辑看作绝对观念结构，把哲学史看作绝对观念运动，他认为将历史上互相对立的哲学体系清

①　王晓毅：《王弼评传》，南京大学出版社 1996 年版，第 341 页。

②　转引自冯契《中国古代哲学的逻辑发展》，上海人民出版社 1984 年版，第 11 页。

除其外在的形式及其应用范围的不同，就能够把握哲学的基本概念和发展逻辑。他的说法是唯心论的，但是他所说的"历史与逻辑统一"的方法却是具有合理性意义的。马克思批判地继承了德国古典哲学的合理成分，使"历史与逻辑相统一"的方法，成为理解社会历史现象的重要科学手段，这里的历史是指："客观实在和人们的认识的发展过程。它包括三个方面的含义：一方面指客观现实的历史过程（包括自然界和人类社会）；另一方面指人类变革现实的实践活动本身的历史发展过程（包括生产实践、处理社会关系的实践和科学实验等）；再一方面指人类认识客观现实的历史发展过程（包括哲学史、科学史、思维史等）。"① 这里的逻辑是指："客观历史发展过程在思维中概括的反映，是历史的东西在思维中再现，即思维规律和思维形式，如概念、判断、推理和理论体系等主观的东西。"②"逻辑与历史的统一是指思维的逻辑应当概括地反映客观现实、人类社会实践和人类认识的历史发展过程的内在的必然性。"③ "历史与逻辑统一"的方法要求人在认识某种思想体系时，要把对事物历史过程的考察与人的思维内部的逻辑分析有机地结合起来。我们认为，要把握王弼哲学思想的内在逻辑和精神实质，将"历史"与"逻辑"统一起来的方法无疑是一种好的选择。

但是，现在的问题是"历史"属于存在的范畴，"逻辑"属于思维的范畴，"思维"和"存在"的关系问题是马克思主义哲学的基本问题，但是存在和思维仍然是一为内一为外的两个抽象环节，两者的统一性并不具有实体存在意义上的真实性。那么，在我们的研究中，如何能够保证两者之间的真实统一呢？

对于"思维"和"存在"的关系，一般的思维方式认为"思

---

① 于永军：《马克思逻辑与历史统一的理论》，硕士学位论文，山东师范大学，2010 年 6 月，第 7 页。

② 同上。

③ 同上书，第 8 页。

维"和"存在"是"根源于一种身体与灵魂、人与自然界、精神与物质的二元分裂意识"①，这种情况下，"思维"是"思维"、"存在"是"存在"，"存在"与"思维"是矛盾的。但是如果我们换一种思维方式，当我们深入思考"思维"与"存在"的矛盾根源时，我们发现它们是根源于生命存在的原始统一性的，也就是生存论的思维方式可以成为消解"存在"与"思维"的矛盾的一种选择。张连良先生认为"人的存在，抽象地看，无非表现为两种经验事实：一是心理存在；一是文化存在。人在生存过程中的身心关系、人与自然的关系，在历史发展中，就表现为这两种存在之间的关系，即心理与文化的关系"②。也就是说人的生存的基础矛盾是心理与文化的矛盾，那么，生存论的哲学的基本问题是心理与文化的关系问题。换句话说就是"存在"与"思维"的矛盾可以通过人的"心理"与"文化"的辩证关系来消解。这里的心理与文化概念都是广义的，心理是文化规范中的心理，"心理作为具体的意志、情感、知识的对象化和客观化，是人的心理存在的表征"③，"文化是人的本质力量的对象化，它是人的意志、情感、知识的对象化和客观化，是人的心理存在的表征"④。心理作为具体的意识内容，是文化占有人的结果，是文化的内化。文化则主要标志的是人感性存在、感性活动的方面，人存在的现实层面，既包括以语言为载体的知识，也包括人化的自然、一定历史时期生活于其间的经济、政治结构，同时也包括创造这些文化存在的现实活动。"心理"与"文化"是辩证统一的关系，因此，人的生存的实在性就是这样一种心理与文化的有机统一。

从人的生存本质的这种辩证性出发，我们就不难理解，一个哲

---

① 张连良：《心理与文化关系问题是生存论的基本问题》，《长白学刊》1998 年第 1 期。

② 同上。

③ 关英菊、刘昱：《从心理和文化的矛盾看人的存在的辩证本性》，《长白学刊》2004 年第 2 期。

④ 同上。

学家的哲学思想一定是在他的"心理"与"文化"的辩证作用下生成的。所以，对于哲学家哲学思想的把握，最可靠的方法不是一开始就按照某种固有的范式，去设计、归纳他们的哲学思想可能涉及了哪些问题，而是应当回到他所生活的历史环境中，力图从哲学家自己的角度去考察他们自身的心理与文化的互动过程。对于王弼哲学思想的研究当然亦是如此。所以，在本书中，我们希望在历史与逻辑、心理与文化辩证发展的整体性、动态性中再现王弼哲学思想产生的真实过程，力图使王弼哲学思想的内在逻辑与精神实质自然呈现。

第 一 章

时代课题

王弼哲学思想是魏晋玄学的杰出代表。对于魏晋玄学乃至王弼哲学思想的产生，王晓毅先生认为，"在汉魏之际的学术巨变中，随着经学危机的加深与黄老之学的复兴，儒、道异同成为重要的时代课题，它意味着魏晋精神世界的基本矛盾已经形成，以解决这一矛盾为学术主题的玄学思潮必然应运而生"①；汤用彤、任继愈两位先生则认为，魏晋玄学与当时的现实政治具有"相互依附的关系"②。王晓毅、汤用彤、任继愈三位先生分别将文化、政治的变革看作是魏晋玄学乃至王弼哲学产生的重要原因，但是"历史与逻辑""心理与文化"的辩证关系已经提示我们，"逻辑"的东西是"历史"在思维中的再现，"心理"是"文化"占有人的结果。所以，单纯的文化或政治变革不足以阐释魏晋玄学乃至王弼哲学思想的产生。"一个时代思潮的产生，除了有该时代的社会条件之外，同时又总不能离开思想的历史发展的条件"③，魏晋玄学乃至王弼哲学思想的产生，是在汉代与魏初整个社会历史背景下的"历史与逻辑""心理与文化"辩证统一的产物，所以，要了解王弼哲学思想的内在逻辑

---

① 王晓毅：《王弼评传》，南京大学出版社 1996 年版，第 2 页。

② 汤用彤、任继愈：《魏晋玄学中的社会政治思想略论》，上海人民出版社 1956 年版，第 1 页。

③ 许抗生：《魏晋玄学史》，陕西师范大学出版社 1989 年版，第 3 页。

与精神实质，我们必须探索一下当时的社会历史背景提出了怎样的时代课题，以及时人为解决这一时代课题所形成了怎样的共同的文化心理，这一过程又怎样地启发了王弼哲学思想的产生和王弼又以怎样的哲学思想对这一时代课题作出了回应。基于这一系列的问题意识，本书将首先从王弼哲学思想产生的历史背景说起。

第一节　历史背景

王弼生于公元 226 年，卒于公元 249 年，史称"正始"时期。对于这一时期何以能够产生王弼哲学思想，我们还需要从汉至魏的历史发展说起。

自汉高祖建立统一的西汉王朝之后，为了增强国家的政治经济实力，便开始实行"黄老之治"的休养生息政策。"黄老之治"崇尚"无为而治"，这一制度虽然对恢复汉初政治、经济起到了重要作用，但是，随着行之既久，也带来了官员懒政和地方集权的负面影响。到了汉武帝即位之时，从政治上和经济上进一步加强中央集权已成为一种迫切需要。在这样的历史背景下，董仲舒向汉武帝推荐了儒家思想。儒家的"大一统"思想受到了汉武帝的青睐，汉武帝接受董仲舒的建议，提出了"罢黜百家，独尊儒术"的统治政策。"罢黜百家，独尊儒术"是将先秦时期孔子所建立的儒家哲学，以纲常名教的形式作为国家管理制度的基本准则，其实质是"以正名定分为核心，以教化为主要方法，以建立一个贵贱有等、尊卑有别、长幼有序的儒家理想社会"[①]。于是，中国历史上的"名教之治"由此开始了。

汉代的"名教之治"落实到社会实践中，主要表现在两个方面：

---

① 张造群：《名教源流的历史探讨和现代评价》，《西南民族大学学报》（人文社科版）2008 年第 3 期。

第一，文化上的解经。汉代既行"名教之治"，儒家经典便有了绝对真理的权威，班固曰："六艺者，王教之典籍，先圣所以明天道、正人伦，致至治之成法也"①；王凤在代成帝所拟诏书中称："《五经》，圣人所制，万事靡不毕载。"② 汉代统治阶层认为，儒家经典中包含了包括政治在内的所有事物存在和发展的全部道理，于是，一场着眼于儒家经典的解经学在"名教之治"中轰轰烈烈地展开了。第二，政治上的取仕。"名教之治"以"正名定分为核心"，"正名定分"是将人的名声作为人的品德、才性的外在表现，于是那种以人物品评为主要考察方式的取仕制度由此被发扬。汉武帝就是以这样的"名教之治"作为基本治国模式，维护了大汉王朝的统一。然而，这样的"名教之治"却没有保障大汉王朝的长治久安，反而最终走向了衰落，并迎来了魏晋时代。那么，同样施行"名教之治"，汉王朝何以从兴盛走向衰亡，又被魏晋时代所取代呢？对此，我们不得不从"解经"和"取仕"两个方面，考察"名教之治"在此过程中的演变，进而寻找造成社会变革的原因。

就解经来说，汉代经学可以说是发端于董仲舒。当汉武帝向董仲舒策问治国之道时，董仲舒说："春秋大一统者，天地之常经，古今之通谊也。今师异道，人异论，百家殊方，指意不同，是以上亡以持一统；法制数变，下不知所守，臣愚以为诸不在六艺之科，孔子之术者，皆绝其道，勿使并进，邪辟之说灭息，然后统纪可一而法度可明，民知所从矣。"③ 董仲舒认为，"大一统"是天下常道，在众多学术之中，唯有儒学具有大一统的思想，所以，董仲舒向汉武帝推荐儒学。然而，董仲舒向汉武帝所推荐的儒学，并不完全是先秦儒家哲学，而是经过他经学解释过的儒家哲学，他继承了先秦儒学的"天人合一"思想，又创造性地以"天人感应"的神学思想

① （汉）班固：《汉书》，（唐）颜师古注，中华书局1999年版，第2663页。
② 同上书，第2478页。
③ 同上书，第1918页。

诠释了这一思想。董仲舒将这样的儒学推荐给汉武帝，一方面是以儒家的"大一统"确立了汉代统一的国家政治的合理性，"论证并巩固了西汉专制主义的大一统政治"①；另一方面是以"天人感应"的方式"借助天的权威来警告君主以节制君主的绝对权势，实现仁政的理想……建立符合仁政的理想国的想法"②。总体来说，"他所做的一切，正是为大一统社会的长治久安而进行的理论建设"③。然而，董仲舒的后学们却缺少这种对大汉王朝的忠诚，在董仲舒的后学中"唯赢公守学不失师法"④，这是说在董仲舒的后学中，只有胡毋生还谨守乃师对儒家经典的解释和义理的发挥，其他人则与董仲舒明显地不同。这种"不同"在今天看来就是他们为了阐释所谓的六经大义，在解经时不断加入自己的主观臆断，有时为了达到自己的解经目的，甚至会在"天人感应"的基础上引入灾异和谶纬，据《东汉观记·樊准传》载，汉安帝时樊准在上疏中提到孝明皇帝"垂情古典，游意经艺，删定乖疑，稽合图谶，封师太常桓荣为关内侯，亲自制作《五行章句》，每享射礼毕，正坐自讲，诸儒并听，四方欣欣，是时学者大盛，冠带缙绅游辟雍观化者以亿记"⑤。"稽合图谶"是当时章句之学谶纬化的真实写照。神学化、谶纬化的经学解释当然不是"名教之治"的本然要求。于是，一场基于考古发现而来的挽救时弊的文化思潮应运而生——古文经学出现了。古文经学家与今文经学家主观臆断、谶纬神学的解经方式不同，他们在诠释五经时以实事求是为基本原则，力求对儒家经典进行章句训诂和名物制度考证。古文经学追求儒家经典中的"微言大义"，训诂与章句之学的日益精细，最终使经文的理解日渐烦琐，对于这种情形《后汉书·郑玄传》批评道："汉兴，诸儒颇修艺文；及东京，学者

---

① 郑明璋：《论董仲舒天人合一思想的三个层面》，《船山学刊》2009 年第 3 期。
② 同上。
③ 同上。
④ （汉）班固：《汉书》，（唐）颜师古注，中华书局 1999 年版，第 2681 页。
⑤ 吴树平：《东汉观记校注》，中州古籍出版社 1987 年标点本，第 455 页。

亦各名家。而守文之徒，滞固所禀，异端纷纭，互相诡激，遂令经有数家，家有数说，章句多者或乃百余万言。学徒劳而少功，后生疑而莫正。"①《汉书·艺文志》称："后世经传既已乖离，博学者又不思多闻阙疑之义，而务碎义逃难，便辞巧说，破坏形体；说五字之文，至于二三万言。后进弥以驰逐，故幼童而守一艺，白首而后能言；安其所习，毁所不见，终以自蔽。"② 古文经学家立足于文字考证、章句分析的实事求是精神对于反对神学化经学和谶纬化经学，取得了一定的效果，但是却使经典解释陷入烦琐，使"五经"的整体意义走向疏离。可以说，汉代名教之治的解经初衷是从"王教之典籍"中解释出"致至治之成法"的人文主义精神。但是，到了汉末之际，这种"人文主义精神"几乎完全被独断的神学、谶纬学和烦琐的章句之学遮蔽了。汉代的"名教之治"下的经典解释的初衷，到东汉末期已经发生了本质的变化。

就取仕来说。"名教之治"所建立起来的取仕制度以推荐为主，考试为辅，而且考试还要与推荐相辅而行，在这样的取仕制度下，一个人能否被取仕一方面取决于被察举者的德行与才学；另一方面也取决于察举者自身的德行与才学。为了保证取仕制度的正常实施，汉武帝建立了严格的法律规定，对于被察举者采取一年试用期的制度，如果一年内能够胜任，则继续留任，如果不能胜任，则取消其仕途资格，而对于察举者，则要和被察举者负有连带责任，功罪奖惩相同。在这样的法律制度的制约下，基本能够保证察举制的顺利实施。但是，到了西汉末，汉平帝即位，王莽执政，曾诏令适当放宽荐举法，从此开始，滥举之事屡见不鲜。东汉初年为了纠正察举不实，曾经重申过选举之法，但效果并不明显。东汉中后期，由于察举制任人为仕没有真正客观的道德标准和学术评价，察举制更是出现许多弊端，再加上权贵豪族的垄断，所以许多读书人不惜"伪

---

① （宋）范晔：《后汉书》，（唐）李贤等注，中华书局 1999 年版，第 814 页。
② （汉）班固：《汉书》，（唐）颜师古注，中华书局 1999 年版，第 1365 页。

饰以邀"、弄虚作假,沽名钓誉的事情越来越多,汉桓帝时有歌谣:"举秀才,不知书。察孝廉,父别居。寒素清白浊如泥,高弟良将怯如鸡。"东汉后期,由于吏治的败坏,察举制更是"以族为德,以位为贤""贡举则以阀阅"为准,当时的察举权名义上是在君主之手,实际上则掌握在中央或地方官吏之手,为门阀世族所操纵。在这种情况下,察举者和被察举者形成了一种不正当的关系,"举子"视察举者为"恩主",生为之报效,死为之服丧。官僚、贵族为增强自己的政治权势和举子抱成一团,地主集团逐渐形成,以世族为代表的地方割据势力迅速膨胀,最终到了威胁国家统一集权制度的程度,大汉王朝走向衰落,魏晋时代悄然到来。由此,我们认为"名教之治"所推崇的察举制的初衷,是为了选拔德才兼具的治国之才,但是到了汉末之际,这种选拔人才的方式已经成为无良者追求利益的工具。"名教之治"之初所预想的以"正名定分"为核心的取仕制度在汉末之时早已形同虚设并且造成了严重的后果。

在上述"名教之治"从西汉初到东汉末的变化中,我们可以发现,汉代由兴盛到衰落,并不是"名教之治"制度本身出现问题,而是在实行"名教之治"的过程中,由于人的主观因素,其走向一偏:原本注解儒家经典是用来维护统治者的权威,却日渐烦琐、神化;本来以名教的"正名定分"作为标准,用以求贤的荐举取仕,却成为不良者"沽名钓誉"的手段。

那么,"名教之治"又为何会走向这一偏呢?我们认为这与托身名教的孔子儒学自身的理论形态有着必然的联系。孔子所创立的儒学作为社会伦理制度原理是一个内外合一的整体性,可以相对区分为两个方面的内容,一个是作为社会伦理制度原理的精神实质,一个是作为社会伦理制度的外在形式,两者相统一才是孔子儒学作为社会伦理制度原理的整体性。这一整体性是"名教之治"中名教的精神实质与名教的各种外在形式的规定之间的统一性。但是,从汉代的解经和取仕的实际情况来看,汉人对于经典的解释执着于对经文文本的理解,对于所不能理解的,便以主观臆测的方式对其作出神化、谶纬化的"微言大义"式的解释或者以训诂、考据的方式对其作出烦琐的章句考证式的阐释；对于人才的选拔则执着于人的名声和威望，对于人才的品鉴和评价又掌握在察举者手里，察举者对于经典中所规定的道德规范的理解，成为其对被察举者进行人才评定的标准。那么，这必然会产生一种后果：他们在以名教作为社会意识形态时，将名教的"外在形式"看作是名教的精神实质，而且，他们所理解的名教的"外在形式"还是建立在解经者的主观臆断或微言大义的基础之上的。这说明，他们在施行名教之治时，缺少了对名教本质的形上思辨。这种没有在文化价值深层展开的制法，必然会逐渐滋生出名不副实的弊端，最终致使名教之治在理论和实践上都陷入了困境。

面对这种困境，汉末的思想家已经开始有意识地反思"名教之治"的理论和实践中存在的各种问题。他们首先围绕人才选拔问题，对"形式"与"本质"是否具有统一性的问题进行反思，即他们围绕人才问题展开了以名实关系、才性关系等为主题的论辩，"王符、崔寔、仲长统、荀悦等人的思想（也可以追溯到王充），作为经学思潮的对立物，……他们深刻地揭露了经学思潮上的理论上的虚妄，立足于人类的理性，把神学问题还原为现实问题，提出了一系列真理的颗粒，作出了许多哲学上的创新"[1]。然而他们的反思终究未能挽救汉王朝的没落、阻止魏晋时代的到来。魏晋思想家则在此基础上更进一步，他们将讨论直接上升到名教的"形式"与"本质"的统一性问题上来，即对名教合理性的反思成为魏晋玄学家所要解决的时代课题。

---

① 余敦康：《魏晋玄学史》，北京大学出版社2004年版，第4页。

第二节　文化任务

汉末魏晋特殊的时代背景下，对名教合理性的反思成为魏晋玄学家所要解决的时代课题。那么，名教的合理性究竟在哪里呢？在西方哲学中，万物之所以为万物的最高根据被称之为"本体"，在中国古代哲学中并无"本体"这一哲学词汇，但是这并不代表中国古人不关心万物之所以为万物的所以然者。

中国古代哲学的产生是先秦诸子在对夏商周三代以前的中国先民的天道观念反思的基础上建立起来的①，也就是说建立在对先民天道观念反思基础上的先秦诸子哲学已包含一个关于它自身的合理性的先天根据的观念，即先秦诸子哲学已经承诺了天道观念作为其合理性的先天根据。对于"道"的"本体"意义，中国古人从不怀疑它，《中庸》说："天命之谓性，率性之谓道，修道之谓教。"《老子》说："人法地，地法天，天法道，道法自然。"（《老子》第二十五章）无论是儒家还是道家都认为万物之所以为万物的所以然者是"道"。但是，对于"道"是怎样的，中国古人也从不回避其认知的艰难，《老子》说："道可道，非常道；名可名，非常名。"（《老子》第一章）《老子》认为"道"不可言说，只能"强为之名"；"道"是精微的存在，但是其存在又是"道之为物，惟恍惟惚。惚兮恍兮，其中有象；恍兮惚兮，其中有物。窈兮冥兮，其中有精；其精甚真，其中有信"（《老子》第二十一章）。孔子对于"道"则更是隐言以至于无言，孔子认为对于"道"而言，是"书不尽言，言不尽意"

---

① 张连良先生认为："这些思想家以先民的天道观念为文化基础，对当时的社会伦理制度加以反思，具体的就展开为对社会伦理制度原理的形式与内容的相互关系问题的反思。在这种反思中确立起了中国哲学的本体观念。"载张连良《中国哲学的本体观念及建立本体的方法》，《吉林大学社会科学学报》2000 年第 5 期。

的（《周易·系辞上》）。在孔子的文献中关于"道"的论述更是少而又少，对此，孔子的弟子贡曾感慨道："夫子之文章可得而闻也，夫子之言性与天道不可得而闻也。"（《论语·公冶长》）中国古代哲学家将"道"视为天地之母、万物之根，但是对于"道"只是进行了隐约其词的解说，特别是在孔子哲学中，对于"道"的言说几乎处于空白状态，这就造成了儒家学说中缺少形而上学基础的理论外观。如果从一种学说的理论外观中不能够直观其形而上学基础时，人们就很容易按照自己的意志，执着于这种学说的形式来解读它。那么，对于这种学说的理解就有可能出现两种情况，一种是主观臆断，一种是想方设法地追根溯源。对于儒家经典而言，前者造就了汉代的今文经学，后者造就了汉代的古文经学。以这两种方式解读儒家经典，都很难把握儒家学说的精神实质，这就非常容易造成现实中的名教严重背离名教的自然本性的危险，正是由于这种危险的爆发，造成了当时现实社会的重重危机。所以，从本质上来说，我们认为儒家学说自身对于"道"的隐言，是造成汉代的"名教之治"走向一偏的主要原因。

孔子所创立的儒家哲学内在承诺着一个"道"的观念作为其合理性依据，但是在其言语中却很少论及"道"，子贡评价说："夫子之文章可得而闻也，夫子之言性与天道不可得而闻也。"子贡对孔子哲学的评价，道出了先秦儒家"道"论"隐而不见"的事实。那么，这就"悬置"了一个难题：儒家哲学的"道"在哪里？当"名教之治"陷入理论和实践困境时，被子贡"悬置"起来的问题，一转手，变成了魏晋时期的哲学家们必须要解决的问题。问题有了，怎样回答问题？怎样解决问题？以往的思想文化是否可以为解决这一问题提供可资借鉴的文化资源？在魏晋玄学家看来，这个可资借鉴的文化资源就是老子所创立的道家学说。

孔、老所创立的儒道两家哲学产生于春秋战国的诸子百家时期，他们具有完全不同的理论外观："两位巨人生活的时代背景、文化背景相同，而致思方向不同，形成了不同的思想体系。老子学说以

'道'为核心，包罗自然和社会的思想体系，孔子学说以'礼''仁'为核心，重在政治伦理的思想体系。"① 从理论外观上说，儒家言必及有，缺少对形上之道的思辨，道家言必及无，"是由思辨所建立起来的道与天的观念，客观的自然法则的意味比较重"②。孔、老两家理论外观虽然表现出极大的差异，但是他们本身并不相互排斥，比如两家都曾谈到"无为而治"，"无为而治"是道家老子的主要观点，孔子在《论语·卫灵公》中说"无为而治者，其舜也与？夫何为哉？恭己正南面而已矣。""无为而治"是孔、老两家所公认的圣人才能达到的境界；"出世"是儒家的处世之道，孔子说，"危邦不入，乱邦不居，天下有道则见，无道则隐"（《论语·泰伯》），老子也有相同的观点，当孔子问礼老子，老子劝告孔子时却说"得其时则驾，不得其时则蓬累而行"③；孔子讲"忠恕之道"，老子讲"无为而无不为"；等等。对于孔、老两家的相通之处，台湾学者南怀瑾先生认为："在秦汉以前，现在所谓的'道家'与孔孟之学的所谓'儒家'，原本没有分开的，统统是一个'道'字，而这一个'道'字，代表了中国的宗教观，也代表了中国的哲学——包括人生哲学、政治哲学、军事哲学、经济哲学，乃至一切种种哲学，都涵在此一'道'中。"④ 张连良先生认为："表面上截然不同的儒道两家哲学，是对同一文化前提的超越，这两种不同超越根源于同一文化前提，即诸子学前的天道观念自身内在的两种属性的对立统一。它们各自抓住了一端，并以此为基础建构各自的哲学体系。"⑤ 这说明，尽管儒道两家的理论外观有所不同，但是在精神境界层面，他们存在着共鸣。也许正是这种"共鸣"的存在，所以，早在先秦、

---

① 刘宝才：《春秋思想的过渡性质与老子孔子学说的诞生》，《管子学刊》2001年第1期。

② 徐复观：《中国思想史论集续篇》，上海书店出版社2004年版，第49页。

③ （汉）司马迁：《史记》，军事谊文出版社2006年标点本，第334页。

④ 南怀瑾：《老子他说》，复旦大学出版社2002年版，第12页。

⑤ 张连良：《儒道融合的心路历程》，《长白学刊》1994年第6期。

两汉时期，就已经存在着儒道互动。先秦时期的庄子，就曾直接使用《论语》中的思想宣扬他的道家主张，《庄子·天下篇》中说："以仁为恩，以义为理，以礼为行，以乐为和，薰然慈仁，谓之君子，"这些记载几乎与儒家说法无异。两汉时期，儒道互动的精神仍然存在，汤一介先生评价说："从西汉末的严遵，经东汉初的桓谭，到王充、张衡、冯衍等，一直到东汉末的仲长统，他们在不同程度上都受这一思潮的影响。"① 也许正是他们之间理论外观的差异、思想的互不排斥，以及自先秦至两汉以来的儒道互动，启发了魏晋玄学家的理论思维，使他们率先想到以《老子》的文化资源去解决名教的合理性问题。

第三节　思想演变

魏晋玄学家希望以《老子》的文化资源去解决名教合理性问题，这是时人为解决他们所面临的时代课题所形成的共同的文化心理。但是，要完成这一文化任务似乎并不容易。因为，对于魏晋之前的儒道互动，司马谈曾在《六家要旨》中解释说："《易大传》：'天下一致而百虑，同归而殊途。'夫阴阳、儒、墨、名、法、道德，此务为治者也，直所从言之异路，有省不省耳……"② 在司马谈看来，包括儒道二家在内的诸子学，本质上都是以"治国"作为学术要义的，其基本精神都是立足于内圣外王之道的，这是儒道能够互动的基本原因。这种建立在"内圣外王之道"前提下的儒道互动，就其本质来说，儒道两家之间的理论外观差异并不构成儒道互动的壁垒。但是与它们不同的是，魏晋哲学家要通过《老子》这一文化资源去解决名教的合理性问题，这里所要利用的恰恰是儒道两家理论外观上

---

①　汤一介：《郭象与魏晋玄学》，北京大学出版社 2000 年版，第 14 页。

②　（汉）司马迁：《史记》，军事谊文出版社 2006 年标点本，第 635 页。

的差异：即由于老子言道，而孔子不言道，魏晋玄学家希望能够通过道家之言为儒家之言建构一个合理性基础。对于魏晋玄学家来说，"儒书言名教，老庄谈自然。凡老庄玄学所反复陈述者均罕见于儒经，则孔老二教，全面冲突，实难调和"①。所以，在王弼之前，他们经历了一个十分艰难的探索过程。

第一，沐并、王昶、钟会等哲学家明确提出儒道并用以救时弊的愿望。

《三国志·常林传》注在《魏略》中引一位叫作沐并的人的一段话：

> 夫礼者，生民之始教，而百世之中庸也。故力行者则为君子，不务者终为小人，然非圣人莫能履其从容也。是以富贵者有骄奢之过，而贫贱者讥于固陋，于是养生送死，苟窃非礼。由斯观之，阳虎玙璠，甚于暴骨，桓魋石椁，不如速朽。此言儒学拨乱反正、鸣鼓矫俗之大义也，未是夫穷理尽性、陶冶变化之实论也。若能原始要终，以天地为一区，万物为刍狗，概览玄通，求形景之宗，同祸福之素，一死生之命，吾有慕于道矣。②

《三国志·王昶传》：中记载王昶教导其子佥的故事：

> 欲使汝曹立身行己，遵儒者之教，履道家之言，故以玄默冲虚为名，欲使汝曹顾名思义，不敢违越也。③

---

① 汤用彤：《魏晋玄学论稿》，上海古籍出版社 2001 年版，第 30 页。
② （晋）陈寿：《三国志》，（宋）裴松之注，中华书局 1999 年版，第 491—492 页。
③ 同上书，第 553 页。

《三国志·钟会传》注引《张氏传》：

> 张氏曰："乐则乐矣，然难久也。居上不骄，制节谨度，然后乃无危溢之患。今奢僭若此，非长守富贵之道。"①

在以上几段文字中，不难发现沐并、王昶、钟会等人有一个共同的特点，即他们都从理论思维的高度比较了儒道二家的优劣，他们都认为儒家的礼仪制度对于生民的教化作用不能否定，但是道家的清静无为也有不可替代的作用。沐并甚至认为道家的清静无为、自然之道是挽救世道衰微的社会现实的一剂良方。这说明，当时的很多知识分子已经意识到儒道并用在治国理政方面的重要作用。所以，他们以各自不同的方式表达出儒道并用以救时弊的愿望。对于他们的做法，吕玉霞先生认为是"当时知识分子试图协调儒道理论于一体、重建思想信仰的努力"②。

第二，何劭尝试"以老解儒"为"儒道并用"提供理论依据。

沐并、王昶等人为挽救时弊而提出儒道并用的愿望，然而儒道两家理论外观的差异是难以逾越的鸿沟，这就为具体的实践带来困惑。如何化解两家理论外观上的矛盾，是必须要解决的问题。为了解决这一问题，何劭提出了以老解儒的创见。

在《人物志》中，何劭首先从人才学的角度，将儒家爱、敬、谦、和等品质完全等同于道家的虚静无为，"《老子》以无为德，以虚为道。礼以敬为本，乐以爱为主。然则人情之质，有爱敬之诚，则与道德同体，动获人心，而道无不通也"③。何劭还用道家思想解读"中庸"，在《人物志·九征》篇中，他认为凡符合五行之德，

---

① （晋）陈寿：《三国志》，（宋）裴松之注，中华书局1999年版，第584页。

② 吕玉霞：《魏晋时期儒佛道思想互动研究》，博士学位论文，山东大学，2011年4月，第29—30页。

③ 李崇智：《人物志校笺》，巴蜀书社2001年版，第178页。

皆为偏至之才，此外又有"兼德之人"，"是故兼德而至，谓之中庸。中庸也者，圣人之目也"①。何劭认为"中庸"是圣人的品格，他在解释"中庸"时说："夫中庸之德，其质无名，咸而不碱，淡而不醲，质而不缦，文而不缋，能威能怀，能辨能讷，变化无方，以达为节。应变适化，其于通物，"②"中和无名""平淡无味"是何劭为儒家圣人至德增加的新元素，这是以老子思想重新诠释儒家圣人道德的做法，是典型的以老解儒。除此以外，何劭还在《释征》篇中，用道家思想解读儒家圣人品质，他将儒家的"舜让于德，而显义登闻。汤降不迟，而圣敬日跻"③ 理解为《老子》"以无为德，以虚为道"。

何劭的以老解儒，从表面上看，可以为儒道并用提供依据，但是他却没有在此过程中对何以能够以老解儒的理论依据作出解说。尽管如此，何劭的做法，"实开风气之先，表现了从两汉正统儒学向魏晋玄学过渡的中介性特征"④，何劭取得的成就无法与魏晋玄学家相提并论，但"其《人物志》从学术思想的发展史而言，对魏晋玄学儒道基本思想资源的整合具有一定贡献"⑤。

第三，荀粲提出以《老子》道论作为孔子儒学形而上学补充的构想。

何劭提出了以老解儒的创见，何劭的做法启发了那些一心要以《老子》作为文化资源论证名教合理性的魏晋哲学家的思路，荀粲首先想到以《老子》之道作为孔子儒学形而上学补充的理论构想。

据《三国志·魏书·荀彧传》注引《晋阳秋·荀粲传》：

---

① 李崇智：《人物志校笺》，巴蜀书社 2001 年版，第 34 页。

② 同上书，第 41 页。

③ 同上书，第 252 页。

④ 李建中、高华平：《玄学与魏晋社会》，河北人民出版社 2003 年版，第 31 页。

⑤ 秦跃宇：《综合名实与中庸至德——刘劭儒道兼治研究》，《内江师范学院学报》2010 年第 5 期。

粲诸兄并以儒术论议，而粲独好言道。常以子贡称夫子之
言性与天道，不可得闻，然则六籍虽存，固圣人之糠秕。粲兄
俣难曰："《易》亦云圣人立象以尽意，系辞焉以尽言，则微言
胡为不可得而闻见哉？"粲答曰："盖理之微者，非物象所举也。
今称立象以尽意，此非通于意外者也；系辞焉以尽言，此非言
乎系表者也；斯则象外之意，系表之言，固蕴不出矣。"及当时
能言者不能屈也。①

在这段论述中，孔子"六经文本"和"精神实质"之间的关系
是荀氏兄弟争论的焦点。这说明，到荀粲之时，已经不再满足于政
治实践的儒道并用和以老解儒，他们希望能够从"精神实质"的高
度论证名教之为名教的内在合理性。荀粲的兄弟们都喜欢讨论儒术，
唯有荀粲喜好老子之言，他以道家理论资源来思考儒家的精神实质，
他认为儒学思想的内核——"性与天道"是天人之学。但是，大道
精微，不是能够用"物象"来表征的，所以在荀粲看来，经学家执
着儒家文本中的"物象"来解读儒家经典，是不能够领悟儒家的真
精神的，儒家六经在此意义上，就成为"圣人之糠秕"。荀粲认为孔
子在儒家经典中，用"物象"所要表达的真正思想恰恰是老子道家
的自然精神。荀粲立足于孔老两家的理论外观差异，试图通过以老
子道论为基础，重新对儒家经典作出理解，"这种重新理解儒家经典
的识见是一种超越世俗社会功名利禄的精神境界……虽然未能建立
完整的玄学体系，却提出了整个魏晋时期儒道合流的方式"②。但是，
从荀粲的论述中我们也不难看出，荀粲的思维方式毕竟是本体论立
场的，即儒是儒、道是道，在此基础上的以老子的道家之言来补足
孔子儒学形而上学基础的做法，只能是建立在儒道文本差异基础上

① （晋）陈寿：《三国志》，（宋）裴松之注，中华书局 1999 年版，第 240 页。
② 吕玉霞：《魏晋时期儒佛道思想互动研究》，博士学位论文，山东大学，2011
年 4 月，第 31 页。

的外部联接，并不能真正地论证孔子儒学在本体论意义上的合理性。因此，最终只能得到"此虽调和孔老，而实崇道卑儒"① 的评价，而不能完成魏晋玄学的文化任务。

第四，裴徽、何晏向本体层面深入，希望通过论证儒道两家在本体论问题的统一性，以《老子》道论作为孔子儒学的形而上学补充提供依据。

荀粲的理论探索表明，如果仅仅因为道家言道、儒家不言道的理论外观差异，就以老子的道论作为孔子儒家的形而上学的补充，这种做法无疑是将老子、孔子两家学说的以"生搬硬套"的方式建立联系，这种做法非但没有对名教合理性进行论证，反而使名教陷入"圣人之糠秕"的境地。因此，到了何晏、裴徽那里，他们必须另辟蹊径。于是，他们对于用道家资源论证名教合理性的方法转向了本体论层面。

据《三国志·魏书》载：

> 弼幼而察慧，年十余，好《老氏》，通辩能言。父业，为尚书郎。时裴徽为吏部郎，弼未弱冠，往造焉。徽一见而异之，问弼曰："夫无者诚万物之所资也，然圣人莫肯致言，而老子申之无已者何？"弼曰："圣人体无，无又不可以训，故不说也。老子是有者也，故恒言无所不足。"②

傅嘏是当时著名的名理学家，他主张"才性同"，荀粲则善谈玄理，他认为大道精微，是外物的图像难以显现的。两家观点相互矛盾，但裴徽却能够汇通两家的"偏至"。这说明，裴徽所立足的哲学高度比傅嘏、荀粲更进一步，已经切近于对本体论哲学的认识了。裴徽认为世间一定存在着一个使万物之所以为万物的所以然者，那

---

① 汤用彤：《魏晋玄学论稿》，上海古籍出版社 2001 年版，第 32 页。
② （晋）陈寿：《三国志》，（宋）裴松之注，中华书局 1999 年版，第 591 页。

就是"无",但是圣人孔子却没有提及"无",反而是老子在反复申说"无"。从裴徽的提问中我们很容易看到裴徽的目的,即他希望能够通过万物之所以为万物的所以然者的"无"来建立孔、老两家的统一性关系,这样就可以用老子"道"论作为孔子儒学的形而上学的补充了。但是,对他来说,最难以解决的问题是,孔子的学说中恰恰不谈及"无"。所以,裴徽仍然没有完成他的文化任务。秦跃宇先生认为他的理论失误在于"不能真正体会本末不二、体用如一的玄学境界"①。

何晏比裴徽则更近一步,何晏说:

> 有之为有,待无以生;事而为事,由无以成。夫道之而无语,名之而无名,视之而无形,听之而无声,则道之全焉。故能昭音响而出气物,包形神而章光影;玄以之黑,素以之白,矩以之方,规以之圆。圆方得形而此无形,白黑得名而此无名也。②(《列子·天瑞篇》张湛注引何晏《道论》)

> 为民所誉,则有名者也;无誉,无名者也。若夫圣人,名无名,誉无誉,谓无名为道,无誉为大。则夫无名者,可以言有名矣,无誉者,可以言有誉矣。然与夫可誉可名者岂同用哉?此比于无所有,故皆有所有矣。而于有所有之中,当与无所有相从,而与夫有所有者不同……凡所以至于此者何哉?夫道者,惟无所有者也。自天地已来皆有所有矣;然犹谓之道者,以其能复用无所有也。故虽处有名之域,而没其无名之象;由以在阳之远体,而忘其自有阴之远类也。夏侯玄曰:"天地以自然运,圣人以自然用。"③(《列子·仲尼篇》张湛注引何晏《无名论》)

---

① 秦跃宇:《儒通孔老催生玄学——早期名士兼宗儒道研究》,《学习与探索》2005年第1期。

② 《列子》,(晋)张湛注,上海书店出版社1989年版,第3页。

③ 同上书,第41页。

　　何晏首先承认，天地万物皆由无化生而成，"无"即宇宙万物之根源。何晏通过对"道""无"的重新理解，确立了"以无为本"的本体论思想。

　　　　自然者，道也。道本无名。故老氏曰强为之名。仲尼称尧荡荡无能名焉，下云巍巍成功，则强为之名，取世所知而称耳。岂有名而更当云无能名焉者邪？夫唯无名，故可得遍以天下之名名之；然岂其名也哉？[①]（《列子·仲尼篇》张湛注引何晏《无名论》）
　　　　言任官得其人，故无为而治。[②]（《何晏集解·论语·卫灵公》）
　　　　恍惚不可为形象。[③]（《何晏集解·论语·子罕》）

　　何晏提出"以无为本"思想，他认为"无"是万物之所以为万物的所以然者，对于"无"，孔子和老子的认知是一样的。孔子所说的"无为而治者，其舜也与"与老子"无为而治"是相通的；孔子说"荡荡无能名"与老子"恍惚不可为形象"的意义是一致的。他甚至认为老子与孔子应当同称为圣人，《世说新语·文学第四》注引《文章序录》曰："自儒者论以老子非圣人，绝理弃学。晏说与圣人同，著论行于世。"[④] 何晏确立了"以无为本"的本体论思想，并且他在孔老之内，发现了"无"本为两家所共同承认。由此看来，何晏的目的是十分明确的，即他希望能够"以无为本"化解儒道差异，寻求两家的内在统一性，并试图以此注解《论语》，融合孔子儒学与老子道学。按此理路，何晏以老子"道论"作为孔子哲学的形而上学的补充，本是无可厚非的，所以，他的理论自有其殊胜之处。然

　① 《列子》，（晋）张湛注，上海书店出版社 1989 年版，第 41 页。
　② （清）阮元：《十三经注疏》（清嘉庆刊本），中华书局 1980 年版，第 5467 页。
　③ 同上书，第 5409 页。
　④ 徐震堮：《世说新语校笺》，中华书局 1984 年版，第 108 页。

而，实际情况是，何晏所建立起来的"以无为本"的本体论并不能用于解释孔子儒学的所有问题，其中典型的例子就是圣人是否有情的问题。从何晏"以无为本"的本体论出发，圣人只能是超乎常人能力之所及的离世脱俗的存在，何晏称之为"以为圣人无喜怒哀乐"①，何晏的思想为钟会等所赞同，"其论甚精，为钟会等述之"②。但是，何晏的这一思想有时并不能很好地解释孔子的文本，比如他在注"子食于有丧者之侧，未尝饱也"时说"丧者哀戚，饱食于其侧，是无恻隐之心"③，在注"子与人歌而善，必使反之，而后和之"时说："乐其善，故使重歌而自知之。"④ 何晏的这些注释都证明圣人有恻隐之心、有喜乐之情，这与他"圣人无情"的思想是相互矛盾的。这只能说，何晏所建立起来的本体论思想并不能够为孔子、老子的统一性作出解释。那么，老子的"道论"也就不能够成为孔子儒学的形而上学的基础。对于何晏的失败，余敦康先生认为是由于他"对《周易》和《老子》的本体之学并没有真正理解，所以他既无法对这两部经典作出全面的解释，也不能形成一套真正属于自己的前后一贯的本体论思维，以解决本体与现象的关系问题，成功地构筑一个完整的哲学系统"⑤ 造成的，我们认为何晏失败的关键在于他没能够找到孔、老两家在本体论问题上的内在统一性。

第五，王弼通过"汇通孔老"建构其本体论思想，并从本体论层面完成了名教合理性的论证。

魏晋玄学家共同的文化任务是对名教的合理性作出解释，在完成这一文化任务时，魏晋玄学家希望从儒道理论外观的差异中寻求解决的方法，但是荀粲、裴徽、何晏的历史经验表明，无论是将不

---

① （晋）陈寿：《三国志》，（宋）裴松之注，中华书局1999年版，第591页。

② 同上。

③ （清）阮元：《十三经注疏》（清嘉庆刊本），中华书局1980年版，第5391页。

④ 同上书，第5395页。

⑤ 余敦康：《何晏王弼玄学新探》，方志出版社2007年版，第131页。

同的理论外观简单地捏合在一起，还是以道家的"无"作为汇通儒道的方法，都存在着一些难以解决的问题。这些问题虽然表面上并不相同，但究其根本，他们都没有在孔、老两家理论外观的差异性中寻求到他们在本体论问题上的内在统一性。所以，他们在解决名教合理性问题上都以失败而告终。王弼以其早熟早慧的哲学家品质发现了他们的问题所在，而且成功地解决了这个问题。

当裴徽向王弼提出"夫无者诚万物之所资也，然圣人莫肯致言，而老子申之无已者何"① 时，王弼的回答已经将其思维超越于孔子、老子是否"言无"的问题上，而是将其关注的焦点深入到孔子、老子"如何"言说"无"的问题上来。王弼说："圣人体无，无又不可以训，故不说也。老子是有者也，故恒言无所不足。"② "无"是孔、老两家共同关心的核心问题，这说明王弼已经找到了孔、老两家在本体论问题上的内在统一性。王弼认为孔、老两家理论外观的差异不在于他们有不同的核心问题，而在于他们对同一核心问题的不同言说方式：他认为孔子圣人之所以没有直接言说"无"的语言，那是因为他发现"无"不可以被直接言说的特点，但是这并不等于他没有"言说"无，他只是以"体无"的方式在"言说"无；相反，老子言说无，但是语言的有限性反而限制了老子对于"无"的言说，使老子所说的"无"反而有所不足。王弼对于孔、老文本资源的运用，可以说是完全不同于荀粲、裴徽与何晏的，他甚至认为在对待"无"的问题上，孔子是高于老子的，在这种情况下，王弼的思想是不能与荀粲、裴徽、何晏等以"老"补"孔"的做法等同并论的。

那么，王弼是如何利用《老子》这一文化资源解决名教合理性问题的呢？王弼将老子学说视为"言无"的学说的同时，将孔子学说视为以"体无"而"言无"的学说，也就是说无论是孔子学说还

① （晋）陈寿：《三国志》，（宋）裴松之注，中华书局 1999 年版，第 591 页。
② 同上。

是老子学说都是关于"无"的"言说"。只有可认知的，才是能够被言说的；同理，只要是可言说的，必定是可认知的。古今一理，中外亦然。20世纪西方语言哲学认为，凡是语言能够说和说清楚的，必定是认知的对象。由此，我们可以说，在王弼看来，尽管孔子与老子"言说"方式不同，但是"无"都是他们所言说的对象，他们对于"无"的"言说"都是建立在他们对"无"的认识的基础上的，所以，对于王弼来说，问题的关键已不是他们是否"言说"了"无"，而是他们用怎样不同的方式"言说"了怎样的"无"。也就是说，王弼对于孔、老学说的理解已经转入到他们对于"无"的认识论反思中来。以此，可以说，王弼的目的是这样的，即他希望能够通过汇通孔、老学说中的"无"，建立一个全新的本体论思想，并在此本体论的基础上，对名教的合理性作出解释。事实上，王弼也确实以这一思维，最终完成了这一过程的哲学思辨。中国哲学也因此发生了学术转向，"已不复拘拘于宇宙运行之外用，进而论天地万物之本体"①。那么，王弼是如何完成这个过程的哲学思辨的，这是本书中接下来将要重点陈述的内容。

---

① 汤用彤：《魏晋玄学论稿》，上海古籍出版社2001年版，第44页。

第 二 章

王弼的致思起点

何晏虽然建构了"以无为本"的本体论思想,但是他并没有成功地解决名教的合理性问题,究其根本,是因为何晏没有彻底找到孔、老两家在本体论问题上的内在统一性。但是,他的本体论思想却启发了王弼的思路。王弼生于山阳王氏这一豪门士族,又是荆州学派创始人刘表的外孙,或许正是受其良好的家学传统的影响,造就他早熟早慧的哲学家品质。不到二十岁的王弼在玄学界的出场亮相颇为惊人:王弼受到兼有高官和名士双重身份的裴徽的拜会,裴徽知王弼"幼而察慧",向其提出了一个带有挑战性的高深的哲学问题:"夫无者诚万物之所资也,然圣人莫肯致言,而老子申之无已者何?"[①] 裴徽的问题表明,"无"作为万物之所以为万物的所以然者,已经为那个时代的哲学家们所公认,但是老子"言无",孔子却"不言无",孔、老理论外观差异明显、难以调和,成为试图以老补孔的魏晋哲学家们亟待解决的哲学难题。孰料年纪轻轻的王弼却作出了非同凡响的回答:"圣人体无,无又不可以训,故不说也。老子是有者也,故恒言无所不足。"[②] 这里所说的圣人是指孔子,王弼认为孔子以"体无"的方式而不以"语言"的方式言说"无",因为"无"不可以"训","训"是说教、训示的意思;而老子承认

---

① (晋)陈寿:《三国志》,(宋)裴松之注,中华书局 1999 年版,第 591 页。

② 同上。

"有"，却又"恒言无"，反复申说，即"申之不已"。王弼的回答在当时引起了极大的轰动，"寻亦为傅嘏所知"，还被何晏赞叹为"仲尼称后生可畏，若斯人者，可与言天人之际乎?"王弼回答的特别之处在于，他以"体无"回应了裴徽的"圣人莫肯致言"、以"恒言"回应了裴徽的"老子申之"。这说明，在王弼看来，孔子文本和老子文本尽管有明显的理论外观上的差异，但是他们都是关于"无"这一核心问题的，他们的理论外观的差异的产生不在于他们言说的对象不同，而在于他们采用了不同的"言说"方式：孔子以"体无"的方式"言无"，老子以"恒言"的方式"言无"。王弼将孔、老两家表现在"语言"上的差异引向了产生"语言"差异的原因的思考。对于"语言"，齐振海先生在《〈认知与语言〉述评》中说："语言的产生离不开人的认知，是人的知觉系统、意象系统、概念系统、语言符号系统等共同作用的结果。"① 这说明语言的产生是人对客观存在的事物认知的结果。那么，王弼对孔、老两家文本差异的思维转向，表明他已经发现孔、老两家不同的"言说"方式的产生是因为孔子和老子对"无"不同认知造成的，这说明王弼对于时代课题的思考已经不同于荀粲、裴徽和何晏等哲学家，他的思维已经由孔、老两家文本理论外观的差异转向了他们对于"无"的认识论问题。我们认为，对认识论的自觉反思，是王弼回应其时代课题的致思起点。

第一节　孔子"体无"

王弼在回答裴徽的提问时，将孔子书写无、"言说"无的方式称为"体无"，遗憾的是王弼没有在此作出更进一步的解释，这引起了后世哲学家无数的猜测：牟宗三先生认为："'圣人体无'即言圣人

---

① 齐振海：《〈认知与语言〉述评》，《外语研究》2009 年第 1 期。

真能达到'无'的境界（即做到无）"①；钱穆先生引韩康伯注《系辞传》"道，寂然天体，不可为象，必有之用极，而无之功显"② 来解释王弼"体无"，认为是王弼以"体无"言"体用"；杜维明先生认为："王弼特别提出'体无'这个认知方式。'体'作为动词含有直接经验的意思；'体无'便表示以直接经验的方式来领会无的滋味。"③ 游艳玲先生认为："王弼的'体无'之说强调的是对万物本来状态的因顺。"④ 李兰芬先生认为"人在无中""人与道通"，人能够对"无""心领神会"，从而达到"与道同体"⑤。那么，什么是王弼所谓的"体无"呢？

在王弼的哲学思想中，"无"的所指就是老子的"道"，但是王弼的"无"又与老子的"道"有所不同，王弼在《论语释疑》中明确指出，"是道不可体，故但志慕而已"⑥，"道"不可体，但是"无"却是可"体"的。那么，"道"与"无"的区别在哪里呢？在《老子》文本中，"道"与万物关系最经典的描述是"道生一，一生二，二生三，三生万物"，"道"与万物是"生"与"被生"的关系，所以"道"是万物的终极本源。这样的"道"在时间序列上存在于万物生成之前，"因为道在万物之前就诞生了，它没有形状，不可感知，也不便于给它起一个名字，故名之曰'无'"⑦。也就是说，在老子那里，老子用"无"指"道"，是指"'道'之作为终极

---

① 牟宗三：《才玄与理性》，广西师范大学出版社 2006 年版，第 102 页。

② 钱穆：《庄老通辩》，生活·读书·新知三联书店 2005 年版，第 359 页。

③ 郭齐勇、郑文龙：《杜维明全集》（第五卷），武汉出版社 2002 年版，第 72 页。

④ 游艳玲：《王弼"老不及圣"论刍议》，《中山大学研究生学刊》（社会科学版）1999 年第 1 期。

⑤ 李兰芬：《"体无"何以成"圣"——王弼"圣人体无"再解》，《中山大学学报》（社会科学版）2008 年第 4 期。

⑥ 楼宇烈：《王弼集校释》，中华书局 1980 年版，第 624 页。

⑦ 刘立夫、刘忠于：《有无之辨与魏晋玄学本体论问题》，《船山学刊》2003 年第 3 期。

本源处于一种尚未分化的状态中"①，道虽然是存在的，但是道的存在样态是"有物混成"，是一种在人的认识之外的"无象之象""无状之状"，由此可以指"道"为"无"。但是，到了王弼那里，"道"的意义已经发生了变化，"道"已经是万物最高根据的本体意义，而不是生成万物的本源意义了。"道"与"万物"不是"生"与"被生"的关系，而是"万物所以然者"与"万物"的"本"与"末"、"体"与"用"的关系。王弼指出："天下之物，皆以有为生。有之所始，以无为本。将欲全有，必反于无也。"② 从这段文字不难看出，王弼仍然沿用老子用"生"说明"有"与"无"关系的做法，但是，这里的"生"的意义却发生了转换，在老子那里，"生"是"生产"之意，但是这里的"生"是"无"作为"有"的最高根据，"有"要依靠"无"才能"存在"，"有"以"无"成其为自己的意义。在这个意义上，"有"是客观存在的事物，"无"是"道"，"道"是使物得以存在，成其为自己的根据，所以"有"是以"无"为根本的，是"无"创生了"有"，此即"有"以"无"为"本"。

在王弼的哲学思想中，"有"以"无"为其存在的根本，那么，这样的"无"，当然是"存在"的，但也不会是某种具体存在，所以王弼说："若温也则不能凉矣，宫也则不能商矣。形必有所分，声必有所属。故象而形者，非大象也；音而声者，非大音也"③，王弼认为对于温度，可以用"温""凉"表达其属性，音律可以用"宫""商"表达其属性，这是一种用具体属性指征具体事物的做法。那么，如果用这种做法来指征"无"，"无"作为无限性的存在，它是不能够有任何具体属性的，所以，它的属性只能是"无"，王弼因此

---

① 冯达文：《中国哲学的本源——本体论》，广东人民出版社2001年版，第153页。

② （魏）王弼：《老子道德经注》，中华书局2011年楼宇烈校释本，第113页。

③ 同上书，第202页。

而指"道"为"无"。王弼指"道"为"无",沿用的是用具体属性指征具体事物的做法。所以,"无"只是一种属性概念,而非实体概念。因此,王弼的"无"绝对不是用以指涉"一无所有"的"虚无"①,也不是唐君毅先生所谓的"静寂至无"②。这样的"无"不能超越具体的事物而独立存在,对此,王弼指出:"四象不形,则大象无以畅;五音不声,则大音无以至。四象形而物无所主焉,则大象畅矣;五音声而心无所适焉,则大音至矣。……是故天生五物,无物为用。"③王弼认为,如果没有"四象"的具体存在,那么,"大象"就不能畅行无阻,如果没有"宫""商""角""徵""羽"五种音调,那么,"大声"就不会存在。这里的"四象""五音"指具体的有形事物,"大象""大音"指"四象""五音"存在的根据,即"无"。王弼认为,"大象"和"大音"虽然表现为"无形""无声",但是它并不是不存在,"无形""无声"就是"大象""大音"的存在样态。由此可见,"有"与"无"在存在样态上具有相互依赖的关系,"无"是"有"的存在根据,"有"是"无"的存在方式,"无"通过"有"来体现它自身的功用。那么,"无"如何通过"有"来表现自己的功用呢?王弼认为"无"是"深远不可得而见,然而万物由之。(其)[不]可得见,以定其真"④;"物反窈冥,则真精之极得,万物之性定"⑤,这是说,"无虽然感觉不到,但万物

---

① 刘大杰认为在王弼那里,"'无'与'道'完全成为一物,但是在作用方面,无是有虚空的意思的"。载刘大杰《魏晋思想论》,上海古籍出版社 1998 年版,第 45 页。

② 唐君毅认为:"此寂然至无,即无一切形器形体,而'无体'之'无'。此无,乃一切物之动之息处,亦一切物之获具存之所依。"载唐君毅《中国哲学原论·原道篇》,《唐君毅全集》(第五卷),台湾学生书局 1986 年版,第 350 页。

③ (魏)王弼:《老子道德经注》,中华书局 2011 年楼宇烈校释本,第 202 页。

④ 同上书,第 55 页。

⑤ 同上。

最终却因它而确立自己的本性"①，"无"作用于"万物"，表现为万物的自然本性，即万物的自然本性是"无"通过"有"表现出的自身的功用。然而，对于客观存在的事物而言，并不是所有的事物都以自然本性为其具体的存在方式，那是不是说明不以自然本性为其存在方式的事物就与"无"的功用无关呢？王弼认为并非如此，他说，"凡有起于虚，动起于静，故万物虽并动作，卒复归于虚静，是物之极笃也"②。万物的发运动作都是以"虚静"为其根本的，万物的"虚静"状态，是万物本性最真实的自然表现，所以万物"虚静无为"的状态是"无"在"有"中的自然表现方式。这也就是说，只要是具体存在的有形事物，不管它是否以自然本性为其方式存在，在它的存在方式中，都有"无"发挥的功用。

从以上一系列分析表明，在王弼看来，老子之"道"是存在于具体有形事物产生之前，在时间序列上，它存在于人的认识产生之前，对于这样的"道"的存在样态，只能是"无形无象"的，所以此"道"是人可以向往、可以追求的，但是却无法体认的；但是王弼用"无"所指的"道"，在时间序列上，它与万物并生，在空间序列上，它与万物并存，"无"与"万物"之间的关系本质上是"本体"与"现象"、"形上"与"形下"的关系，而且"本体"与"现象"、"形上"与"形下"并不是绝对的对立，而是存在样态上的相互依存。王弼之所以以"无"指"道"，这里的"无"恰恰是人们对于"无"的存在样态认知的结果。因此，这样的"无"与具体存在的事物一样，是真实的、客观的，是可以经由具体存在的事物，使其成为人可以认知的对象的。

"无"不具有任何具体属性，也没有独立的存在方式。所以，当人们以"无"为其认知对象时，就不可能以认识具体存在事物的

---

①　刘立夫、刘忠于：《有无之辨与魏晋玄学本体论问题》，《船山学刊》2003 年第 3 期。

②　（魏）王弼：《老子道德经注》，中华书局 2011 年楼宇烈校释本，第 39 页。

"主客对列"的认识论来予以认识，也不可能用眼、耳、口、鼻等认识器官直接认识，可以说，任何认识一般事物的经验、方法对于认识"无"来说都是无效的。但是，王弼认为，圣人孔子找到了认识此"无"的方法，即"体"。

"无"作为万物的最高根据，王弼称之为"以无为本"，圣人孔子当然没有这样的讲法，但是圣人孔子并不否认万物最高根据的存在，他将其称之为"天""天命"或"天道"等。《诗经·大雅·烝民》："天生烝民，有物有则，民之秉彝，好是懿德。"孔子曰："为此诗者，其知道乎！有物必有则；民之秉彝也，故好是懿德"①，孔子认为，"天"为人与万物确立了法则，这个法则是万事万物的最高根据，"唯天为大，唯尧则之"（《论语·泰伯》）。那么，"天"是如何将这个"法则"作用于万物的呢？孔子在《论语·阳货》中说："天何言哉，四时行焉，百物生焉，天何言哉"，孔子认为就"天"的客观存在而言，它是沉默不语的，也不对任何事物下达指令，但是，"四时"和"万物"都因循着天道自动运行着，这是天道作用于万物的一般原则。那么，这样的天道，与人又是怎样的关系呢？孔子认为，"天"虽然沉默无言，但是"天"与人却是"相通"的，这种相通表现在两个方面：一方面，天赋予了人之为人的法则，"仁者，人也"，对于这一法则，人不但可以认知它，还可以自己决定是否遵循这一法则行事，所以孔子自道"五十而知天命"（《论语·为政》）的同时，也称"为仁由己，而由人乎哉"（《论语·颜渊》）。因此，在人的立场上看，"天命具有两重内涵，即人所被动承受的和人主动认识与践行的"②。另一方面，"天"也是可以"知人"的，孔子说："不怨天，不尤人，下学而上达，知我者其天乎。"（《论语·宪问》）"人知天""天知人"的"天人相通"，从主客对列的认识论立场来看，是不可思议的，甚至是略带神秘性

① 《孟子》，万丽华、蓝旭译注本，中华书局 2006 年版，第 245 页。
② 张连良：《中国古代哲学史》，中国社会科学出版社 2015 年版，第 43 页。

的，但是在"天人合一"的视域中却是可以理解的，所以孟子曾提出尽心、知性、知天；《中庸》说："喜怒哀乐之未发，谓之中；发而皆中节谓之和。中也者，天下之大本也；和也者，天下之达道。致中和，天地位焉，万物育焉。"孔子认为天人是相通的，这种"天人相通"是自然而然的，也是无乎不存的，所以"百姓日用而不知"（《易传·系辞上》）。但是当我们在"天人相分"的视域中研究人对于天道的认知时，这一"认知"又会超出一般认识论的范畴，因为天道就其简易处而言，"夫妇之愚，可以与知焉"，可是，"及其至也，虽圣人亦有所不知焉"（《礼记·中庸》）。孔子虽然能够认识到"四时行焉，百物生焉"是天道运行于万物之中所表现出来的自然现象，但是"天道"作为万物的规律性只有在万物在时空运行的整体性中才得以完整地体现。因此，任何语言都无法言说其整体性。所以，对于孔子来说，是知其然，却无法言其所以然，孔子只能以"予欲无言"回答子贡。"无言"的原因，在于难言，但是"难言"并不等于"无法认知"或者"无法言说"，王弼确认圣人孔子发明了"体无"这种方式。

王弼确认孔子以"体无"的方式认识"无"、言说"无"。那么，怎样理解这个"体"？王弼在《论语释疑》中说："忠者，情之尽也；恕者，反情以同物者也。未有反诸其身而不得物之情，未有能全其恕而不尽理之极也。能尽理极，则无物不统。极不可二，故谓之一也。推身统物，穷类适尽，一言而可终身行者，其唯恕。"①王弼认为对于"理之极"的认识，要以"反情以通物者"的方式才能完成。"反情以通物者"内在包涵着两个环节，一个是主体对于物的体察、体证、体认等认知环节。另外一个是强调主体作为一种理性的生命与道体流行的真实契合的环节，只有这两个环节相统一，才能实现对"无"的认识。由此，我们认为王弼"体无"之"体"不应作名词解释，而应当作动词来讲，即杜维明先生所说："体认、

---

① 楼宇烈：《王弼集校释》（下），中华书局 1980 年版，第 622 页。

体察、体证、体会、体味、体玩、体究及体知和一般的认识、考察、证实、品尝及理解也不大相同。凡能'体之'的都是'知行合一'的表现，既能'知得真切笃实'，又能'行得明觉经察'。"① 这应当是"体无"之"体"的正解。

"圣人体无"是王弼对孔子圣人的认识论的发现，那么，圣人何以能够"体无"呢？王弼说："以为圣人茂于人者神明也，同于人者五情也，神明茂，故能体冲和以通无，五情同故不能无哀乐以应物，然则圣人之情，应物而无累于物者也。今以其无累，便谓不复应物，失之多矣。"② 王弼认为，圣人与常人一样具有五情，但是圣人与常人不同之处在于，圣人具有"神明"，正是因为圣人的"神明"，才使圣人能够"体无"，所以"神明"是圣人能够"体无"的前提条件。

那么，什么是"神明"呢？"神明"连用，在王弼那里仅此一次，但是"神"与"明"并提，却在王弼著作中出现过多次，比如，"权者，道之变。变无常体，神而明之，存乎其人，不可豫设，尤至难者也"③，王弼认为天道变化无常，是神妙莫测，又是不演自明的，但是对于人来说，就难以预设、难以认知了。王弼又说，"《易》以几、神为教。颜渊庶几有过而改，然则穷神研几可以无过。明易道深妙，戒过明训，微言精粹，熟习然后存义也"④，"神"，按照《周易·系辞上》的解释，"阴阳不测谓之神"，神秘莫测的阴阳变化是天地之间万物变化的极致；"几"，按照《周易·系辞下》的解释，"几者，动之微"，韩康伯注："几者，去无入有。理而无形，不可以名寻，不可以形睹者也"⑤，"几"是指天道化生

① 郭齐勇、郑文龙编：《杜维明全集》（第五卷），武汉出版社 2002 年版，第 331—332 页。

② （晋）陈寿：《三国志》，（宋）裴松之注，中华书局 1999 年版，第 591 页。

③ 楼宇烈：《王弼集校释》（下），中华书局 1980 年版，第 627 页。

④ 同上书，第 624 页。

⑤ （魏）王弼：《周易注校释》，中华书局 2012 年楼宇烈校释本，第 250 页。

万物的过程中，处于有无之际、动静之间的微妙变化的状态，王弼认为这种状态客观存在，但是其存在之理却无法按名索骥，其变化形态也无法直观观察。在这里，"神"与"几"都是用以描述一种变化无方的状态。至于"明"，王弼说："夫察见至微者，明之极也。"① 王弼认为天道变化无穷，这种变化是世界上最微妙的变化，也是客观存在、不演自明的变化。而对于这种精微至极、不演自明的天道变化，只有圣人能够洞察到，"能尽极明，匪唯圣乎?"②。这说明，在王弼看来，从主体认识的能力来说，圣人的认识能力是人的认识能力的极致，圣人因为具有这种极致的认识能力，所以也能够认识到极致的事物，世界上最为极致的事物，就是"无形无名"的"无"，所以圣人完全有能力认识到"无"。由此，我们认为这里的"明"，也应当作为动词来理解，即圣人能够洞察到"无"的终极存在。综上来看，王弼将"神明"并用，强调的是圣人独有的、常人无法企及的、洞悉包括无在内的一切存在的能力，这种能力是"圣人自备"的，"自备者谓不为不造，顺任自然，而常人之知，则殊类分析，有为而伪。夫学者有为，故圣人神明，亦可谓非学而得，出乎自然"③。

王弼认为圣人有"神明"，所以先天具有洞悉"无"的能力。那么，圣人是如何运用"神明"认识"无"的呢? 王弼称之为"体冲和以通无"。在中国古代文化中，"冲"与"和"作为独立词，并不少见，但是二者连用，首见于王弼。"冲"见于《老子》第四章、第四十五章，"道冲似或盈，渊兮似万物之宗"，"大盈若冲，其用不穷"。"冲"，自傅奕本之后，一般被作为"冲"，并被认为是"盅"的假字，《说文》："盅，虚器也"，由此"冲"被解为"虚"

---

① （魏）王弼：《老子道德经注》，中华书局 2011 年楼宇烈校释本，第 206 页。

② 同上。

③ 汤用彤：《魏晋玄学论稿》，上海古籍出版社 2001 年版，第 70 页。

或"空虚"。"道冲,指道是虚空而没有形体的,这是老子的基本观点。"① 由此,"冲"在《老子》文本中被用来指涉道的一种特性。王弼注曰:"夫执一家之量者,不能全家;执一国之量者,不能成国;穷力举重,不能为用。故人虽知万物治也,治而不以二仪之道,则不能赡也。地虽形魄,不法于天则不能全其宁;天虽精象,不法于道,则不能保其精。冲而用之,用乃不能穷。满以造实,实来则溢。故冲而用之又复不盈,其为无穷亦已极矣。"② 楼宇烈先生认为,"王弼此处以'冲'与'满''实'对言,是以'冲'为'虚'之义"③。如果按照楼宇烈先生的理解,这里的"冲"仍然是指道的虚空状态,但是,从王弼的注释来看,王弼不仅谈到了"冲",更重要的是他还谈到了"冲"之用,所以我们认为,王弼的"冲"既用来表示"道"的存在状态,也表示"道"的功用。"冲"作为道的存在状态是"虚空"的"无",但是当"冲"用以表示"道"的功用时,"冲"就成为实实在在的"有"。"和",出自《老子》第四十二章和第五十五章。《老子》第四十二章中指出,"道生一,一生二,二生三,三生万物。万物负阴而抱阳,冲气以为和",但是在本章中,王弼并没有对"和"作出解释,所以《老子》本章中的"和"对于我们理解王弼的"和"并没有什么借鉴意义,但是从王弼在《老子》第五十五章的注释中,我们可以看到王弼对"和"的理解。《老子》第五十五章曰:"终日号而不嗄,和之至也。知和曰常。"王弼注为"物以和为常"④。"常",王弼注又为"不皦不昧,不温不凉,此常也"⑤。"常"有恒常、稳定不变之义,"物以和为常"是说,物以"和"为其稳定的状态,而这个"和"在这里又特指"常道",所以"物以和为常"强调的是事物稳定的存在状态是

---

① 转引自邓谷泉《论"道冲"之"冲"》,《长沙大学学报》1999 年第 1 期。
② (魏) 王弼:《老子道德经注》,中华书局 2011 年楼宇烈校释本,第 12 页。
③ 同上书,第 13 页。
④ 同上书,第 149 页。
⑤ 同上。

事物在常道下的存在状态。通过对王弼"冲"与"和"的理解，我们认为，王弼将"冲"与"和"合并起来，使之成为一个合成词，强调的并不只是"道"的必然性特征，同时强调了"道"的存在样态。对于王弼来说，"道"的必然性特征是不可"体"的，是"虚空"的，但是"虚空"的"道"有其自身的发用，"虚空"的道的"发用"构成了事物的稳定状态，而且"道"的"发用"所表现出来的存在样态是无处不在的，在此意义上，"道"就成为可体的"无"。由此，我们不难发现，在王弼看来，就其实在性上来说，"冲和"与"无"是相通的。"冲和"与"无"的事实上的相通，决定了人们能够通过对这种相通的认识实现由"现实相通"到"观念相通"的转换，即人们可以通过事物的稳定状态的体察，实现对"无"的体认。而这个转换的环节就是"体"，即通过体悟、体察、体认、体证"冲和"，才能够真正做到"冲和"与"无"在事实与观念上的双向相通，实现对"无"的认识。

"体""冲和"可以通"无"，从而实现对"无"的认识。那么，"冲和"与"无"何由"体"而相通呢？"冲和"作为"道"的存在样态，是有迹可循的，但是"冲和"作为抽空事物表面现象之后的稳定状态，它的形迹又不是具体的有形有迹的存在，它是"道"作用于万物，在万物的发展变化中表现出来的恒常不变的规律和原则。作为万物的规律和原则，人们可以根据眼、耳、口、鼻等感官所获得的认识资料，通过理智的推论乃至领悟得到。但是，"规律和原则"必然还只是"无"的功用，而不是"无"本身，所以，要将对"冲和"的认识提升到"无"这一层面时，还必须要超越一般的感觉和理智。王弼在《老子》第十六章中注："以虚静观其反复。凡有起于虚，动起于静，故万物虽并动作，卒复归于虚静，是物之极笃也。"① "归根则静，故曰'静'。静则复

_____

① （魏）王弼：《老子道德经注》，中华书局 2011 年楼宇烈校释本，第 39 页。

命，故曰'复命'也。复命则得性命之常，故曰'常'也。"① 王弼认为，"有"的根本在于"虚"，"动"的根本在于"静"，万物虽然变化万千，但是变化万千的事物的根本在于"虚静"，所以复归于"虚静"状态的事物才是事物最为本真的状态。"虚静"是事物复归本真的状态，事物的本真状态表现出的是事物自然本性的常道。"知常曰明"，王弼认为认知到事物的"常道"便是对不演自明的"道"的认识。由"知常"而产生的"明"，就是对有形的人与万物以及无形的性命之道的一种透彻清明的了解与把握。以上的一系列过程表明，这里的"明"，是由眼、耳、口、鼻的感观认知而来，是由全副身心的体验、体察、体证、体知而来，也是由主体作为一种理性的生命与道体流行的真实契合而来。因此，这个"明"扫除了由"冲和"到"无"之间的一切障碍，在"明"的光照之下，"冲和"与"无"可通，人与万物可合，"在此情形下，人心亦是通透澄澈，乃能自然应物，与万物如一而合于道，无有滞塞，此即为得道的境界"②。

总之，在王弼看来，孔子认识本体的方式，强调的是耳目感官认识、理性心智与主体生命本真的统一，就其认识的本质来说，主体对于客体的认识，尽管有主客二分的内容，却是在主客同一中完成的。王弼将其称之为"体无"，一个"体"字，虽然其中包涵了主体的认知功能，但更强调主体作为道体流行的具体真实生命的一种理性自觉；一个"体"字包涵了一般认识在理性心智上的省思与提升，但更强调将省思与提升之后的认识上升至与主体本真的统一中。王弼的"圣人体无"是一个关于"无"的认知环节，这时的"体无"是在体认、体察、体证、体会、体味、体玩、体究及体知的认识基础之上的主体与本体融通为一的认识论原则，是对本体的认识过程。认知之后便需要形成一种观念，即以某种方式对"无"进

---

①　（魏）王弼：《老子道德经注》，中华书局 2011 年楼宇烈校释本，第 39 页。

②　张连良：《中国古代哲学史》，中国社会科学出版社 2015 年版，第 37 页。

行言说。那么，现在的问题是，经过这样认知而得到"无"要如何言说呢？"体无"是一个动态的过程，但是"语言"描述的事物只能呈现其静态的一面，所以对于在动态中认知的"无"来说，直接的语言描述是有局限性的。但是，王弼认为孔子找到了"言说"无的方式，此亦为"体无"：圣人通过"体无"认知本体属"知"，但是这个"知"同时又是通过"行"完成的，在这一过程中，"知"在"行"之中，"行"又是"知"的前提，离用无体、离体无用，这样的一个"知行"合一，实质上意味着一种哲学立场，这种哲学立场意味着圣人在其日常生活中随时随地立于本体自觉之地、在言行语默中赋予本体之意，即圣人有名、有形的具体活动是"言说"无的最直接的方式，此即"体无"。基于此，王弼便得出了圣人以"体无"而"言无"的结论，即圣人虽不言无，但圣人所行、所言无不是"无"。所以，在孔子的文本中，虽然鲜少直接言"无"，但是其所言无不是"无"。

第二节　老子"言无"

在关心"无"的问题上，老子与孔子是一样的，这是裴徽、何晏以来的魏晋玄学家所公认的。但是王弼直接称孔子为"圣人"，对于老子又说"恒言无所不足"，老子的地位似乎是"次于"孔子的，但事实并非如此。

对于老子其人，王弼在《论语释疑》中明确地注说：

> 老是老聃，彭是彭祖。老子者，楚苦县厉乡曲仁里人也。姓李氏，名耳，字伯阳，谥曰聃，周守藏室之史也。①

---

① 楼宇烈：《王弼集校释》（下），中华书局 1980 年版，第 624 页。

　　王弼的注释直接将老子的身份确定为老聃。老聃与孔子的关系，在先秦文献中有着各种记载，在《庄子》中，孔子是作为老聃的弟子出现的，孔子向老子问道、问"礼乐之本"；在《礼记》中，孔子曾转述其与老聃助葬之事。这说明，在先秦的儒道两家的文献典籍中，老聃的身份都被确认为孔子的老师，可以说老子在地位的等级上是高于孔子的；另外，孔子也曾亲自评价老子说："鸟，吾知其能飞；鱼，吾知其能游；兽，吾知其能走。走者可以为罔，游者可以为纶，飞者可以为矰。至于龙，吾不能知，其乘风云而上天？吾今日见老子，其犹龙邪！"[①] 孔子认为，鸟、兽、鱼虽然能飞、能跑、能游，但是皆有工具可以将其捕捉，但是老子的思想，却如同龙一样，能致高远与广大，超越于对一般事物的洞见。孔子对于老子的评价表明孔子自己已经承认，在学术造诣上，老子的学问是很深刻的，甚至是己所不及的。王弼深谙儒道哲学，想必对于这些记载早已了然于心，在这种情况下，王弼仍然将老子注为老聃，而不是如同何晏一般注为"彭祖"，这说明在王弼看来，老子的哲学造诣与孔子一样，也具有极高的品质。在孔子那里，孔子以"体无"的方式认知无、"言说"无，那么，具有同等哲学品质的老子，又是如何认知无、"言说"无的呢？

　　《老子》首章中说："故常有欲，以观其妙；常无欲，以观其徼。"对于本句，自古以来有两种句读方法，一种是以王弼、河上公为代表的以"无欲""有欲"为句读[②]；一种是以宋人王安石、范应

---

　　① （汉）司马迁：《史记》，军事谊文出版社 2006 年版，第 334 页。

　　② 河上公章句本为："故常无欲，以观其妙。常有欲，以观其徼。"载（汉）严君平《老子道德经河上公章句》，中华书局 1993 年王卡点校本，第 2 页。王弼本为："故常无欲，以观其妙；常有欲，以观其徼。"载（魏）王弼《老子道德经注》，中华书局 2011 年楼宇烈校释本，第 2 页。

元等人以"无""有"为句读①，但在马王堆帛书甲本中，"无欲""有欲"后皆有"也"字②，句末的"也"字表示停顿的语气，因此我们认为王弼、河上公以"有欲""无欲"为句读更符合古本老子的原意。王弼、河上公虽然都以"无欲""有欲"为句读，但是他们的解释却不同。河上公将"无欲""有欲"之"欲"训为人的情感所表现出的状态，河上公注说："妙，要也。人常能无欲，则以观道之要妙，要谓一也。""徼，归也。常有欲之人，可以观世俗之所归趣也。"③ 河上公认为人能够通过人的无欲的状态观察到道的妙要之处，通过人的有欲的状态观察到世俗的趣味归旨。河上公的注释表明，他已经发现"无欲"与"道"之间的关系，但这种关系是建立在本体论立场下的，即"欲"是"欲"，"道"是"道"。因此"无欲"只对"道"有效、"有欲"只对"世俗"有效，他并没有说清"有欲"与"无欲"、"本体"与"万物"以及"欲"与"本体"和"万物"的关系。王弼的注释与河上公明显不同，王弼注："妙者，微之极也。万物始于微而后成，始于无而后生。故常无欲空虚，可以观其始物之妙"④，"徼，归终也。凡有之以为利，必以无为用；欲之所本，适道而后济。故常有欲，可以观其终物之徼也"⑤，楼宇烈先生认为注中"'常无欲'即'空虚'或'空虚其怀'之意，亦即虚静而无思无欲之意"⑥，"'常有欲'，指万有和思虑。王弼以

---

① 王安石本："故常无，欲以观其妙；常有，欲以观其徼。"载（宋）王安石《王安石老子注辑本》，中华书局1979年版，第2页。范应元本："故常无，欲以观其妙。常有，欲以观其徼。"载（宋）范应元《老子道德经古本集注撰》，华东师范大学出版社2010年黄曙辉点校本，第3页。

② 帛书甲本："故恒无欲也，以观其眇；恒有欲也，以观其所噭。"载高明《帛书老子校注》，中华书局1996年版，第448页。

③ （汉）严君平：《老子道德经河上公章句》，中华书局1993年王卡点校本，第2页。

④ （魏）王弼：《老子道德经注》，中华书局2011年楼宇烈校释本，第2页。

⑤ 同上。

⑥ 同上书，第4页。

为'有'必须以'无'为'本'，以'无'为'用'，思虑亦必须不离于'无'，然后才能有所归指。所以，他认为通过'常有欲'，即可以了解到天地万物的最终归结"①。从楼宇烈先生的注释中，我们看到，对于王弼来说，"有欲"和"无欲"虽然是两种不同的情感状态，但是这两种情感状态却有同一根源，即无论是"有欲"还是"无欲"都是本体自身的发运动作，是本体在人的情感处的存在方式，"本体"与"人欲"之间是体用关系。"人欲"作为"本体"的存在方式，可以成为"认识"本体的中介。所以，相较于河上公的注释，王弼的注释显然是具有了认识论的哲学意义，在王弼看来，老子对于"无"的认识是通过以"欲"为"中介"来完成的。

王弼认为以"欲"为"中介"是老子认识"无"的基本原则。"无"作为本体是无形无迹的，"无"作用于万物却是有形迹的，本体作用于万物的形迹就是万物"并作"的规律和原则。当这种规律和原则作用于人时，就表现"人性"，《礼记·乐记》"人生而静，天之性也。感于物而动，性之欲也"②。人生来带有"静"的自然本性，本性受到外物影响而发运动作就表现为"欲"。从"性"到"欲"的过程中，"欲"把"性"的抽象性具体化、现实化了，"欲"是"性"存在的第一环节，"欲"可以直接呈现给人的意识，成为人的直接知识。因此，从逻辑上说，"欲"可以成为确立本体之知的中介物。然而，即使这样，"欲"也只能是一个把握本体之道的充分条件而非必要条件。因为，"欲"是"感于物而动"，这决定了"欲"内在地包涵着内外两个方面，既有"无欲"的内在性，又有"有欲"的外在性。从"无欲"的内在性上说，"无欲"既言其"有"，又言其"无"，从"有"的角度说，是人性即天命的实在性。从"无"的角度说，"无欲"是未曾受到任何外物干扰的人性本真

① （魏）王弼：《老子道德经注》，中华书局 2011 年楼宇烈校释本，第 4 页。
② （清）阮元：《十三经注疏》（三），清嘉庆刊本，中华书局 1980 年版，第 3314 页。

的状态。在中国哲学中，所谓的本体就是万有存在者的那个本真，因此，"无欲"在自在性上与天道本体保持一致。那么，从逻辑上说，对"无欲"的自觉自然能够把握到本体的神妙性，所以，老子说"恒无欲，以观其妙"。然而，"无欲"作为人的本真状态，仍然是一个非对象性的存在，所以要寻找一个与其本真状态同一的对象性存在，才能够实现对万物本真的把握。就这一点来说，老子的方法是以"无为"消解"有欲"以至于"无欲"的基本原则。复归于"无欲"的"有欲"，虽然具有了"无欲"的本质，但仍然是"有欲"的状态。也就是说，这样的"无欲"是可以直接呈现给人的意识的，这样也就可以满足人对本体的自觉性要求。但是，这种自觉性方法是直接建立在人对自我之欲的自我意识之中的，这就要求通过对"有欲"的消解得到的"无欲"不是任何个人欲望的随意性，而是一个在"无为无不为"的制约下的普遍性中的"无欲"，"普遍性"中的"无欲"，是一个普遍性的人性真实性，普遍性的人性的真实性也就是天道本体的真实性。所以，通过对"有欲"的消解而得到的"无欲"的自觉，能够实现人们对于"无"的认识。以"无为"消解"有欲"而复归的"无欲"，就其本质来说仍然是有欲，所以这也可以说是通过"有欲"自觉本体的方法，所以老子说，"常有欲，以观其徼"。我们认为，王弼定然是发现了老子对于"无"的这一认识论特点，所以，王弼将其注为："常无欲空虚，可以观其始物之妙""故常有欲，可以观其终物之徼也"。

在王弼看来，老子是通过对主体的"无欲"的自觉来实现对于"无"的认识的，但是，在这个过程中，完成的只能是对于作用于"人"的"无"的认识。对于普遍性的"无"的认识又是如何实现的呢？这就又回到了老子"归根""复命"的命题中来，王弼认为"复命"是道之用的一般原则，这个一般原则在人与万物是相通的，"唯此复，乃能包通万物"①，在这个一般原则的作用下，人与万物

———————

① （魏）王弼：《老子道德经注》，中华书局 2011 年楼宇烈校释本，第 39 页。

就复归于显明的常道，由此，人便能够在"万有"的"复命"与人的"复命"（无欲）中实现万物的常道与主体的常道融通为一，从而实现对"无"的认识。

王弼认为老子对于"无"的认识归根结底是通过对"无欲"的自觉完成的，它并不直接对认识对象进行细致观察、搜集资料、反复验证等，因此，它不同于一般的认识过程，它强调的是认识主体融入道体、与道体打成一片，有时它甚至类似于一种沉潜久之而后的豁然开朗或顿悟，总之这是老子针对形上之道而发明的特殊的认识方式。老子对于"无"的认识是通过"有欲"复归"无欲"来完成的，所以他反复强调"致虚""守静""复命"，在这样的立场下，任何描述性的语言都将是违背这一认识论原则的，所以，对于老子来说，"无"是可认识的，但是又是无法言说的，可以说是一种"可意会又不可言传"的境地，所以老子一面说"道可道"，一面又在强调"非常道"。对此，王弼的解释是："言之者失其常，名之者离其真，为之者则败其性，执之者则失其原"①，"名之不能当，称之不能既。名必有所分，称必有所由。有分则有不兼，有由则有不尽；不兼则大殊其真，不尽则不可以名"②。王弼认为，老子已经意识到任何语言，在"言说""无"时都是如此苍白无力。那么，"无"是否就不能被"言说"了呢？王弼在《老子指略》中，在否认语言对于"道"的作用之后，又附加说"此可演而明也"③一句。演，推演，即通过人们所熟悉的概念或具体事物的必然性特征，用类比、借喻等方式进行推演，说明人们所不熟悉的概念或事物的必然性特征。这是说，王弼认为当老子意识到直接用语言"言说"道的困境时，老子便采用了一种"推演"的方法，而使"无"能够被"言说"。这种推演方法的使用，王弼在《老子指略》和《老子注》

---

① （魏）王弼：《老子道德经注》，中华书局 2011 年楼宇烈校释本，第 203 页。

② 同上。

③ 同上。

都有所提示。比如王弼认为《老子》通过"道"的特征言说了"无"，他认为将"无"命名为"道"，是取自"道"有"万物之所由"① 的特征；将"无"定名为玄，取于"玄"具有"幽冥之所出"② 的特征；为了说明道以自然成就万物，老子以万物与刍狗为例"天地不仁，以万物为刍狗，圣人不仁，以百姓为刍狗"（《老子》第五章）；为了说明道是万物之源，老子将道比喻为玄牝："谷神不死，是谓玄牝，玄牝之门，是谓天地根。绵绵若存，用之不勤"（《老子》第六章）；为了说明道体虚无，老子将道比喻为"不盈之渊"，"道冲而用之或不盈，渊兮似万物之宗"（《老子》第四章）；为了说明道对万物的统摄作用，老子以车与毂、室与户牖为喻，"三十辐共一毂，当其无，有车之用。埏埴以为器，当其无，有器之用。凿户牖以为室，当其无，有室之用。故有之以为利，无之以为用"（《老子》第十一章）。总之，王弼认为，老子正是用这些"推演"的方式实现了对"无"的言说。用"推演"的方式"言说"无，当然不是对"无"的直接言说，所以王弼认为，通过这种方式，只能得到对"无"的称谓而不是命名。"名也者，定彼者也；称也者，从谓者也。名生乎彼，称出乎我。"③ 虽然此称谓都不足以从整体上对"无"进行言说，但这些称谓在表达"无"的必然性特征时，仍然是有效的，"名号生乎形状，称谓出乎涉求。名号不虚生，称谓不虚出"④，这些称谓包括"道""玄""深""远""大"等。王弼认为，老子使用了这些"称谓"语言，但是这些"语言"，对于"无"来说，又不能够尽善尽美，"故名号则大失其旨，称谓则未尽其极"⑤，为了弥补这一语言缺陷，王弼认为老子又使用了另外一些语言技巧，比如老子以"玄"言"无"时，为了说明"无"与"玄"

____

① （魏）王弼：《老子道德经注》，中华书局 2011 年楼宇烈校释本，第 203 页。
② 同上。
③ 同上书，第 205 页。
④ 同上。
⑤ 同上。

的区别，特别强调了"玄之又玄"；当以"大"言说"无"时，又特别强调了"域中有四大"，王弼认为这些辩证法的语言正是老子为了弥补称谓描述"无"的缺陷而特别设置的。总而言之，王弼认为，从文本表面看来，《老子》是关于"无"的学说，但是《老子》对于"无"的言说，也不是"直言"，而是使用了很多语言技巧的。

据以上分析，我们认为，在王弼看来，老子对于本体的认识方法更加强调对于主体致虚、无欲的自觉与万物本真的融合，保证这种认识方法的有效性在于以"致虚极""守静笃"达到的对于万物本性的"复命"，如此认识而获得的本体只能是可意会而不可言传的，所以，对于这样的"无"的言说，老子只能使用一些特别的语言技巧。在王弼看来，"语言"本身的规定性决定了它的有限性，但是老子已经成功地使用这些有限性的语言实现了对"无"的言说，老子的每一句话，都是关于"无"的必然性特征的描述。

第三节　王弼对"言意"关系的理解

在解决魏晋玄学的时代课题时，王弼对于问题的追问伸向了孔老理论外观产生的深层原因，认为孔、老两家理论外观差异的原因不在于他们关心不同的核心问题，而在于他们对同一核心的不同言说方式，尽管他们的言说方式不同，但是这些不同的言说方式都是建立在他们各自对于"无"的认识基础之上的。对于"无"的言说，孔子儒家采用了以记录圣人有名、有形的具体活动的"言说"方式，而老子道家则是采用了一些特殊语言技巧的"言说"方式。按照王弼的观点，"无"是孔、老共同关心的核心问题，即客观存在的"无"是孔子和老子在其文本中要表达的"意"，他们的文本是他们为表达"意"而建立的"言"。那么，现在的问题是他们的"言"是否能够完尽地表达"意"呢？即他们通过各自不同的"言说"方式所言说的"无"与客观存在的"无"之间究竟有怎样的关

系呢？为了回答这一问题，王弼必须对"言意"关系作出自己的
理解。

一　王弼"言意"关系的内涵

王弼对于"言意"关系的理解，集中地体现在《周易略例·明
象》中：

> 夫象者，出意者也。言者，明象者也。尽意莫若象，尽象
> 莫若言。言生于象，故可寻言以观象；象生于意，故可寻象以
> 观意。意以象尽，象以言著。故言者所以明象，得象而忘言；
> 象者所以存意，得意而忘象。犹蹄者所以在兔，得兔而忘蹄；
> 筌者所以在鱼，得鱼而忘筌也。然则言者，象之蹄也；象者，
> 意之筌也。是故，存言者，非得象者也；存象者，非得意者也。
> 象生于意而存象焉，则所存者乃非其象也。言生于象而存言焉，
> 则所存者乃非其言也。然则忘象者，乃得意者也；忘言者，乃
> 得象者也。得意在忘象，得象在忘言。故立象以尽意，而象可
> 忘也；重画以尽情，而画可忘也。
>
> 是故触类可为其象，合义可为其征。义苟在健，何必马乎？
> 类苟在顺，何必牛乎？爻苟合顺，何必坤乃为牛？义苟应健，
> 何必乾乃为马？而或者定马于乾，案文责卦，有马无乾，则伪
> 说滋漫，难可纪矣。互体不足，遂及卦变；变又不足，推致五
> 行。一失其原，巧愈弥甚。从复或值，而义无所取。盖存象忘
> 意之由也。忘象以求其意，义斯见矣。①

《周易略例·明象》一章，字数不多，只有两段文字，但是内容
比较丰富，下面，我们将以此段文字为依据，具体分析王弼"言意"

---

①　（魏）王弼：《周易注校释》，中华书局 2012 年楼宇烈校释本，第 284—285
页。

关系的内涵。

在这段文字中，王弼首先提出："夫象者，出意者也。言者，明象者也。尽意莫若象，尽象莫若言。""意"，在《周易》文本中指卦、爻的寓意，例如：屯卦是"天地相合，阴阳开始交通"[①] 之意，比卦是"亲近，相辅"[②] 之意；对于"意"的来源，《系辞上》说："《易》与天地准，故能弥纶天地之道。仰以观于天文，俯以察于地理，是故知幽明之故。原始反终，故知死生之说。"《周易》是一部中国古人以"仰观""俯察"等经验论为基础建立起来的，反映宇宙万物普遍规律的著作，所以圣人想要通过《周易》表达的意愿，是宇宙万物的客观规律，即天道、天理等。所以，在《周易》文本中，"意"的所指是人脑中所形成的天道、天理等观念。"意"与客观存在的"天道""天理"内在同一，"意"与"天道""天理"是"形式"与"内容"的关系。"象"，在《周易》文本中，是指卦象，即由阴爻和阳爻所构成的图形；对于这个"象"的来源，《系辞上》说，"见乃谓之象""夫象，圣人有以见天下之赜，而拟诸其形容，象其物宜，是故谓之象"。"象"是由《周易》作者通过"仿效"事物的"形""容"而来，由此可见，"象"是主体对于客观存在的具体事物进行抽象之后，在观念中保留下来的具体事物的形象。所以《周易》文本中的"象"比较类似于现代心理学中的"表象"概念。"象"由客观事物的具体形象抽象而来，所以，《周易》文本中的"象"的实在性是具体存在的有形事物，"象"与具体存在的有形事物之间是一种内在同一的关系，也是"形式"与"内容"的关系。"言"，在《周易》文本中，指卦辞和爻辞，是用以言说、解释卦象、爻象的语言。"言"相当于现代汉语中的名言或概念。"言"是对"象"的抽象和概括，所以"言"与"象"同样具有内在同一的关系，以及"形式"与"内容"的关系。

---

① （魏）王弼：《周易注校释》，中华书局 2012 年楼宇烈校释本，第 19 页。

② 同上书，第 38 页。

据以上分析，我们可以发现，在王弼的言意关系系统中，存在着这样一个结构："意"（万物存在的客观规律"无"）、"象"（有形事物的具体形象）、"言"（对象的总结和概括）。在这个结构中，"有形的事物"的最高根据是"无"，"象"的实在性在于"有形的事物"，"言"的实在性在于"象"，就存在论而言，"无"是客观存在的，"言"是经由主观产生的，这其中包含着一个从客观到主观的思维过程，而且在这个过程中，意、象、言之间保持着内容上的同一性。由此，我们发现，在王弼的哲学思想中，由"意"而"言"的过程，本质上是一种从"存在"到"思维"的创造性生成的过程，表达的是事物在存在与思维关系中的必然联系。在这个过程中，"意"被抽象生成为"象"，"象"被抽象生成为"言"，"意"是"象"的根据，"象"是"言"的根据，三者虽不相同，却内在同一。

王弼对于言意关系的认识，并没有停止于此，他接着说："言生于象，故可寻言以观象；象生于意，故可寻象以观意。意以象尽，象以言著。""言"是对"象"的总结与概括，"言"与"象"有同一性关系，所以可以通过"言"来建构"象"；万物的形象（象）又是万物本质规律（意）的表现，所以"象生于意"，因此也可以根据"象"（表象、形象）来把握"意"（万物的本质规律）。在王弼看来，意、象、言的同一性关系决定了能够实现从"言"的理解达到对"意"的建构，或者说在王弼的言意关系系统中，又存在着这样一个结构："言"（对象的概括和总结）、"象"（有形事物的具体形象）、"意"（万物存在的客观规律"无"）。从存在论意义说，"言"是经由主观产生的，"意"是客观存在的，那么，这其中包含着一个从主观到客观的思维过程，这一过程用现在的心理学术语来说就是从思维到存在的创造性生成过程。也就是说，王弼也将言意关系理解为由思维到存在的递进生成关系，在这个过程中，概念是创生形象的根据，形象又是创生新的义理的根据，三者之间仍然具有内在同一性，所以王弼说"意以象尽，言以象著"。

　　以上两段文字表明，王弼将言意关系视为两个相互递进的创生性关系，一个是从存在到思维的创生性关系，另一个是从思维到存在的创生性关系。在这两个创生性关系中，三者之间，内在同一。那么，是否可以说，得到"言"就得到了"象"，得到"象"就得到了"意"呢？王弼认为不是的。他说："言者所以明象，得象而忘言；象者所以存意，得意而忘象"，他认为言之所以明象，象之所以存意，是靠"忘言""忘象"完成的。那么，什么是"得象而忘言""得意而忘象"呢？他引用了庄子的筌蹄之喻阐释了这个问题。"筌蹄之喻"在《庄子》中的原句为：

　　　　筌者所以在鱼，得鱼而忘筌；蹄者所以在兔，得兔而忘蹄；言者所以在意，得意而忘言，吾安得夫忘言之人而与之言哉！①

　　这句话原本表达的是庄子的言意关系思想。对于言意关系，庄子认为语言不是自然形成的，而是人为的产物，人为的语言就会有人为伪饰浮华的内容，所以语言有可能遮蔽人们对于天道的认识，"道恶乎隐而有真伪？言恶乎隐而有是非？道恶乎往而不存？言恶乎存而不可？道隐于小成，言隐于荣华"②。庄子又说："世之所贵道者，书也。书不过语，语有所贵也。语之所贵者意也，意有所随。意之所随者，不可以言传也，而世因贵言传书。"③ 庄子认为，在世人看来，道的所贵之处都在书中得到了表达，书的所贵之处在于它能表达人的语言，人的语言的所贵之处在于他们能够表达人的意愿，但是"意"所要表达的"天道"却是流转变迁的。所以至变的天道不能被固定不变的语言所表达。在庄子看来，对客观存在的"天道"而言，"言"是无能为力的。在这样的认识论基础上，庄子顺理成章

---

　　① 《庄子》，中华书局 2015 年方勇译注本，第 466 页。
　　② 同上书，第 24 页。
　　③ 同上书，第 221 页。

地得到了他的"言不尽意"的观点。所以，人们虽然能够从语言中得知天道的可贵之处，但是对于认识客观存在的天道无益。那么，"语言"就如同渔者的筌和猎兔者的蹄一样，只是工具而已，当得到了鱼、兔之后，这个工具也就失去了作用，可以丢弃不用了。对庄子来说，"语言"对于人们认识天道具有工具性的作用，但是通过"语言"所认识的天道又与客观存在的天道大相径庭。所以，"言"与"意"并不具有同一性关系，"言"是"不尽意"的。王弼的言意关系显然与庄子有所不同，王弼虽然没有指出"言尽意"或是"言不尽意"，但是他认为，"象"是用来表达"意"的，"言"是用来明"象"的，"言""象"是表达"意"的最好的工具。由此，王弼的言意关系乃是"言尽意"的。这与庄子的言不尽意论有了本质的区别，所以对于他所引用的"筌蹄之喻"，我们还应当立足于王弼的思想去理解。

那么王弼引用庄子的"筌蹄之喻"要解释的"得象而忘言""得意而忘象"是什么呢？我们不妨以王弼在《明象》的第二段中所举的例子来理解。王弼说："是故触类可为其象，合义可为其征。义苟在健，何必马乎？类苟在顺，何必牛乎？爻苟合顺，何必坤乃为牛？义苟应健，何必乾乃为马？"王弼认为在《周易》中，"象"的选取并不是随意的，取"象"的标准在于"象"与"意"在意义上有相同之处。就《周易》乾、坤卦来说，如果只是想表明"刚健"之义，那么，就没有必要取象于"马"；如果只想表明"柔顺"之义，也没有必要取象于"牛"了。那么，《周易》中乾、坤卦中的"健—马—乾""顺—牛—坤"的三重结构的意义是什么呢？从"言""象""意"各自的规定性出发，按图索骥，那么，健、马、乾、顺、牛、坤都有自身的规定性，健、马、乾、顺、牛、坤各自的规定性决定了他们是风马牛不相及的事物，但是按照王弼言意关系，对于乾卦中的乾、马、健和坤卦中的坤、牛、顺的意义是在两个互逆的创生过程中产生，所以，他们自身的规定性已经不具有绝对的意义：

健 ⇄ 马 ⇄ 乾 ⇄   顺 ⇄ 牛 ⇄ 坤 ⇄

以乾卦为例,乾卦卦辞表明,乾具有"元""亨""利""贞"的属性,为了表明乾卦的属性,《周易》作者用"马"进行了比附,也用"健"进行了说明。但是马有马的属性,马刚健有力,马是一种食草动物;健有刚健之义,也有勇猛之义。但是对于乾的理解,既不能执着于"马"的属性,也不能执着于"健"的规定性,反而是"马""健"共同的"刚健"之义才是乾卦的应有之义。这说明在意、象、言这个系统中,"意"虽然与"象"具有同一性、"象"与"言"具有同一性,但是"意"并不直接等同于"象","象"也不直接等同于"言"。只有"忘记""象"和"言"的具体规定性、超越它们的具体规定性,所存于"象"的才是"意",所存于"言"的才是"象",这就是王弼想要向我们说明的"得象而忘言""得意而忘象"。王弼所谓的"忘"应是超越具体规性的意义。由此,我们不难看出,在王弼的意、象、言关系中,尽管具有内在同一性,但是,并不是绝对的同一,而是矛盾的同一。

那么,怎样理解意、象、言之间的矛盾性呢? 王弼接着说:"存言者,非得象者也;存象者,非得意者也。象生于意而存象焉,则所存者乃非其象也。言生于象而存言焉,则所存者乃非其言也。"王弼在这里深刻地分析了意、象、言之间的"矛盾性"的根源,王弼认为执着于对"言"的理解,并不能够得到"象",执着于对"象"的理解,也不能够得到"意",因为"象"来源于意,所以"象"的规定性并不是"象"的自身;同样,因为"言"来源于"象",所以"言"的规定性也并不是"言"的自身。王弼从"意""象""言"的来源的角度,阐释了造成意、象、言之间的矛盾性的根源。我们知道,王弼将意、象、言关系理解为"由存在到思维"和"由思维到存在"的两个互逆的创生性过程,在这两个互逆递进的生成过程中,后者都是以前者为依据,前者与后者之间有了明显的不同,后者并不能直接表现前者的丰富性,这是造成意、象、言之间的矛盾性的原因。由此可见,意、象、言之间"矛盾"并不是天然的、绝对的，而是在思维过程中产生的，在思维过程中产生的"矛盾"是可以通过思维的方式解决的。王弼自认为找到了这种方法就是"忘"。

从以上分析，我们可以清楚地认识到，在王弼看来，"言"与"意"的同一性关系确是实实在在的，"言"与"意"尽管有矛盾性，但是这一矛盾性是可以化解的，而且王弼也找到了化解这一矛盾的方法，可以说"言"与"意"是辩证统一的关系。以上诸多分析表明，王弼将"言意"关系理解为"从存在到思维"和"从思维到存在"两个互逆的创生过程，这种"言意"关系是对人的认识机能的探索，"他从心理机能的角度、思维活动的内在矛盾的角度，揭示了两种意义上的创造思维的规律性：一种是观念创生意义上的原创性的创造思维的规律性；另一种是学习意义上的再生性创造思维的规律性"①。这是王弼的"言意"关系的真正内涵。

二　王弼"言意"关系思想的意义

王弼以"言意之辨"展开人的认识机能理论的探索，本质上是对认识论的自觉反思。在这种认识论机能的立场下，人的认识就内在包涵着两个环节：一个是由"意"及"言"的环节，这个环节本质上是人的心理机能的认识机能，它能够保证人能够认识到万物的确定性；另一个是由"言"及"意"的环节，这个环节本质上则是人的心理机能的学习机能，它能够保证人通过对文本的学习和理解达到对客观事物的再建构。这两个环节，对于王弼哲学思想的建构至少在以下三方面具有非常重要的意义：

第一，王弼的言意关系思想，肯定了孔、老两家关于本体的认识是确定的，在此基础上，孔、老两家思想在本体论问题上取得内在统一性。在王弼言意关系思想下，言、意是辩证统一性关系，存在与思维的统一在言意关系的统一性中得到体现。也就是说，当客观

---

① 姚遥：《魏晋玄学言意之辨研究》，硕士学位论文，吉林大学，2011年6月，第5页。

存在的本体作为认识对象时，客观存在的本体必然与思维中的本体观念是统一的，思维中的本体是客观存在的本体的确定性反映。按照这一逻辑，孔子以"体无"而言无，老子以"恒言"而言无的理论外观的差异只表现为他们之间的"言"的矛盾，而不是他们之间"意"的矛盾，他们之间的"言"的矛盾，是在他们各自的思维过程中产生的，而且这个"矛盾"可以在思维过程中消除。因此，不管孔、老两家理论外观如何不同，都不影响他们对于"无"的确定性把握。孔、老两家的理论外观的差异为魏晋玄学家解决名教合理性问题提供契机的同时也造成了极大的困惑，"凡老庄玄学所反复陈述者均罕见于儒经，则孔老二教全面冲突，实难调和"①，但是，这一困惑在王弼言意之辨思想的关照下便可以迎刃而解。在王弼"言意辩证统一"的言意关系思想下，孔、老两家文本都是关于"无"这一核心问题的，所以尽管理论外观不同，但不影响它们对于"无"的确定性的认识。从这个意义上说，这已经论证了孔、老两家思想在本体论问题的内在统一性，为解决魏晋玄学的时代课题提供了极大的帮助。

第二，王弼的言意关系思想为解读《老子》《周易》文本并通过解读《老子》《周易》文本认识本体，提供方法论支持。中国哲学的本体观念与西方哲学的本体观念有着本质上的区别，"将本体概念看成是一虚位概念，几乎是中国古代哲学家的共同特点"②。所以，用语言描述它的特征是一件非常复杂的事情，正因为儒道两家创始人意识到本体的这一特征，老子说："道可道，非常道；名可名，非常名。"孔子说："书不尽言，言不尽意。"但是孔子与老子迎难而上，为了说明本体他们只能采用特殊的言说方法，这些特殊方法的使用决定了后人对其文本理解的困难重重。然而，在王弼言意关系思想下，不管所使用的语言如何特殊，在言说他所要言说的对象时，

---

① 汤用彤：《魏晋玄学论稿》，上海古籍出版社 2001 年版，第 30 页。

② 张连良：《中国哲学的本体观念及建立方法》，《吉林大学社会科学学报》2000年第 5 期。

都是在"由思维到存在"的创生过程中完成的。在这一过程中，思维与存在是辩证统一的关系，也就是说"言"和"意"是辩证统一的关系。"言""意"的辩证统一性决定了我们能够通过"言"理解"意"，通过"思维"认识到"存在"。同一个"意"可以用各种不同的语言来言说，千变万化的语言也可能都在言说同一个"意"，只要把握了"言"的特殊性，就能够通过"言"认识"意"。在王弼以前，特别是汉儒解释经典时一般执着于经文的字面意思，"言"直接等同于"意"。但是，经过王弼言意关系的探索之后，对于孔子与老子言说本体的特殊语言的理解，就有了迥然有别的诠释路径，王弼称之为"得象忘言""得意忘象"。王弼强调"得意"时，要"忘象""忘言"，他认为只有做到"忘"才能"得意"，王弼的"忘"是一个超越的过程，"忘"是超越"辩证"达于"统一"的过程，也就是说，在王弼的"忘"所要求的超越的、创造性的思维过程，不是无内容、无目标，而是要紧紧围绕"万物之所以为万物"的核心问题而展开的，王弼的言意之辨是"在认识论层面对经典解读和思维规律给出新思路"[①]。解读文本的过程，是一个由"言"至"意"的进路，王弼的言意关系思想表明，这一过程实质上是学习意义上的再生性创造思维，即可以通过学习心理机能的作用，使人通过"言"认识到客观存在的"意"，就是说，王弼的言意关系思想实际上为他提供了一个通过解读《老子》《周易》文本认识客观存在的本体的方法。这对于他建立的新的本体论思想，并在这一本体论思想基础上论证名教合理性，当然是至关重要的。

第三，王弼的言意关系思想为他通过对孔、老两家文本的本体论资源建构全新的本体论思想提供保证，而且为他所建构的本体论思想的确定性提供依据。何晏曾希望通过建构"以无为本"的本体论思想对名教合理性作出解释，但是他所建立的本体论思想在解释

---

① 姚遥：《魏晋玄学言意之辨研究》，硕士学位论文，吉林大学，2011 年 6 月，第 20 页。

本体与现象的关联时遇到困难。这只能说明他所建构的本体论思想存在着缺欠。那么，王弼承其续而来的文化任务便是重新建构一个本体论思想，这一本体论思想要想能够对名教合理性作出解释，那么，它自己首先要有确定性的意义。对于王弼本体论思想的建构，汤用彤先生认为王弼的"无"思想"托始于老子"①，"建言大道之玄远无联，而不执着于实物"，所以命之为"无"，"此无对之本体，号曰无，而非谓有无之无。因其为道之全，故超乎言象，无名无形"②；王葆玹认为："王弼哲学既是玄学本体论的早期形态，便不可能十分成熟；它既是由宇宙构成论演化来的，便不可能割断同宇宙构成论的联系"③；也有人认为王弼的本体论是王弼具有原创性的哲学意义，只有王弼自己的著作《周易略例》和《老子指略》最为突出地表达他自身的本体论思想。这些论断虽然能够在语言上自圆其说，但是这些说法都将王弼的本体论视为出于王弼自身的主观建构，并没有论及王弼的本体论思想是否存在着一个确定性的理论基础。事实上，如果说早期的魏晋玄学家对于论证名教的合理性的期待是建立在孔、老两家学说的理论外观差异上，那么到何晏、王弼的时期，他们已经开始认为孔、老两家都曾讨论过本体这一核心问题，这说明他们已经对从本体论层面论证名教合理性满怀期待。那么，要如何建构一个有确定性意义的本体论呢？在王弼看来，《老子》《周易》讨论的都是关于"万物之所以为万物"的本体的必然性特征问题，《老子指略》："无名无形者，万物之宗也"④；《周易略例》："物无妄然，必由其理。统之有宗，会之有元，故繁而不乱，众而不惑"⑤；《周易大衍论》："夫无不可以无明，必因于有，故常

---

① 汤用彤：《魏晋玄学论稿》，上海古籍出版社 2001 年版，第 44 页。

② 同上书，第 45 页。

③ 王葆玹：《怎样认识王弼的本体论》，《魏晋玄学笔谈》（一），《文史哲》1985 年第 3 期。

④ （魏）王弼：《老子道德经注》，中华书局 2011 年楼宇烈校释本，第 202 页。

⑤ （魏）王弼：《周易注校释》，中华书局 2012 年楼宇烈校释本，第 269 页。

有物之极，而必明其所由之宗。"① 王弼在这两个文本中的论述已经表明，他为"本体"的论证设置了一种新的哲学步调，"他没有假定一种万物的绝对始基，然后推演出一套宇宙论或本体论。他的探究是归纳性的，追问万物之'所以'的'必然'特征"②。而王弼所从归纳之处就来源于《老子》《周易》中的关于本体论资源的论述。王弼的言意之辨思想表明，从"意→象→言"方向上看，它是由存在到思维的创生过程，它是一个认识论的过程；从"言→象→意"的方向上看，是人类思维创造再生的本能，它是通过经验学习，创建新的义理的过程。按照王弼"言意之辨"的逻辑，《老子》、《周易》都是对本体的确定性的反映，那么，王弼就可以通过对《老子》《周易》本体观念的认识中建构自己的本体论思想，并且，言与意的辩证统一性保证了他所建构的本体论思想是真实可信的。这对于他建构一个新的本体论思想，并在本体的高度论证名教合理性是十分有意义的。

对于"言意之辨"之于魏晋玄学乃至王弼哲学思想的作用，汤用彤先生在《魏晋玄学论稿》中指出：时代学术变适之理有二，一则受之于时风。二则谓其治学眼光与方法，新学术之兴起，虽因于时风环境，然无新眼光新方法，则亦只有支离片断之言论，而不能有组织完备之新学。故新的学术形态之建立。玄学取代经学而引领时代新风尚的方法则为言意之辨，以言意之辨，普遍推之，而使之为一切理论之准量，则实为玄学家发现之新眼光新方法。③ 以此考量王弼的言意之辨，则汤用彤先生此言实为不刊之论。

综上所述，在解决魏晋玄学的时代课题时，王弼顺应了裴徽、何晏等"以道补儒"的思路，但是，他对于儒道关系的思考则比裴

---

① （魏）王弼：《周易注校释》，中华书局 2012 年楼宇烈校释本，第 240 页。

② ［德］瓦格纳：《王弼〈老子注〉研究》，杨立华译，江苏人民出版社 2006 年版，第 800 页。

③ 汤用彤：《魏晋玄学论稿》，上海古籍出版社 2001 年版，第 23—24 页。

徽、何晏更为深入，他将思维的触角直接延伸到儒道两家学说创立的认识论原则的高度。其结论是，儒道两家学说都是关于本体的论述，至于其理论外观的差异则应归因于儒道两家认识论原则的不同。王弼的探索未止于此，他又对认识论进行了自觉反思，在他看来，"言"与"意"原本具有内在同一性关系，但是由于主体认知与思维方式的不同，造成了两者之间的差异，但是，这种差异是在思维中产生的，也可以在思维中消除，消除差异之后的"言"最终仍然能够回到"意"的确定性中。在这个意义上，对于同一个事物，可以有多种不同的言说方式，但是不管哪种言说方式，表达的都是对这个事物的确定性的认识。换句话说，尽管儒道两家对于"无"采用了不同的言说方式，但是两种不同的言说方式并不影响他们对于"无"的确定性认识。按此逻辑，王弼找到了儒道两家的内在统一性，而且是本体论层面的内在统一性，到此为止，他已经奠定了儒道会通，以道补儒的理论基础。可以说，王弼以"言意关系"为对象的认识论自反思是王弼哲学思想的致思起点。

第 三 章

王弼对《老子》《周易》的研究

王弼对于孔子"体无"、老子"言无"以及"言""意"之间关系的探索，已经为他的"以道补儒"奠定了基础。但是，在他开始正式论证他的时代课题之前，还必须要解决一个问题，这个问题就是他必须要通过对儒道文本的研究，化解儒道之"言"与"意"的矛盾性，将他们的语言直接指向本体。事实上，王弼也确实对老子的文本《老子》、孔子的代表性著作《周易》进行了注释。那么，他的注释又是否是直接指向本体的呢？在魏晋玄学史上，为了从本体论层面论证名教的合理性问题，何晏最早关注《周易》《老子》文本，余敦康先生指出："在何晏生活的时代，人们对高层次的本体论的哲学怀有普遍的期待，因而研究《周易》和《老子》蔚然成风。这种情形是可以理解的。因为在当时的各种经典中，唯有《周易》和《老子》的思辨性最强，所蕴含的本体论思想最多，依据它们阐发出一套合乎时代需要的新的本体论哲学，是具有客观可能性的。"[1] 但是，何晏并没有通过《老子》《周易》的本体论资源成功地建构出能够对名教的合理性作出解释的全新的本体论思想。对于何晏的失败，余敦康先生认为："何晏虽然口头上也承认老子与圣人同，但是他的《道德论》和《论语集解》实际上把儒道分为二截，以致在谈论本体时看来是道家，谈论现象时又看来是儒家。因此，

---

[1] 余敦康：《魏晋玄学史》，北京大学出版社 2004 年版，第 106 页。

何晏的玄学思想之所以零碎而不成系统，也是由于他没有找到一种
按照新的时代需要以解释传统经典的方法。"① 王弼与何晏一样，他
对本体论哲学怀有同样的期待，他当然也不会放弃对《老子》《周
易》这样的富涵本体论思想的文本进行深入研究的契机，这一点已
经被世人广为传唱的王本《老子注》《周易注》所证实。但是，现
在的问题是，在建构"时代需要的新本体论哲学"的过程中，王弼
使用了怎样的方法注释了《老子》和《周易》？在注释《老子》《周
易》的过程中，王弼取得了怎样的收获？这些收获与王弼的哲学思
想又存在着怎样的关系？这些是我们必须要澄清的问题，因为这是
研究王弼哲学思想内在逻辑的必然环节。但是，在当前的学术研究
中，已经取得的共识是：《老子注》《周易注》是王弼在中国文化发
展史上最突出的贡献，《老子注》《周易注》对于王弼哲学思想建构
具有重要的意义和价值。但是，《老子注》《周易注》与王弼哲学思
想之间究竟具有怎样的关系却存在着普遍争议：有人认为王弼是借
助注释《老子》《周易》来表达自己的思想，也有人认为王弼是通
过注释《老子》《周易》而获得中国古代文献中的本体论资源，并
在此基础上重新建构自己的思想②。当王弼《老子注》《周易注》与
王弼哲学思想之间的关系众说纷纭的时候，张舜徽先生关于"读书"

① 余敦康：《魏晋玄学史》，北京大学出版社 2004 年版，第 105 页。
② 比如余敦康先生认为王弼在当时的社会背景下，需要发掘《老子》《周易》中
的本体论资源，并"借它们来表现自己对本体论哲学的新思考"，对《老子》《周易》
的本体论资源进行选择性的抛弃和保存时，"说明自己所依据的理解的原则"。载余敦
康《魏晋玄学史》，北京大学出版社 2004 年版，第 120 页。而王晓毅先生则认为，"王
弼玄学体系是通过重新解释《老子》《周易》和《论语》建立的。他力图摆脱汉儒理
解的迷障，去恢复先秦儒道圣贤的本义"。同时，他认为："由于儒道各种著作所讨论
的理论问题不同，王弼注释也随书各有侧重，在《老子注》中，他重点阐述了君主无
为的意义，创建了贵'无'本体论哲学；在《周易注》中，重点讨论了主体条件（爻
位）与社会时势（卦时）之在冥冥中左右宇宙万物和人类祸福的'道'：宇宙的诞生，
大自然的沧海桑田，社会的治乱兴衰，到个体的生老病死，无一不是它在起着决定的
作用。"载王晓毅《王弼评传》，南京大学出版社 1996 年版，第 241 页。

的见解不失为我们重新研究王弼《老子注》《周易注》、澄清《老子注》《周易注》在王弼哲学思想建构中的意义和价值提供了一剂良方。张舜徽先生指出："凡读一书，首必明乎作者之本旨，而的然知其所言为何事，则虽有难解之句，难释之文，按之上下文意以旁推曲证之，十可得其八九，初不待注说而后能名。即注说家之疏解古书，舍此亦别无从人之经，此学者所当知也。"① 据此，我们认为对王弼注释《老子》《周易》的研究，还需从"明乎作者之本旨"说起。

第一节　王弼注释《老子》
《周易》的本旨

王弼注释《老子》《周易》的本旨是什么？对于这一问题的回答，我们认为只有王弼本人的著作才最具有发言权。

王弼注释了《老子》和《周易》，又随书作了《老子指略》和《周易略例》两文。对于《老子指略》，何劭说："注《老子》，为之《指略》，致有理统。"② 对于《周易略例》，唐代邢璹说："略例者，举释纲目之名，统明大理之称。略，不具也；例，举并也。然以先儒注《易》二十馀家，虽小有异同，而迭相祖述，推比王氏，所见特殊，故作《略例》二篇，以辩诸家之惑。错综文理，具录之也。"③ 从何劭和邢璹的论述来看，"指略"和"略例"都具有使所注文本"致有理统"的作用，也就是说《指略》和《略例》是具有相同体裁性质的文学作品。理，条理，"知分理之可相别异也"（《说文解字·叙》）；统，"纪也……引申凡为纲纪之称"（《说

---

① 张舜徽：《周秦道论发微》，中华书局1982年版，第40页。
② （晋）陈寿：《三国志》，（宋）裴松之注，中华书局1999年版，第592页。
③ （清）瞿镛：《铁琴铜剑楼藏书目录》，中华书局1990年版，第6—7页。

文》）。"理""统"都是指使零散的内容变得有条理。由此，我们可以认为，《指略》《略例》这一文学作品的性质是总论其所注文本的条理性特征的。

那么，王弼在《老子指略》和《周易略例》中是怎样总结他所注释的文本的条理性特征的呢？按照《三国志》所注引的孙盛《晋阳秋》中的说法是：

> 《易》之为书，穷神知化，非天下之至精，其孰能与于此？世之注解，殆皆妄也。况弼以附会之辨而欲笼统玄旨者乎？故其叙浮义则丽辞溢目，造阴阳则妙颐无间，至于六爻变化，群象所效，日时岁月，五气相推，弼皆摈落，多所不关。虽有可观者焉，恐将泥夫大道。①

孙盛认为王弼注释《周易》的条理性特征表现在他所使用的"附会"这一注释方法上。这里的"附会"显然是说将某种系统和结构强加到文本之上，从而使文本获得一种全新的解释。那么，"附会"这种带有"全新的系统和结构"的注释方法又是怎样的呢？刘勰在《文心雕龙》中专门写了"附会"一章：

> 何谓附会？谓总文理，统首尾，定与夺，合涯际，弥纶一篇，使杂而不越者也。……凡大体文章，类多枝派，整派者依源，理枝者循干，是以附辞会义，务总纲领。驱万涂于同归，贞百虑于一致。使众理虽繁，而无倒置之乖；群言虽多，而无棼丝之乱。扶阳而出条，顺阴而藏迹。首尾周密，表里一体，此附会之术也。②

---

① （晋）陈寿：《三国志》，（宋）裴松之注，中华书局1999年版，第592页。
② 詹锳：《文心雕龙义证》，上海古籍出版社1989年版，第1589页。

　　刘勰对"附会"这种注释方法进行了说明。在刘勰看来，"附会"内在地包含着三重涵义：第一重涵义是"总文理""统首尾""弥纶一篇"，这些词汇虽然表达方式有所不同，但是它们共同的意义在于说明，"附会"这一注释手法要求注释者对于所注释的文本有一个整体性的把握，即所谓"附会"是指所注释的文本是建立在原文本的整体性结构的基础上的注释。"附会"的第二重涵义，刘勰称之为"整派者依源，理枝者循干"。"源""干"是指文本的核心问题；"派""枝"是指文本中用以说明核心问题的辅助性材料。这说明，"附会"这一注释手法，是按照文本的核心问题整理文本中的辅助性材料。由此看来，"附会"这种注释方法，并不是摒弃文本自身的指引、将一种"外在"的系统和结构强加到文本之上所建立起来的解释技巧，而是指注释者借以从文本中提炼出结构性的、系统一贯的核心，用文本自身的思想去注释文本。"附会"的第三重涵义是"驱万涂于同归，贞虑于一致"，"万涂"是指多种解释的可能性；"同归""一致"指注释指向文本唯一的核心问题。这是说"附会"这一注释方法要求注释者在注释过程中去掉那些使人产生歧义的内容，从而使文本的核心问题得以体现。

　　刘勰对于"附会"的解释提示我们，王弼通过《周易略例》所要表达的正是他注释《周易》时所使用的基本方法：把握《周易》的整体结构和核心问题，使用《周易》自身的材料和思想注释《周易》，在注释的过程中去掉各种歧义，从而使《周易》的核心问题得以呈现。从《周易略例》与《老子指略》具有相同的体裁特征来看，王弼也以同样的方式注释了《老子》。

　　由以上的分析，基本可以确定王弼注释《老子》《周易》是从把握《老子》《周易》的整体结构和核心问题开始的。我们认为，这就是王弼找到的一种"按照新的时代需要以解释传统经典的方法"。因为，从《老子》《周易》文本的结构来看，《老子》全篇由八十一个短章构成，各短章之间也无明显的逻辑关系。《周易》全文分为六十四卦，彼此之间没有明显逻辑关联，同时《周易》又分为经、传两部分，经、传两部分之间相互独立。《老子》和《周易》两个文本，从表面上来看，都是结构十分松散的文本。文本结构的松散致使文本核心问题不明显，所以，汉儒对《周易》作出了各种解释，汉代的老学出现了从道学到道教的转向。但是，在王弼那里，他能够以"附会"的方式进行注释，这说明王弼对于《老子》《周易》的认识已经超越了文本结构的限制，他已经从《老子》和《周易》两个文本表面上没有任何逻辑关系的各章之间，找到了某种必然的逻辑关系，这种必然的逻辑关系是围绕着同一个核心问题展开的。这样一来，王弼注释《老子》《周易》的全部精力便在于发掘沉默于它们之中的唯一的核心问题，从王弼与裴徽的对话来看，这一核心问题应该就是万物之所资的"无"，这对于王弼"依据它们阐发出一套合乎时代需要的新的本体论哲学"是至关重要的。

总之，不管怎样，王弼通过作《老子指略》《周易略例》意在表明，他在注释《老子》《周易》时，没有为《老子》《周易》附加一个"外在"的结构和系统，而是以《老子》《周易》自身的文化资源去解读其自身的核心问题。由此，我们认为王弼注释《老子》《周易》的本旨不在于建构他自己的思想，而在于发掘《老子》《周易》的本义。

第二节　王弼注释《老子》《周易》的 "所言之事"

张舜徽先生认为读一书要"首必明乎作者之本旨。而的然知其所言为何事"。既然我们已经知道王弼注释《老子》《周易》的本旨在于阐释《老子》《周易》的本义，那么，现在的问题是，《老子》《周易》内容广泛，内涵深刻，王弼通过注释所要阐释的《老子》《周易》的"本义"的指向又是什么？真的是"无"吗？

王弼在《老子指略》中说：

夫物之所以生，功之所以成，必生乎无形，由乎无名。无形无名者，万物之宗也。①

《老子》之书，其几乎可一言而蔽之。噫！崇本息末而已矣。观其所由，寻其所归，言不远宗，事不失主。文虽五千，贯之者一；义虽广瞻，众则同类。②

在《周易略例·明象》中说：

物无妄然，必由其理。统之有宗，会之有元，故繁而不乱，众而不惑。……故自统而寻之，物虽众，则知可以执一御也；由本以观之，义虽博，则知可以一名举也。③

夫众不能治众，治众者，至寡者也；夫动不能制动，制天下之动者，贞夫一者也。故众之所以得咸存者，主必致一也；动之所以得咸运者，原必无二也。④

从以上两段文字来看，王弼在《老子指略》和《周易略例》中将"宗"与"物"、"本"与"末"相对举，"宗""本"是指存在于万物背后的统摄万物的最高根据，"物"与"末"是指存在于现实世界的各种具体的有形事物。王弼在《老子指略》《周易略例》中将"宗"与"物"、"本"与"末"对举的表达方式表明，他所理解的《老子》《周易》并不是从文本的必然性特征开始的，而是从"无"与"万物"的必然性逻辑关系开始的，而且王弼特别指出在"无"与"万物"的关系中，两文本都着重强调"无"对于万物的意义和价值。这充分说明，无论是对于《老子》，还是《周易》，

① （魏）王弼：《老子道德经注》，中华书局2011年楼宇烈校释本，第202页。
② 同上书，第205页。
③ （魏）王弼：《周易注校释》，中华书局2012年楼宇烈校释本，第269页。
④ 同上。

王弼都坚定地认为万物最高根据的"无"是他们共同关心的核心问题。由此，我们完全有理由说，澄明"无"的必然性特征，就是王弼注释《老子》《周易》的"所言之事"。这正如汤用彤先生所说，"王弼之伟业，固不在因缘时会，受前贤影响，而在其颖悟绝伦，于形上学深有体会"①。

王弼注释《老子》《周易》时所关心的唯一的问题就是《老子》《周易》中所蕴含的本体论思想，即"无"。王弼对《老子》和《周易》的核心问题的发现对我们理解王弼的注释是至关重要的。因为，我们知道，王弼注释《老子》《周易》的最大特点就是不囿于对文本的随文而注，这样就存在着一个王弼的"注释"与其"所注释的文本"是否"契合"的问题，这一问题直接关系着人们对于"注本"与"原文本"之间的关系以及王弼哲学思想的建构与《老子注》《周易注》之间关系的理解。以《老子注》为例，余敦康先生将这种"不随文而注"的方式理解为王弼对《老子》的超越："事实上，王弼注《老子》，目的并非单纯地恢复《老子》的本义，也不是如同一般的哲学史家那样客观地评论《老子》哲学的是非得失，而是为了适应当时人们的普遍的哲学追求和价值取向，借助于《老子》所提供了某些逻辑支点，来阐述自己所见到的整体，建构一个既源于《老子》而又超越于《老子》的崭新的本体论"②；田永胜先生认为这其中包含了一些王弼对老子的误解，"王弼在诠释这些晦涩难懂的词汇和话语时，就显得有些力不从心，也就不可避免地出现不知所云的诠释或错误的诠释"③。再以《周易注》为例，牟宗三先生认为王弼注释《周易》是未能握住孔门的管钥，是以道解易的做法："王、韩之易学，要在废象数，至于义理，则未能握住孔门之管

---

①　汤用彤：《魏晋玄学论稿》，上海古籍出版社 2001 年版，第 82 页。
②　余敦康：《何晏王弼玄学新探》，方志出版社 2007 年版，第 159 页。
③　田永胜：《王弼思想与诠释文本》，光明日报出版社 2003 年版，第 79 页。

钥，而是以道家之有无玄义而解经也。"① 杜保瑞先生在《王弼注易及注老的方法论探究》中却将王弼没有随文注释理解为王弼是以儒家内在精神解易："我们从王弼解易之作中所看到的方法，全为王弼体贴人事假合时位而定道理的心路历程，这个人性思维的体贴即全为易经卦爻辞本身所示的基本思路，王弼并未离开《周易》作者的心灵，而另创人事情景背后的价值体系，这个思易解易背后的价值体系仍为表现在《周易》经文本身的观点思考……在这个基础上并未多见有道家老学的价值信念之混淆。"② 综观以上诸例，我们不难发现，这些研究者的共同特点是他们在理解王弼注本时，几乎都忽略了王弼对于文本核心问题的发现，反而更强调文本与注本（《老子》与《老子注》、《周易》与《周易注》、《老子》与《周易注》、《周易》与《老子注》）之间的"文本形式"的差异和联系，即通过他们之间的"语言"的"契合性"判断原文本与注本（《老子》与《老子注》、《周易》与《周易注》、《老子》与《周易注》、《周易》与《老子注》）之间的关系以及王弼哲学思想与王弼注释文本之间的关系，从而得出，或是"以老注老""以易注老"，或是"以易注易""以老注易"等研究结论，相应地，也就产生了王弼是否通过注释文本建构自己哲学思想的歧义。相反地，按照我们的分析，王弼对于《老子》《周易》的注释，其本旨是十分明确的，那就是要再现他们的本义，其"所言之事"也是十分明确，即发现沉默于其中的本体观念，即万物之所资的"无"。那么，王弼所注释的《老子》只能是"以老注老"，他所注释的《周易》亦只能是"以易注易"，而王弼的哲学思想的建构便不可能是通过其注释性著作来完成的。以此看来，王弼的注释性著作的意义和价值只能是为了阐释潜藏于《老子》《周易》中的本体论资源。那么，王弼在这些文化资源中认识到了怎样的"无"，这个"无"与他要解决的时代课题又

① 牟宗三：《才性与玄理》，台湾学生书局1978年版，第86页。
② 杜保瑞：《王弼注易及注老的方法论探究》，《中华易学杂志》1999年第3期。

具有怎样的关系呢?

第三节　王弼对《老子》《周易》语言的理解

在王弼看来,"无"是《老子》《周易》共同关注的同一个核心问题,这里的"无"所指的就是《老子》《周易》中的"道"。在中国古代哲学中,道"就是万物之所以是万物那个'所以是',故其是实在的;但它又没有自己独立的、自满自足的存在方式,它以万物的存在方式为自己的存在方式,所以,它没有任何具体的规定性。就此而言,它又是无,是虚位"①,这样的"道"必然是难以言说的。这一点早已在老子与孔子那里达成共识。但是这并不意味着"道"不可说。因为,尽管老子以"道可道,非常道;名可名,非常名"发出对"道"难以言说的感叹,但是他的感叹是建立在"道可道"的道可言说的肯定性基础上的;尽管,孔子感叹"书不尽言,言不尽意",但是,孔子又以"然则圣人之意不可见乎"的反问为契机指出了"圣人之意"可见的肯定性。也就是说,在《老子》和《周易》文本中,孔子、老子虽然意识到"道"难以言说的事实,但是他们都在以各自特殊的方式关怀着"道"、以特殊的方式书写、言说着"道"。对于这一点,王弼是经过深入思考的,他认为孔子是在以"体无"的方式言说"无",老子是在以"恒言"的方式言说"无"。在"言"与"意"的关系问题上,王弼以其"得象忘言""得意忘象"的思想解决"言"与"意"的矛盾。在王弼看来,"言"与"意"具有辩证统一关系,对于同一事物可以有不同的言说方式,但是只要把握了主体的言说方式,就能够通过他的言说重

---

① 张连良:《中国哲学的本体观念及其建立本体的方法》,《吉林大学社会科学学报》2000 年第 5 期。

新建构他所言说的对象。所以，对于王弼来说，要获得《老子》《周易》的本体论资源，首先必须破解他们的语言技巧。

一　王弼对《老子》"言无"的发现

王弼在《老子指略》中说：

> 夫物之所以生，功之所以成，必生乎无形，由乎无名。无形无名者，万物之宗也。①

王弼以"物之所以生""功之所以成"作为《老子指略》的开端，这将我们原本用于思考"文本"中关于"物生""功成"的思维直接引向了"物生""功成"的"所以然者"这一内在根据问题，即"无"的问题。这说明在王弼看来，《老子》在言说"无"时，虽然将"语言"作为唯一的工具，但是对于读者要如何理解他的语言，则提出将其放置到了"物"和"万物之宗"的必然性逻辑关系中去理解的要求。

那么，《老子》中"物"与"无"的逻辑关系是如何展开的呢？《老子》称其为"道可道，非常道；名可名，非常名"。对此，王弼注说："可道之道，可名之名，指事造形，非其常也。故不可道，不可名也。"② 在"道可道，非常道"中，王弼认为前一个"道"是万物之所以的"本体"之"道"，即王弼的"无"，第二个"道"有"言说"之意，而第三个"道"则是指有形的"道路"之"道"。在"名可名，非常名"中，第一个"名"是名实之名，"名，明也，名实使分明也"（《荀子·正名》）。王弼《老子指略》曰："名也者，定彼者也。"③ 此"名"是与"实"相对而言的，"名"是万物

---

① （魏）王弼：《老子道德经注》，中华书局 2011 年楼宇烈校释本，第 202 页。
② 同上书，第 2 页。
③ 同上书，第 205 页。

本质在人的思维中的反映，后两个"名"是动词，命名之义，"名号生乎形状"①"名生乎彼"②。王弼的注释表明了《老子》认识万物的基本观点：无论是作为万物最高根据的"道"，还是现实世界存在的有形事物，其必然性特征都是可以通过对"形""名"的描述进行言说的。只是对于"道"而言，《老子》表示"道"与一般的"事物"又是不同的，"道"只能用不同于平常的方式进行言说和命名，即"非常道""非常名"。在此，王弼认为老子已经意识到，"道"是客观存在的，但这个"道"并不是我们常见的道路；"道"是可以命名的，但是又不同于我们平常的命名方法。老子正是由于意识到语言在申诉、书写"道"时的不可靠性，所以才说"道可道，非常道；名可名，非常名"。那么，这也使王弼意识到对《老子》文本的理解，如果仅执着于文字表面，必然会失去《老子》文本的主旨，如果按名寻实、按图索骥，就可能违背了老子的本义，所以他在《老子指略》中说："《老子》之文，欲辩而诘者，则失其旨也；欲名而责者，则违其义也。"③ 王弼没有直言如何理解《老子》文本，但他的潜台词是：对于《老子》文本的理解只能是"得意忘言"，但是"得意忘言"绝对不是"望文生义"，对于《老子》文本的理解必须建立在找到老子"非常道""非常名"的方法上。

王弼在《老子》第一章注中说：

> 可道之道，可名之名，指事造形，非其常也。故不可道，不可名也。

"指事造形"，"指事"是造字法的一种，《说文解字·六书》曰："指事者，视而可识，察而见意，上下是也。""造形"，《周

---

① （魏）王弼：《老子道德经注》，中华书局 2011 年楼宇烈校释本，第 205 页。

② 同上。

③ 同上书，第 202 页。

易·系辞上》："在天成象，在地成形。"这里的"指事造形"指的是有形有象的具体事物。王弼认为，在《老子》看来，"形"和"名"是用以认识现实世界有形事物的全部指征，如果用这些指征去认识道，那么"道"只能是一个特殊的"无形无名"的存在，这个相对于"有"的存在只能是"无"，他将这一存在总结为："无形无名者，万物之宗也。"如果说"万物"是"有形""有名"的，那么"无"就是"无形""无名"的；"万物"的必然性特征是可以通过经验获得，而"无"则不能。这说明，任何用以描绘具体事物、具体经验的语言都不足以直接实现对"无"的言说。那么，老子又是怎样通过"形""名"这两个指征完成对"无"的言说的呢？

首先，从"形"上说。老子清楚地看到"无"并不在"指事造形"之列，这一点王弼是非常清楚的，因此王弼有必要澄清"有形"和"无形"之间的关系。这里的"形"是指具体事物存在的形态，万物是"有形"的，而"无"是"无形"的。但是王弼认为"有形"和"无形"并不是毫无关系的相互否定：

> 象而形者，非大象也；音而声者，非大音也。然则，四象不形，则大象无以畅；五音不声，则大音无以至。[1]

这里的"四象""五音"是指具体的万物，而"大象""大音"则是指"无"，"大象""大音"虽然无形，但是却要与具体存在的"四象""五音"相互依存。这即是说，虽然从"形"上说，万物是为有形，"无"是为无形，"有形""无形"表面上相互否定，但是，"无"的无形与万物的有形实际上却是一种相互依存的关系。对于这种"相互依存"，王弼说：

> 凡物之所以存，乃反其形；功之所以尅，乃反其名。夫存

---

[1] （魏）王弼：《老子道德经注》，中华书局2011年楼宇烈校释本，第202页。

者不以存为存，以其不忘亡也；安者不以安为安，以其不忘危也。故保其存者亡，不忘亡者存；安其位者危，不忘危者安。善力举秋毫，善听闻雷霆，此道之与形反也。①

王弼认为，凡某物可以是"存在"的，并不取决于它本身，而是取决于它有一个否定性的对立面。比如"存"之所以为"存"，是因为它有一个否定性的对立面"亡"；"安"之所以为"安"，是因为它的否定性对立面的"危"。反之亦然，"亡"之所以为"亡"，是因为它有一个否定性对立面的"存"，"危"之所以为"危"，是因为它的否定性对立面的"安"。也就是说事物的规定性是在它与它否定性对立面的相互规定中产生的，按此逻辑推演，"无"与"万物"的依存关系，就如同"亡"与"存"、"安"与"危"的相互依存关系一样，"有"之所以为"有"，其根据不在"有"本身，而在于"无"。那么，"无"的"无名无形"的必然性特征是通过"万物是在其否定对立面的规定中存在的"的逻辑进行推演的。

"无"与"万物"具有"互为否定性对立面"的"相互依存"关系，既然"万物"可以通过"形"进行言说，那么，就可以通过对"万物"之"形"的"否定性"的言说实现对"无"的言说。王弼这一发现说明《老子》在"言无"时已经将"尽管它不能在其自身中得到证实，但在可证实的材料的基础上可以确定它必是如此"的逻辑推论工具引入进来，结论就是只要通过对"有形"万物进行"遮诠"就能够达到对"无"的必然性特征的言说。具体来说就是，《老子》文本中那些关于有形有象的具体事物的描写，不能简单地认为是对那个"具体事物"的描写，而是老子在用"遮诠"的方法表达其所要描述的"无"的必然性特征。例如《老子》第二章说："天下皆知美之为美，斯恶已；皆知善之为善，斯不善已。故有无相生，难易相成，长短相较，高下相倾，音声相和，前后相随。"王弼

---

① （魏）王弼：《老子道德经注》，中华书局 2011 年楼宇烈校释本，第 204 页。

注为："美者，人心之所进乐也；恶者，人心之所恶疾也。美恶犹喜怒也，善不善犹是非也。喜怒同根，是非同门，故不可得而偏举也。此六者，皆陈自然，不可偏举之［名］数也。"① 王弼认为如果仅从字面理解《老子》这句话，那么，《老子》不过是在谈论人事间的美与恶、善与不善的矛盾存在的事实。但是，这并不是《老子》的本义，老子的"本义"在"无"，当对本句的理解上升到"无"的层面时，就是另外一种解释，即这些所谓的"矛盾存在的万物"并不以人的乐疾、喜恶而存在，它们同根、同门，它们本身就是自然而然的存在的事物，这正是用以反说"无"无所偏举的必然性特征。再比如《老子》第十二章："五色令人目盲，五音令人耳聋，五味令人口爽，驰骋畋猎令人心发狂，难得之货令人行妨。"人们钟爱"五色、五音、五味、驰骋畋猎、难得之货"是世界上存在的最为普遍的现象，但是王弼认为《老子》所说的这些普遍现象的否定性对立面恰恰是天道顺任万物本性的必然性特征，所以王弼注为："夫耳、目、口、心，皆顺其性也。不以顺性命，反以伤自然，故目盲、聋、爽、狂也。"② 总而言之，在王弼看来，在《老子》文本中，老子正是以对万物的"形"的描述进行遮诠的方式，阐释着"无"在"形"上的必然性特征。

其次，从"名"上说。在《老子》首章中，老子明确表示："名可名，非常名"，既然"非常名"又何以名呢？在《老子》文本"谓"或"是谓"的使用次数多达 33 次之多，而"谓"或"是谓"之后多是关于"无"或体现它特征的陈述。王弼将《老子》对"谓"的使用归结到他的语言哲学中，他认为"谓"或"是谓"的使用是《老子》对"名可名，非常名"所做的补偿性的尝试。王弼进一步分析了"名"与"谓"的区别，他认为："名也者，定彼者

---

① （魏）王弼：《老子道德经注》，中华书局 2011 年楼宇烈校释本，第 7 页。
② 同上书，第 31 页。

也；称也者，从谓者也。"①"名"源于事物自身的规定性，而"谓"则源于人对事物的认识；"名"是从整体上对事物的界定，而"谓"则是从某一方面对事物的界定。"称谓"虽然不足以说明事物的全部特征，但是"称谓"的出现也不是由人主观臆断而虚生出来的，它也来自于事物的某种必然性特征，"名号不虚生，称谓不虚出"②。王弼认为既然"无"是至大而无形的，那么对于"无"的认识，便无法通过命名来完成，但却可以通过"称谓"来界定。所以，在王弼看来，在《老子》文本中，所出现的"道""玄""深""大""远""微"等正是老子赋予"道"的称谓，"夫'道'也者，取乎万物之所由也；'玄'也者，取乎幽冥之所出也；'深'也者，取乎探赜而不可究也；'大'也者，取乎弥纶而不可极也；'远'也者，取乎绵邈而不可及也；'微'也者，取乎幽微而不可睹也"③。但是"道""玄""深""大""远""微"作为人脑中的既有概念、名言，它们有它们各自对应的某种有形之物，所以用它们来命名"无"仍有缺陷，"'道''玄''深''大''微''远'之言，各有其义，未尽其极者也。然弥纶无极，不可名细；微妙无形，不可名大"④。因此，用这些来称谓"无"也只能是使"无"能够被言说的充分条件而非必要条件，"名号则大失其旨，称谓则未尽其极"⑤。王弼认为老子已经意识到这一问题，所以老子又以语言的辩证法的方式提示人们不能以"称"代"名"地去理解他所言说的"无"。例如，《老子》以"玄"称谓道的同时，他又说"玄之又玄"。对于"玄之又玄"，王弼注为："玄者，冥默无有也，始、母之所出也。不可得而名，故不可言同名曰玄。而言［同］谓之玄者，取于不可得而谓之然也。［不可得而］谓之然，则不可定乎一玄而已。［若定乎一

---

① （魏）王弼：《老子道德经注》，中华书局 2011 年楼宇烈校释本，第 205 页。
② 同上。
③ 同上书，第 203 页。
④ 同上。
⑤ 同上书，第 205 页。

玄］，则是名则失之远矣。故曰'玄之又玄'。"① 王弼认为，在老子看来，"无"冥默无有，无法直接命名，但是因为"玄"有"冥默无有"的内涵，"玄者，冥默无有也"，所以可以以"玄"称"无"，但是又不能以"玄"名"无"，因为一旦以"玄"名"无"，"无"的必然性特征又会被固定为"玄"的"冥默无有"，以"冥默无有"作为"无"的全部特征，就会造成对"无"的误解。既要以玄称"无"，又不能以玄为"无"，所以当以"玄"称谓"无"时，还要说"玄之又玄"。再比如《老子》以"大"称谓"无"时，他说"域中有四大"。王弼将其注为："四大，道、天、地、王也。凡物有称有名，则非其极也。言道则有所由，有所由，然后谓之为道，然则［道是］域中之大也。不若无称之大也。无称不可得而名，［故］曰域也。道、天、地、王皆在乎无称之内，故曰'域中有四大'者也。"② 王弼认为"无"可以称为"大"，但是绝对不能以"大"名"无"，因为"道"是万事所由的称谓，道也可以称为域中之大，但是"道"之"大"并不足以称谓"无"之"大"，"道"之"大"、"天"之"大"、"地"之"大"、"王"之"大"皆在"无"之"大"之内，这才是"无"之"大"的内涵。这是在说在以"大"称"无"时，不能直接以"大"为"无"，还要以"域中有四大"作为补充，才能说明"无"是至大的必然性特征。这些例子表明，王弼已经在老子的文本中发现，为了说明"无"，老子使用了很多"称谓"性的语言和一些语言的辩证法，王弼认为老子正是巧妙地使用了这些语言技巧补偿了"无"不能"名"的问题，才实现了对"无"的言说。

以上的分析表明，王弼对于《老子》文本中的语言进行了很深入的研究，他发现，在"言说""无"的问题上，由于意识到一般描述性语言的不足，老子使用了一些非比寻常的"语言"方法。

---

① （魏）王弼：《老子道德经注》，中华书局 2011 年楼宇烈校释本，第 2 页。
② 同上书，第 66 页。

"语言"本身具有局限性，如果仅从"语言"之为"语言"的角度去看待老子对于"无"的"言说"，那么，老子无疑是"有者"，对于"无"的描述也明显有所不足。但是，老子正是以一些特殊的语言方法突破了语言自身的有限性，使难以言说的"无"得到完尽的表达。可以说，王弼已经发现了老子"言无"的技巧。由此，我们可以肯定地说，王弼已经具备通过《老子》之言，发现老子之"无"的可能。

二 王弼对《周易》"体无"的发现

在王弼与裴徽的对话中，王弼是这样评价孔子的：

> 圣人体无，无又不可以训，故不说也。老子是有者也，故恒言无所不足。①

王弼认为，在"言说""无"的问题上，儒家不同于道家的"言说"方式，儒家"体无"，即儒家文本中那些活生生的事物性的描述都是对"无"的言说，王弼肯定地认为"无"就在圣人之言之内。那么，圣人在《周易》中是如何以"体无"之言去"言说""无"的呢？

《周易》是一个复杂的系统。在《周易》中，经的部分更为古老，其中包括卦爻象和卦爻辞。其后，孔子又作十翼，对古经进行哲学性解释。据《汉书·艺文志》："《易经》十二篇，施、孟、梁丘三家"②，颜师古注："上下经及十翼，故十二篇"③，从《汉书·艺文志》看，西汉时期《周易》已经将古经与《十翼》合而为一，分为上下两篇，传为十篇，此时，经与传各自成篇，不相附属。《三

---

① （晋）陈寿：《三国志》，（宋）裴松之注，中华书局1999年版，第592页。
② （汉）班固：《汉书》，（唐）颜师古注，中华书局1999年版，第1352页。
③ 同上书，第1353页。

国志·高贵乡公传》曰："帝又问曰：'孔子作《彖》、《象》，郑玄作注，虽圣贤不同，其所释经义一也。今《彖》、《象》不与经文相连，而注连之，何也?'俊对曰：'郑玄合《彖》、《象》于经者，欲使学者寻省易了也'。"① 高贵乡公曹髦是正始五年被封为"郯县高贵乡公"的，那么，这说明，在王弼生活的时代，《周易》已经不是各自成篇、不相附属的结构了，而已经是合《彖》《象》于经的《周易》，而且这种经传合一是自郑玄开始的。在此基础上，王弼又将《文言》拆分，附于《乾》《坤》两卦之后，这就是我们所见到的王弼《周易注》的版本了。在王弼的注释中，他默认郑玄将《彖》《象》合于经的做法，又将《文言》置于《乾》《坤》卦之下，而且并未对其他的部分进行注释。由此，我们认为王弼所致力于注释的既不是古经《周易》，也不是归于孔子名下的《周易》，而是归于孔子名下的《周易》之古经，即其中包括卦爻象、卦爻辞、彖辞、象辞、文言。那么，在归于孔子名下的《周易》古经中的"体无"是怎样的呢?

王弼在《明卦适变通爻》中说：

> 夫卦者，时也；爻者，适时之变者也。②

王弼在这里只说"爻""卦"，但并没有指出是"爻象"还是"爻辞"、"卦象"还是"卦辞"，这进一步说明在王弼看来，"爻象"与"爻辞"、"卦象"与"卦辞"虽分属于"非语言"和"语言"两个系统，但是它们却是在为"书写"同一个对象而服务的。"夫卦者，时也"，王弼认为万物的发展是由不同时段构成的，这些不同时段各自表现为不同的规律，这些不同时段的规律系统被《周易》作者书写为"卦"，所以，"卦"是用来书写"天下至赜"的

---

① （晋）陈寿：《三国志》，（宋）裴松之注，中华书局1999年版，第103页。
② （魏）王弼：《老子道德经注》，中华书局2011年楼宇烈校释本，第280页。

"无"的；"爻者，适时之变者也"，王弼认为万物在每一个发展时段下，都有各自的发展变化过程，这些变化被《周易》作者书写为"爻"，所以，"爻"是用来书写"天下至变"的"万物"的。按照王弼的理解，在《周易》中，"卦"与"爻"和"无"与"万物"是紧密联系的，这说明，王弼对《周易》的理解不是从《周易》的文本特征入手的，而是从不变的"无"和万变的"万物"之间的必然性的逻辑关系开始的。

他在《明象》篇中说：

> 夫象者，何也？统论一卦之体，明其所由之主者也。①
>
> 夫众不能治众，治众者，至寡者也。夫动不能治动，制天下之动者，贞夫一者也。故众之所以得咸存者，主必致一也；动之所以得咸运者，原必无二也。
>
> 物无妄然，必由其理。统之有宗，会之有元，故繁而不乱，众而不惑。故六爻相错，可举一以明；刚柔相乘，可立主以定也。②

王弼认为，一卦虽有六爻，但是每一卦却都只有一个主旨，《象辞》就是说明每一"卦"的主旨的文句，"卦"是用来书写"天下至赜"的"无"的。"象"是用来书写"卦"的主旨的，王弼认为卦的主旨又来源于六爻，主旨与六爻的关系是，主旨可以通过六爻中的某一爻或者上下卦的互体关系中获得，"一卦五阳而一阴，则一阴为之主矣；五阴而一阳，则一阳为之主矣！……或有遗爻而举二体者，卦体不由于爻也"③。这说明，在王弼看来，"象"是圣人孔子在他对卦爻关系理解基础上，对"无"在"语言系统"上的补

---

① （魏）王弼：《老子道德经注》，中华书局 2011 年楼宇烈校释本，第 269 页。
② 同上。
③ （魏）王弼：《周易注校释》，中华书局 2012 年楼宇烈校释本，第 269 页。

充。"象"是用来说明一卦的主旨的，"卦"是用来说明"无"的，"爻"又是用来书写"天下至变"的"万物"的，这一复杂的逻辑关系意在表明，"象"与"爻"的关系是用来指涉"无"与万物之间的相互关系的。对于这种关系的建立，王弼的理解是"夫动不能制动，制天下之动者，贞夫一者也"①，王弼此语出自《系辞下》："天下之动，贞夫一者也。""动"是指万物的存在方式，"一"是指万物的统一性。即万物虽然以"动"为其方式存在，但是它的最高根据是"一"，这个"一"即纷繁万物背后的本体，即"无"。这意味着，在《周易》文本中，"无"是千变万化的万物背后的永恒不变的规律。万物发展到每一个阶段，可能有千变万化的可能，但是其特定的规律却是始终不变的，这种不变的规律能够通过事物在各阶段的发展变化过程体现出来。这种表现出来的规律，即所谓的"卦主""一"。"在《周易》一书中抓住了卦主，也就抓住了理解《周易》一书哲学大义的关键，也就抓住了万物的根本，就抓住了万物的'一'。"②王弼认为"无"为天下之本，"而'一'者'无'也，在《周易》中就表现为'卦主'"③。由此，王弼认为在《周易》中，《象辞》就是对"无"的言说，"汤用彤先生就认为王弼'执一统众'之说的最终目的在于求玄极之本体"④。

王弼认为，在《周易》中，"无"是通过事物的发展变化的过程显现出来的。这一变化过程即《周易》中的"爻"。那么，具体到现实万物中，"无"作为"一"是不变的，"万物"作为"多"是变化无穷的，那么，"不变"的"无"是如何通过"变化"的"万物"显现出来的呢？

王弼认为在《周易》中"爻"是用来言说"变化"的，这里的

---

① （魏）王弼：《周易注校释》，中华书局 2012 年楼宇烈校释本，第 269 页。

② 王天彤：《魏晋易学研究》，博士学位论文，山东大学，2007 年 4 月，第 65 页。

③ 同上。

④ 董春：《易学视域下的儒道会通》，博士学位论文，山东大学，2017 年 5 月，第 105 页。

"变"，楼宇烈先生认为"爻之意义为言变化"包括"爻象、爻位的阴阳、刚柔变化"①，邢璹注："爻者，效也。物刚效刚，物柔效柔，遇物而变，动有所之，故云：'言乎变者'。"② 楼宇烈先生与邢璹的注释各有所指：楼宇烈先生看到的是文本中的卦象的"变"，邢璹将"文本中的爻变"理解为万物变化的"象"效仿。但是，这其实都并非王弼本义，王弼对于"变"的理解是指向天地万物的一切变化，"非天下之至变，其孰能与于此哉！"王弼在《明爻通变》中又说：

> 夫爻者，何也？言乎变者也。变者何也？情伪之所为也。夫情伪之动，非数之所求也；故合散屈伸，与体相乖。形躁好静，质柔爱刚。体与情反，质与愿远，巧历不能定其算数，圣明不能为之典要，法制所不能齐，度量所不能均也。③

王弼将这里的"变"直指天地万物一切"变化"，即"天下之至变"。在此基础上，王弼又从哲学的高度分析了引起"变"的原因，进而回答了万物的变化与"无"的关系，他说："夫情伪之动，非数之所求也；故合散屈伸，与体相乖。"王弼认为这个"变"是由"情伪"产生的。王弼的性情观主要集中表现在《论语义疏·阳货》中皇侃的一段引文中：

> 故《易》曰："利贞者，性情也。"王弼曰："不性其情，焉能久行其正？此皆是情之正也。若心好流荡失真，此是情之邪也。若情近性，故云：'情其情'。情近性者，何妨是有欲？若逐欲迁，故云'远'也；若欲而不迁，故曰'近'。但近性者正，而即性非正，虽即性非正，而能使之正，譬如近火者热，

---

① （魏）王弼：《周易注校释》，中华书局 2012 年楼宇烈校释本，第 275 页。
② 同上。
③ 同上书，第 274 页。

而即火非热；虽即火非热，而能使之热。能使之热者何也？气也、热也。能使之正者何？仪也、静也。又知其有浓薄者。孔子曰：'性相近也。'若全同，相近之辞不生；若全异，相近之辞亦不得立。今云'近'者，有同有异，取其共是，无善无恶则同也，有浓有薄则异也。虽异而未相远，故曰'近'也。"①

关于"性"，王弼认为性是万物生来就有的、是自然天成的"自然之性"，就其现实性上来说，"性"与"无"具有同一性。关于"情"，王弼认为"情"是性的产物，是在性与外物的交感中产生的，"天地万物之情，见于所感也"②，"喜、怒、哀、乐，民之自然。应感而动，则发乎歌声"③。性和情本为一体，"情"是"性"的第一环节，只是性为内，情为外，性为本，情为末，情是性应外物而动的产物，性受外物而动便产生了情，万物又因情而发生变化。所以，万物自其产生以后的许多变化都是"情"动的结果。这说明，在王弼看来，对于具体存在的有形事物来说，"性"是不变的，"情"是引起"变"的主要原因。换句话说，在王弼那里，"性"与"情"的关系能够对一切事物的存在和变化作出解释，其中当然也包括天地和万物等。

在引起众多的变化的"情"中，有一种情是符合天道运行规律的，即符合"无"的本性的，王弼将其称为"情之正"或"情近性者"，比如《周易·大壮卦注》："天地之情，正大而已矣"④，王弼认为天地之情的本真是正、大；再比如在《周易·乾·象》中，王弼注为："静动专直，不失大和，岂非正性命之情者邪？"⑤ 王弼认为人的情感中的"静、动、专、直"是与性相和的，这是"无"在

---

① 楼宇烈：《王弼集校释》（下），中华书局 1980 年版，第 631—632 页。

② （魏）王弼：《周易注校释》，中华书局 2012 年楼宇烈校释本，第 118 页。

③ 楼宇烈：《王弼集校释》（下），中华书局 1980 年版，第 25 页。

④ （魏）王弼：《周易注校释》，中华书局 2012 年楼宇烈校释本，第 127 页。

⑤ 同上书，第 2 页。

"情"中的自然存在。所以，那些符合自然规律的"情"就可以看作是"性"的表现，即存在于万物中的"无"。当然，也有一些是不符合性命规律的，比如"情伪之动""夫情伪之动，非数之所求也；故合散屈伸，与体相乖"。这里的"历数，此处指万物的自然状态"①。"体"指本体。不符合性命规律的情，王弼将其称为"情伪"。王弼认为"情伪"也是引起万物变化的主要原因，但是"情伪"并不是与"无"毫不相干，"情伪"所引起的变化是与万物本性恰好相反的，"表现出来是好动，而其本体是好静的；本性虽然柔顺，而其愿望却是刚健。这是本体和情欲、本性和愿望相违反"②，所以对于那些不符合"无"的规律的情感，如果将其"遮诠"，那么得到的仍然是客观存在的"无"。总之，"无"无时无刻不在万物的变化中显现自己，只是有隐有显而已。那么，按照王弼的理解，《周易》言必及有的言说方式，正是在以"对万物的千变万化的论辨"的方式来表达"在万物的千变万化中显现自己的无"，此即《周易》中的"体无"。

王弼确认《周易》作者是以"体无"的方式在言说着"无"的必然性特征。那么，对于所体之无，《周易》又是如何进行"书写"的呢？"无"是无形无象的，《系辞》有言"神无方而易无体"，"有"又是变化多端、阴阳不测的，"巧历不能定算数，圣明不能为之典要，法制所不能齐，度量所不能均也"③。所以，此"无"只能在具体万物的不断变化流行中显现自己，相对于万物的不断变化流行而言，"语言"便有了自身的局限性，有了"局限性"的语言是无法满足对"无"的"言说"的，"是故用无常道，事无轨度，动静屈伸，唯变所适"④。在这种情况下，用一种系统的方法，既要书

---

① （魏）王弼：《周易注校释》，中华书局 2012 年楼宇烈校释本，第 275 页。

② 同上。

③ 同上书，第 274 页。

④ 同上书，第 280 页。

写万物变化，还要通过对变化万物的书写而使处于统摄地位的"无"从中显现出来，这并不是一件容易的事情。但是，王弼认为圣人找到了这种方法。

就《周易》古经来说，《周易》古经包括卦爻象、卦爻辞两部分，卦爻象是一种非语言系统，即以符号的方式表达某种思想；卦爻辞则是语言系统，即以语言的方式表达某种思想，但是卦爻辞又不同于一般的语法系统，它充满了暗示和隐喻。可以说，仅从书写构造来说，《周易》已经是一个复杂的系统。对于《周易》这个书写系统，《系辞下》说："子曰：书不尽言，言不尽意。然则圣人之意，其不可见乎？子曰：圣人立象以尽意，设卦以尽情伪。系辞焉以尽其言。变而通之以尽利。鼓之舞之以尽神。""书不尽言，言不尽意"是孔子对于"书写语言""言说语言"与人要表达的"意愿"之间矛盾性的一般论述。但是，这并不是孔子的最终论断，孔子接下来使用了一个反问的句型转入他所要论及的问题——"圣人立象以尽意，设卦以尽情伪。系辞焉以尽其言。变而通之以尽利。鼓之舞之以尽神。""圣人之意"是圣人的思想，是圣人对于世界和社会秩序的终极事物的洞见，所以，在此处，"圣人之意"即王弼的"无"。孔子的反问句明确的译文应当是："那么圣人之意，就不得见了吗？"对于这一反问，孔子继续道："圣人立象以尽意，设卦以尽情伪。系辞焉以尽其言。""尽"，《广韵》释为"竭也，终也"，《小尔雅》释为"止也"，孔子的意思很明确，即"意"完全可以通过"象"表现出来，"卦"能够表达"象"的全部意义，"言"完全可通过"卦象"的所"系"之辞表达出来。所"系"之词，一般被认为是"卦辞"和"爻辞"，"这里指出所'系'之辞——卦辞和爻辞能够'尽圣人之言'"[1]，即"是为了充分地表达圣人的言语"[2]。

---

① ［德］瓦格纳：《王弼〈老子注〉研究》，杨丽华译，江苏人民出版社 2006 年版，第 732 页。

② 同上。

我们认为，这一理解并不准确，"系辞焉以尽其言"应是指将"卦爻辞"与"卦爻象"联系起来，此"系"当为"相互指涉、相互联系"之义，即孔子所说的"变而通之以尽利，鼓之舞之以尽神"中的"变而通之""鼓之舞之"。"变而通之"而使其中的"利"显现出来，"鼓之舞之"尽显其中难以言说的神妙，孔子对于《周易》古经的理解并不执着于象、言，而是在"变通""鼓舞"中完成的。"变而通之""鼓之舞之"，所"变通""鼓舞"的正是指言、意、象之间的相互指涉和变通。这种相互指涉、相互联系的关系被周山先生称之为"卦名为一卦内容明确了类的归属；该类的内涵则由卦辞揭示。卦辞在揭示该类内涵时，根据各卦象之类的情况，有详有略"①。我们认为这是孔子对《周易》古经言说方式的基本理解，即以"辞"与"象"的相互指涉、相互联系，从而共同完成圣人对于"无"的言说，以"非语言系统"和"语言系统"的相互作用再现万物的变通之道。正是由于这种书写系统的复杂性使《周易》难以理解，孔子作彖辞、象辞、文言对《周易》古经作出注释，增加了《周易》古经中"语言系统"的丰富性。从王弼的《明象》篇看，王弼定然是发现了其中的奥秘。王弼将孔子对《周易》的理解纳入他对《周易》的理解中。王弼在《明象》篇对"卦爻辞""卦爻象"与"无"之间的关系作出了哲学性的解释，即言象意之间的关系。"意"指"圣人之意"，王弼认为圣人关心的唯一的问题是"万物之所资"的"无"，因此"圣人之意"与"无"同。王弼在《明象》篇首句指出："夫象者，出意者也。言者，明象者也。"王弼认为"象"的产生是圣人用来表达"意"的；"言"是用来说明"象"的，"意"能够在"象"中得到完尽的表达，"象"能够在"言"中得到完尽的表达。至于如何实现这种"完尽"的表达，王弼说："言者所以明象，得象而忘言；象者所以存意，得意而忘象。犹蹄者所以在兔，得兔而忘蹄；筌者所以在鱼，得鱼而忘筌也。然

①　周山：《〈周易〉的文本结构及其言说方式》，《哲学分析》2013年第5期。

则言者，象之蹄也；象者，意之筌也。象生于意而存象焉，则所存者乃非象也；言生于象而存言焉，则所存者乃非其言也。然则忘象者，乃得意者也；忘言者，乃得象者也。"王弼认为，在《周易》的书写系统中，"言"虽然意指它们所说的东西，但是它们并不像一般的语言一样，可以直接界定他们所意指的既定的对象，而是要通过超出自身所指向的"言"，进而指向他们所"存"的"象"。而"象"本身，虽然是某种具体事物的抽象，但是"象"本身又不在于界定那个"被抽象"之前的"具体事物"，"象"也有一个超越自身的指涉点——"意"，而"意"虽然是产生于主体的表达意愿，但是它也同样有一个超越自身的指涉点，即"无"。总之，王弼认为《周易》的意、象、言都具有超越自身的指涉点，"从所'系'之辞导向言说语，从言说语导向象，从象导向圣人之意"①。"以这种方式，在直接的书写语言和最终的目标——思想之间，发展出一个四层的表达结构，结果是：这一在《周易》显见的语言和非语言结构中并不始终出现的思想得到了完'尽'的表达。"② 这个过程是相当复杂的，我们在此分别以一象、一卦、一爻、一象辞举例为释。首先以家人卦象辞注释为例：

家人卦象辞为："家人，女正位乎内，男正位乎外。男女正，天地之大义也。家人有严君焉，父母之谓也。父父、子子、兄兄、弟弟、夫夫、妇妇而家道正。正家而天下定矣。"王弼认为象辞是总论一卦主旨的，也就是说家人卦的象辞是用来说明事物发展到家人这一阶段时所体现出来的"无"的必然性特征，而孔子用"象辞"书写的"无"的必然性特征，是建立在他对卦与爻的相互关系理解的基础上的。那么，孔子是用怎样的方式说明家人卦的主旨的呢？王弼将象辞中"女正乎内"注为"谓二也"，将"男正乎外"注为

---

① ［德］瓦格纳：《王弼〈老子注〉研究》，杨丽华译，江苏人民出版社 2006 年版，第 733 页。

② 同上。

"谓五也。家人之义，以内为本，故先说女也"，如果仅从字面上，我们是难以将文本与注释联系起来的，但是如果考虑到《周易》文本中的"非语言系统"，则其中的意义就比较明了。王弼认为孔子所说的"女正位乎内""男正位乎外"是建立在他对《周易》"非语言系统"的理解上的。他认为，"女正位乎内""男正位乎外"指家人卦中的"六二爻"和"九五爻"。在一卦中，二四为阴位，三五为阳位，在"家人卦"中，第二爻为阴位，第五爻为阳位，正是阴爻处阴位，阳爻处阳位，这可以用来指涉在一家之中的男女正位。另外，在一家之中，阴代表妇，阳代表夫，妇的功能在于主持家内工作，夫的功能在于主持家外工作，六二爻处于内卦，九五爻处于外卦，这正是女主内，男主外的象征。所以，在王弼看来，卦象中六二爻和九五爻在卦象中的位置关系是《周易》用来书写事物发展到"家人"这一阶段时的动态状态。这一动态状态的义理被孔子描述为"家人有严君焉，父母之谓也。父父、子子、兄兄、弟弟、夫夫、妇妇而家道正。正家而天下定矣。"王弼认为这段语言描述来源于孔子对家人卦爻辞的理解，所以，王弼对家人六二爻注为："居内处中，履得其位，以阴应阳，尽妇人之正义。无所必遂，职乎中馈，巽顺而已，是以贞吉也。"① 九五爻注为："假，至也。履正而应，处尊体巽，王至斯道以有其家者也。居于尊位，而明于家道，则下莫不化矣。父父、子子、兄兄、弟弟、夫夫、妇妇，六亲和睦，交相爱乐，而家道正。正家而天下定矣。故王假有家，则勿恤而吉。"② 也就是说，在王弼看来，孔子对于家人卦的主旨的言说是建立在他对"非语言系统"与"语言系统"相互指涉关系的基础上的。《周易·序卦》："有天地，然后有万物；有万物，然后有男女；有男女，然后有夫妇；有夫妇，然后有父子；有父子，然后有君臣；有君臣，然后有上下；有上下，然后礼仪有所错。"孔子认为君君、臣臣、父

---

① （魏）王弼：《周易注校释》，中华书局 2012 年楼宇烈校释本，第 138 页。
② 同上书，第 139 页。

父、子子的伦理关系是天赋予人的法则，是"立人之道曰仁与义"的结果，是"无"作用于人，而在人性中所表现出来的"无"是必然性特征。这说明，家人卦的象辞作为《周易》的"语言系统"，它意指的并不是他所言说的对象，他直接指向的是表征家人存在状态的卦象，但是这里的卦象也并不直接指具体的存在状态，它也有一个超越自身的指涉点，即天道赋予人的法则。人的伦理性作为天道赋予人的法则，就是"无"通过人性所表现出来的必然性特征，这才是家人卦真正的卦义所在。

我们再以"复卦"象辞注为例：

> 入则为反，出则刚长，故无疾。疾，犹病也。
>
> 朋，谓阳也。
>
> 阳气始剥尽，至来复时，凡七日。
>
> 以天之行，反〔复〕不过七日，复不可远也。
>
> 往则小人道消也。
>
> 复者，反本之谓也。天地以本为心者也。凡动息则静，静非对动者也；语息则默，默非对语者也。然则天地虽大，富有万物，雷动风行，运化万变，寂然至无，是其本矣。故动息地中，乃天地之心见也。若其以为有心，则异类未获具存矣。①

复卦的前一卦为剥卦，对剥卦象辞，王弼注为："不敢以刚止者，以观其形象也。强亢激拂，触忤陨身，身既倾焉，功又不就，非君子之所尚也。"② 王弼认为从事物发展过程来说，剥卦是处于实力相差悬殊，极有可能被随时"剥落、损害"的阶段，复卦是事物承剥卦而来的下一阶段。那么，孔子又是如何言说复卦的主旨的呢？在王弼的注释中，王弼将"朋"注为"阳也"，如果我们仅从字面

---

① （魏）王弼：《周易注校释》，中华书局 2012 年楼宇烈校释本，第 91—92 页。

② 同上书，第 89 页。

来理解，"朋"无论如何是不能够与"阳"联系在一起的，但是如果从卦象系统来说，这则是可以解释清楚的。复卦的前一卦为剥卦，剥卦的上爻为阳爻，复卦的初爻为阳爻，复卦作为剥卦的下一卦，它并不以违背它的上一卦的意愿。而且除初爻以外，其他爻均为阴爻，阳爻的属性为刚健，阴爻的属性是柔顺，所以从复卦的卦象表明，事物发展到复卦时，其变化的一般状态"动而以顺行"的。也就是说，在王弼看来，孔子在复卦象辞中所说的"刚反，动而以顺行，是以出入无疾，朋来无咎。反复其道，七日来复，天行也，利有攸往，刚长也"是有所指向的，但是这些语言指向的并不是语言自身的内容，而是指向卦象，这一卦象表征的是事物发展到"复"这一阶段时"动而以顺行"的动态状态。在复卦象辞中，孔子将"动而以顺行"的义理阐释为"复其见天地之心乎！"孔子在《周易·序卦》中说："和顺于道德而理于义，穷理尽性以至于命。"这说明，孔子认为事物的"动而以顺行"不是由事物的主观决定的，这是天地运行的原则，由此可见，"动而以顺行"是"无"作用于万物，体现在万物存在发展过程中的必然性特征。王弼发现了这一点，他对"复其见天地之心乎"作出了解释，他认为万物息止了，发运动作就回归到了静的状态，"静"已经不是"动"了；语言息止了，就成了"默"，"默"也已经不是某种语言了，"静"和"默"是"动"和语言回归到了根本的状态。按此逻辑，王弼认天地万物、雷动风行、变化万千也都是表面现象，息止这些表面现象，使其寂然至无，回到了他们的根本所在，才是事物发展变化的必然过程。事物在发展变化的过程中，只有复归天地之心、万物根本的变化，才是万物之所以为万物的根本所在，才能够使万物在发展变化过程中得以保全。从王弼对复卦象辞的注释我们看到，复卦的象辞作为《周易》的"语言系统"，它意指的并不是他所言说的对象，它直接指向的是表征事物发展到复卦阶段时的存在状态的"象"，但复卦的"象"也并不直接指事物发展到"复"这一阶段时具体的存在状态，而是超越自身，直接指涉天道赋予事物发展变化的基本法则。事物发展变化过程中的"动而以顺行"所表现出来的正是"无"顺任自然，使万物复归于其根本的必然性特征。

再比如王弼对蒙卦六四"困蒙，吝"的注释。王弼注："独远于阳，处两阴之中，暗莫之发，故曰'困蒙'也。困蒙于昧，不能比贤，以发其志，亦以鄙矣，故曰'吝'。"① 蒙卦六四爻辞为"困蒙，吝"。王弼认为《周易》作者为了说明事物发展到蒙卦时会发生由蒙到困蒙的变化，当困蒙出现时，就要提高警惕，否则将会有所悔吝。蒙卦的第四爻是阴爻，按照王弼的爻位说，二四爻应为阴位，三五爻为阳位，对于一卦之中的第四爻来说，其上下爻本应为阳爻，但是对于蒙卦的第四爻来说，其上下两爻却均为阴爻，所以此时的第四爻虽为阴爻处阴位，但是却处于两阴爻之中的困境之中，这是事物发展到困蒙时的基本状态，如果在此时任由其继续发展，必将悔吝。从王弼蒙卦六四爻的注释我们不难看出，他对蒙卦六四爻的理解也是建立在"语言系统"和"非语言系统"的相互指涉关系的基础上的，爻位及爻的阴阳属性是用来说明蒙卦发展到困蒙的变化状态的，而蒙卦六四爻的爻义是指事物在困蒙这一发展变化阶段时的规律性意义。

再以"比"卦象辞注释为例。比卦象辞曰："地上有水，比。先王以建万国，亲诸侯。"王弼注为："万国以比建，诸侯以比亲。"② 象辞是用来说明卦象的，从比卦的卦象上来看，比卦下卦为坤，坤为地，上卦为坎，坎为水，卦象本身蕴含着"地上有水"的意义。水亲附大地，大地容纳河海，相互依赖，亲密无间，"比卦"用"下坤上坎"的卦象所指涉的卦义是"比"有相亲相辅，精诚团结的意思。在《周易·系辞上》有言："是故，刚柔相摩，八卦相荡，鼓之以雷霆，润之以风雨。日月运运，一寒一暑。乾道成男，坤道成女。乾知大始，坤作成物。乾以易知，坤以简能。"《系辞

---

① （魏）王弼：《周易注校释》，中华书局 2012 年楼宇烈校释本，第 23 页。
② 同上书，第 37 页。

上》这段文字表明，天道作用于万物，使万物各自成就的过程，从其现实性上来说，就是一个相辅相成的过程，这是天道作用于万物，从万物关系中表现出来的天道的必然性特征。这一特征落实到先王那里时，就表现在先王建万国、亲诸侯的具体行动中。《周易》中的"象辞"本是用来说明卦象的，"比"卦的卦象直接指涉的是"下土上水"这一具体事物构成的形象，它更进一步指涉的是万物相辅相成的基本法则。当事物中所呈现出的这种法则被圣人所意识之后，就成为圣人要表达的思想，当将这种思想被圣人用语言描述时，圣人就以先王与建国和诸侯关系进行了形象的比喻。王弼发现了这一系列的相互指涉关系，所以他将这种"先王"与"建万国"和"亲诸侯"的关系与"万物"和"万物最高根据的所以然者"的关系关联起来，他认为"比"卦象辞是在说明，"比"所内在包含的相辅相成的天道法则是先王建万国、亲诸侯的内在根据。所以，王弼将其注为"万国以比建，诸侯以比亲"。

通过对以上几则注释的分析，我们认为，在王弼看来，《周易》中存在着两个书写系统，一个是以卦、爻辞的方式存在的"语言系统"；一个是卦、爻象方式存在的"非语言系统"。"非语言系统"是在以爻的属性、爻位关系、一卦中爻与爻的相互关系来说明事物的某种发展变化的状态，"语言系统"则是从义理的角度阐释这种发展变化状态的规律性。通过这样一个"非语言系统"和"语言系统"的相互作用，便使事物发展变化的规律性在事物发展变化的过程中呈现出来。由此，我们认为，王弼对于《周易》的"书写"方式进行了深入的研究。《周易》对于"无"的"书写"是建立在《周易》作者对"无"的认识基础之上的，对于《周易》作者而言，为了阐释这样的"无"，采取了"非语言系统"的动力系统与"语言系统"的静态系统相结合的方式，在这一方式下确立了言—象—意互相指涉的书写构造。"它提醒读者文本表面具有多层指涉性的特点，统一于深层的思想；由于与意义有三重的间隔，直接可见的文本本身是不可靠、琐碎和无意义的。它提醒读者牢记书写和言辞无法表达圣人之意,而只有将特定形式的书写、言辞和象征当做权宜的、微不足道的和指涉性的,才能了解这一圣人之意。"① 这一构造使"无"得到了"完尽"的表达。由此,我们可以说,王弼已经发现了《周易》以"体无"来"言无"的技巧,那么,也可以说王弼已经具备了使《周易》所关注的核心问题得以澄明的可能。

第四节 王弼注释《老子》《周易》的发现

王弼对于《老子》《周易》的关注,在于从中获取关于"无"的资源。王弼破解了《老子》《周易》的语言方法与技巧,他认为无论是《老子》"言无"还是《周易》"言必及有"的"体无",其本质都是在言说"无"的必然性特征。那么,现在的问题是,他在《老子》《周易》的注释过程中,各自取得了怎样的收获呢?对这一问题的回答,当前学术界最为普遍的方法就是研究王弼的《老子注》《周易注》,即通过王弼具体的注释语言去寻找他的收获。但是,我们认为这并不是一个明智的做法。因为,王弼对于《老子》《周易》的注释,其目的是十分明确的,即获得其中关于"无"的资源,但是对于"无"的特殊性,王弼的态度也是十分明确的,即"无"只能用特殊的方式来言说,所以执着于一般的语言,是无法实现对"无"的言说,也无法实现对"无"的理解。那么,王弼对于"无"的认识,为我们理解他的注本提出警示:当我们去理解他所注释的文本时亦不能执着于他使用了怎样的语言,执着于他所使用的语言,反而不能使他所关注的核心问题得以澄明,执着于注本中的语言去理解王弼的注释恰恰是违背了王弼"得意忘象""得象忘言"的方法论原则,必将陷入"存言者,非得象者也;存象者,非得意者"

---

① [德]瓦格纳:《王弼〈老子注〉研究》,杨丽华译,江苏人民出版社 2006 年版,第 733 页。

的困境。理解他的文本，只有"忘言""忘象"，才能直切他所关注的核心问题。那么，理解王弼在《老子注》《周易注》中所取得的收获，我们必须借助于王弼注释《老子》《周易》的方法论原则，即时刻牢记他所关注的核心问题。在王弼看来，《老子》《周易》唯一的核心问题就是"无"，王弼在《老子》《周易》的注释中，目的只有一个，就是要澄清沉默于其中的"无"的必然性特征。所以，对于我们来说，要发现王弼注释《老子》《周易》的收获，不在于执着于他使用了怎样的语言，而是要透过王弼的"语言"迷障，找到他所发现的《老子》《周易》中的"无"的必然性特征。

一　《老子》中的"无"

汤用彤先生曾指出，中国哲学发展至魏晋玄学时期，"已不复拘拘于宇宙运行之外用，进而论天地万物之本体"。汤用彤先生以此指出魏晋哲学与两汉哲学之间的差别：两汉哲学是宇宙论哲学，而魏晋哲学是"本体论"哲学。这似乎是说中国的"本体论"哲学只是在魏晋以后才出现的。那么，《老子》文本中是否确实存在本体论资源呢？这是我们在研究王弼所发现的《老子》中的"无"时，所必须要事先回答的问题。反观《老子》文本，老子说"天下万物生于有，有生于无"（《老子》第四十章），"道生一，一生二，二生三，三生万物"（《老子》第四十二章），由此，老子的"道"经常被认为"一个比较系统的宇宙万物生成论"[1]。在生成论的视域下，"道在万物之前就诞生了，它没有形状，不可感知，也不便于给它起一个名字，故名之曰'无'"[2]。那么，这是王弼的"无"吗？真的只是这样吗？老子说"天下有始，以为天下母"（《老子》第五十二

---

[1]　陈正夫：《老子"道"的宇宙论及其历史作用》，《江西大学学报》1991年第2期。

[2]　刘立夫、刘忠于：《"有""无"之辨与魏晋玄学本体论问题》，《船山学刊》2003年第3期。

章）、"天下万物生于有"（《老子》第四十章），老子认为天下万物
都是从一个原始的统一体中派生出来的，这个原始统一体的"道"
在天地、万物之先，是生成天地万物的本源，"有物混成，先天地
生"。但是老子又说："昔之得一者，天得一以清，地得一以宁，神
得一以灵，谷得一以盈，万物得一以生，侯王得一以为天下贞。"
（《老子》第三十九章）"一"一般被认为是"道"，其实这个并不
十分准确，"道"作为原始统一体，它生成万物，但是在生成万物
时，其自身也需要被生成："有生于无"（《老子》第四十章）、"道
生一"（《老子》第四十二章），也就是说这个"一"就是本源之道
在生成万物时的自我生成，换句话说，就是作为本源的道，在生成
万物的过程中，自身也需要被生成，这个"被生成"的过程就是，
"道"作为"本源原之道"自身被生成后就成为"本体之道"，这个
"本体之道"才是"一"。这说明，老子认为天地、万物之前有本源
的"道"，但"道"生成天地万物之后，还一直存在，它是万物之
所以为万物的所以然者的"一"，所以"天得一以清，地得一以
宁"。对于本体的"道"，虽然是一切存在的基础，但它根本就不是
某种具体的有形存在，"视之不见名曰夷，听之不闻名曰希，搏之不
得名曰微，三者不可致诘，故混而为一。其上不曒，其下不昧，绳
绳不可名，复归于无物，是谓无状之状、无象之象。是谓惚恍。迎
之不见其首，随之不见其后。执古之道，以御今之有，能知古始，
是谓道纪"（《老子》第十四章）。本体之"道"客观存在，却不同
于"万有"，其根本特征就是"无"。老子以"一"说"道"反应
的正是老子的"道"是超越于"天地""万物"等"有"之上的本
体，这说明在老子思想中，"道"与万物既有本源衍生万物的生成论
意义，也有"道"作为万物最高根据的本体论意义，而且这两种意
义上，都可以以"无"指"道"。所以，王弼将"道"理解为本体
意义的"无"并不是王弼对老子的创见，而是源起于他对《老子》
本体论思想的发见。那么，王弼所发现的《老子》文本中的"无"
是怎样的呢？

第一，"无"是万物本体。

《老子》被看作生成论哲学，关键在于老子以"生"解读"有"与"无"、"道"与"万物"之间的关系，"有生于无""道生一，一生二，二生三，三生万物"。但是从本体论的角度来说，"生"也可以理解为"本体"与"末用"的关系，"天得一以清，地得一以宁"可以理解为其具体的存在形式。正是对这一形式的发现，王弼在《老子》第四十章注："天下之物，皆以有为生。有之所始，以无为本。将欲全有，必反于无也。"① 王弼也把"生"看作是"有"与"无"之间的关系，但是此"生"非彼"生"，这个"生"已不是"产生""创生"的本源意义，而是"有"只有依据"无"才得以成其为如此的本体意义。在此意义上，"有"为"物"，"无"为"道"，"道"于此便被解释为使"物"得以存在的根据和根本，即"有"以"无"为"本"。以"无"为"本"的意义在于，只有"无"才能使万物得以"保全"。《老子》第一章"无名天地之始，有名万物之母"，王弼注为：

> 凡有皆始于无，故未形无名之时，则为万物之始。及其有形有名之时，则长之、育之、亭之、毒之，为其母也。言道以无形无名始成万物，[万物] 以始以成而不知其所以 [然]，玄之又玄。②

"凡有皆始于无"一般被认为是宇宙生成论思想，但是对于此句的理解，我们应按照王弼在《老子指略》中所提示的理解方法，王弼说："夫存者不以存为存，以其不忘亡也。"即任何事物之所以存在并不是由它本身决定的，而是由它的否定性的对立面决定的，按照这样的逻辑，"有"之所以为"有"，是因为它的否定对立面的

---

① （魏）王弼：《老子道德经注》，中华书局 2011 年楼宇烈校释本，第 113 页。
② 同上书，第 2 页。

"无"的存在，"无"才是"有"的最高根据，所以可以称"有皆始于无"。万物皆以"有形""有名"为全部特征，因此可以抽象为"有"。有形有名的万物的存在，皆是因为有一个"无形无名"的"无"的存在，因此"无形无名"则为"万物之始"。"有形有名"的"万物"能够生长、发育、成形、成其实质，各得庇护，皆是因为"未形无名"的"无"在起作用。可以说万物之所以"始成"并不在于其自身的原因，"无"才是"始成"万物的根源。当我们关怀"有"的时候，不能执着于"有"，而应反归于"无"，"天地万物都以有形有象为存在，而有形有象的万物得以发生，是由于'无'这个根本。因此，要使有形有象的万物得以保全，就必须返回去守住万物的根本——'无'"①。总而言之，在王弼看来，在《老子》文本中，"无"是万物之所以为万物的根据，"无"是万物的本体。

第二，"无"的属性是"无"。

《老子》第二十一章描述"道之为物，惟恍惟惚。惚兮恍兮，其中有象；恍兮惚兮，其中有物。窈兮冥兮，其中有精；其精甚真，其中有信"（《老子》第二十一章）。在老子看来，"道"作为一个认知对象，是"有"，是存在，虽然恍恍惚惚，却是有"象"、有"物"、有"精"、有"信"的。老子尽最大的可能给出了"道"的描述，不言而喻，这番描述是建立在认知的基础上的，然而，老子接着又申明，无论是"道"还是包含在"道"之中的"象""物""精""信"，又是人的耳目感官不能认知的，如《老子》第十四章说："视之不见名曰夷，听之不闻名曰希，搏之不得名曰微。此三者不可致诘，故混而为一。"因为眼不得见，耳不得闻，手不得触，不知道什么样子，无法描述形容，所以"复归于无物，是谓无状之状、无物之象"（《老子》第十四章）。"道"既然"复归于无物"，有状也是"无状之状"，有象也是"无物之象"，其根本特征就可以归结

---

① 沈艳华：《崇本息末——王弼对老学的继承与发展》，硕士学位论文，河北大学，2004 年 10 月，第 13 页。

为"无"。王弼对于老子所言说的"道"的特征自然是认同的，所以他在诠释《老子》第十四章中说，"无状之象，无声之响，故能无所不通，无所不往"①，"欲言无邪，而物由以成。欲言有邪，而不见其行"②。王弼在《老子指略》中亦说："无形无名者，万物之宗也。"③ 也就是说，在王弼看来，《老子》所要申明的"无"是没有任何具体规定性的，如果非要对它的特征进行规定，那么只能是"无"。

第三，"无"以万物"自然"为自我展现方式。

"无"无形、无象，那么，"无"是如何存在的呢？《老子》第十一章："三十辐共一毂，当其无，有车之用。埏埴以为器，当其无，有器之用。凿户牖以为室，当其无，有室之用。故有之以为利，无之以为用。"王弼注："毂所以能统三十辐者，无也。以其无能受物之故。故能以［寡］统众也。木、埴、壁所以成三者，而皆以无为用也。言无者，有之所以为利，皆赖无以为用也。"④ 王弼认为《老子》第十一章以辐与毂、埏埴与器和户牖与室的关系借喻为"无"与"有"关系，"无"与"有"并不各自独立，而是体用关系，有其体必有其用，"无"为体、"有"为用，"无"的功用通过"有"来体现，"无"以"有"为存在方式。但是在无之用中，万物本性是"无"最真实的自我展现方式。王弼在《老子》第二十一章注说："深远不可得而见，然而万物由之。［不］可得见，以定其真"⑤，"物反窈冥，则真精之极得，万物之性定"⑥，"无"虽然感觉不到，但是万物本性却因此而来，王弼在《老子注》中说"不违自然乃得其性""万物以自然为性"，这些都说明，王弼发现《老子》

---

① （魏）王弼：《老子道德经注》，中华书局 2011 年楼宇烈校释本，第 35 页。
② 同上。
③ 同上书，第 202 页。
④ 同上书，第 29 页。
⑤ 同上书，第 55 页。
⑥ 同上。

的"无"在有形万物中是以万物的本性作为其自我展现的方式，人、物的自然本性的存在状态是"无"最真实的自我展现。

第四，"无"是空间并存万物的统一性。

"无"以万物的自然本性为其最真实的自我展现方式，但这并不是说不以自然本性为其发展方向的万物中就不存在"无"的作用了。"无"作为万物如其所是的存在依据，这样的"无"决定它与万物不是物自体与现象二分的存在。那么，在万物之中，"无"是如何存在的呢？王弼认为在《老子》文本中，《老子》已经指出"无"在万物之中的存在方式。

王弼在《老子》第四十二章注：

> 万物万形，其归一也。何由致一？由于无也。由无乃一，一可谓无？已谓之一，岂得无言乎？有言有一，非二如何？有一有二，遂生乎三。从无之有，数尽乎斯，过此以往，非道之流。故万物之生，吾知其主，虽有万形，冲气一焉。百姓有心，异国殊风，而（得一者）王侯 [得一者] 主焉。以一为主，一何可舍？愈多愈远，损则近之。损之至尽，乃得其极。既谓之一，犹乃至三，况本不一，而道可近乎？损之而益 [益之而损]，岂虚言哉。①

王弼认为《老子》本章中"道生一"不是万物生成问题，而是万物何以有统一性问题。万物万形为个别的存在，通过个别的、殊散的存在怎么才能够获得统一性（归一）呢？答案是只有舍弃一切具体属性，"愈多愈远，损则近之。损之至尽，乃得其极"，通过对具体属性上的共性进行不断地抽象，最终得到的便是"无"，是谓"由无乃一，一可谓无"。王弼《老子》第十六章注说，"凡有起于

---

① （魏）王弼：《老子道德经注》，中华书局 2011 年楼宇烈校释本，第 120 页。

虚,动起于静,故万物虽并动作,卒复归于虚静,是物之极笃"①,王弼认为,老子在本章中的意思是说将万物的动作运行抽象之后,就能够得到万物的虚无本质,此即存在于万物中的"无"。如果按照王弼的这一逻辑去理解《老子》文本,那么,《老子》中虽然论及了很多社会现实、社会现象,但是这些社会现实、社会现象等都是万物"动作"的结果,如果"息止"万物的"动作",就可以"复命"到万物的最本真的状态。这说明,在王弼看来,通过不断地抽离客观存在的有形万物的具体规性,得到的是万物的最高统一性,而这个最高统一性就是"无"。这说明,《老子》的"无"在万物中的存在方式的本质是空间上并存万物的统一性。

二 《周易》中的"无"

与《老子》文本比起来,儒家文本最大的特点就是"不说无",但这并不意味着儒家不关心"无",王弼将其称之为"体无",并认为这是对待"无"最好的方式。那么,《周易》中的"无"是什么样呢?王弼在《周易》中发现的"无"具有如下一些必然性特征:

第一,"无"是万物本体,以"无"为属性特征。

"无"是万物本体,王弼认为《周易·大衍之数》表达的就是这样的思想:

> 演天地之数,所赖者五十也。其用四十有九,则其一不用也。不用而用以之通,非数而数以之成,斯易之太极也。四十有九,数之极也。夫无不可以无明,必因于有。故常于有物之极而必明其所由之宗也。②

《周易·系辞上》:"大衍之数五十,其用四十有九……此所以

---

① (魏)王弼:《老子道德经注》,中华书局 2011 年楼宇烈校释本,第 39 页。
② (魏)王弼:《周易注校释》,中华书局 2012 年楼宇烈校释本,第 240 页。

成变化而行鬼神也。"这里一般被认为是使用蓍草进行预测占筮的过程，在这个过程中，共需要准备五十根蓍草，但实际占筮中只使用四十九根。为什么剩一根不用？历代注家曾作出过不同的解释。西汉易学家京房的理解是："五十者，谓十日、十二辰、二十八宿也。凡五十，其一不用者，天之生气，将欲以虚来实，故用四十九焉"①，京房以天干、地支、二十八星宿相加得五十阐释"大衍之数五十"，他认为"其一不用"代表的是"天之生气"。它是宇宙万物产生的基础，因此只能以虚指实，故其用四十九；东汉马融则认为："《易》有太极，谓北辰也。太极生两仪，两仪生日月，日月生四时，四时生五行，五行生十二月，十二月生二十四节气。北辰居位不动，其余四十九转运而用也。"② 马融以太极、两仪、日月、四时、五行、十二月、二十四节气相加得五十注"大衍之数五十"，其一不用是指"北辰"居而不动。细究之，按照京房和马融的注释，五十根蓍草各有其具体所指之物，也可以称为各有其所"用"，所以不能称其为"用四十九"。相反，王弼的注释更为合理，演天地之数，所赖者五十，而其用是四十九，这其中相差了"一"，王弼认为那个不为所用的"一"是"不用而用以之通，非数而数以之成，斯易之太极也。"王弼认为"一"是太极之象。"太极"在中国古代文化中，不是某种具体物质，"太极"是一个动态系统的逻辑结构，"太极"作为本体，它是万物统一的实体性基础，但是这一实体性基础从属性上说没有任何的具体规定性，是"无"；但它作为万物统一性的基础，又是实实在在的"有"，所以"太极"就其根本属性来说就是"有无统一"。在王弼看来，《系辞上》说"大衍之数五十"又说"其用四十九"，"五十"是说这个"一"是存在的、是"有"；"四十九"则是在表明这个"一"是不具有任何具体规定性的、是

---

①　转引自涂文丽《王弼易学思想述论》，硕士学位论文，郑州大学，2013 年 5 月，第 14 页。

②　同上。

"无"，"不用而用以之通，非数而数以之成"是说这个"一"虽然没有任何具体规定性，但是其他的"四十九"却因"一"而成。所以"大衍之数五十，所用者四十九"的说法是用非常巧妙的办法将本体与万物之间的关系用数理的方法准确地表象出来了。按照王弼的解释，"'一'就是万物的根本、本质，它是'无'、'四十九'则是在'一'指导之下的具体现象，它就是'有'"①。按照这样的逻辑，"一"存在于"四十九"之中，它通过"四十九"表象自己，它自己没有任何具体的属性特征。这意味着，在《周易》中，"无"是万物的本体，而且"无"没有任何具体的规定性。就这一点来说，《周易》与《老子》的思想是一致的。但与《老子》不同的是，《老子》在直接言说"一"或"无"，而《周易》则通过"有"言说"无"。因此，王弼说："夫无不可以无明，必因于有。故常于有物之极而必明其所由之宗也。"

第二，"无"以人的自然伦理性为自我展现方式。

孔子并没有将赋予众生以生命法则的本体称之为"无"，但是却认为天作用于万物，为万物确立了"物则"，在《周易》所确立的天人关系中，这一思想被转化为："一阴一阳之谓道，继之者善也，成之者性也。"（《周易·系辞上》）"道"作为形上本体，不仅是万物自然生命存在的依据，也是万物的本心、本性。王弼在《乾·彖》的注释中也表达了这一思想：

> 天也者，形之名也；健也者，用形者也。夫形也者，物之累也。有天之形，而能永保无亏，为物之首，统之者岂非至健哉！大明乎终始之道，故六位不失其时而成，升降无常，随时而用。处则乘潜龙，出则乘飞龙，故曰"时乘六龙"也。乘变化而御大器。静专动直，不失大和，岂非正性命之情邪？②

---

① 涂文丽：《王弼易学思想述论》，硕士学位论文，郑州大学，2013年5月，第15页。
② （魏）王弼：《周易注校释》，中华书局2012年楼宇烈校释本，第2页。

"乾道变化，各正性命"，在王弼看来，这是《周易》在言说"乾元资始"的内涵，"道"无形无象，但是"道"始生万物，且使万物各自成就。王弼认为，万物的生长、发展过程并不始基于具体的万物，而是"乾道"自我运行的结果，即"乾道变化"。在乾道创生万物的变化中，乾道本身并无变化，"处则乘潜龙，出则乘飞龙"，"阳之为物，非基于始以至于著者也"①，乾道属性因此而被称为"刚健不息"。这就是说，乾道是以不变的物征落实到具体万物之中的，乾道的最终完成是使自己体现在个体性命之处，此即《中庸》之"天命之谓性"。就天道而言，"天道的运行变化以乾道变化为善始，以各正性命为善终"②，依牟宗三先生看来，此即"乾道大用，不是一虚脱流，乃是一成物之过程"③。所以，在王弼看来天虽然是"云行雨施，品物流行"的有形之物，但是其本性仍然是乾道至健的内涵。此即"乾道作为'物之首'而言，并非一具体存在之物，而是万物之所以存在、所以运行之理，其本身是自足的，不需要外在的因素加以证明，故其静也专、动也直，不刚不暴，不失和顺之情"④，"天道不能空言，不能不贯于个体性命。性命不能无根，不能不通于形上之天道。《乾象》亦仍是就性与天道之贯通而立言"⑤。推而广之，万物变化虽然形态万千，但是万千的自然形态，都是"无"赋予万物的自然本性，"无"是万物的自然本性的根源，人与万物之性命乃是直承此"无"而来。

---

① （魏）王弼：《周易注校释》，中华书局 2012 年楼宇烈校释本，第 13 页。

② 董春：《易学视域下的儒道会通》，博士学位论文，山东大学，2017 年 5 月，第 149 页。

③ 转引自董春《易学视域下的儒道会通》，博士学位论文，山东大学，2017 年 5 月，第 149 页。

④ 董春：《易学视域下的儒道会通》，博士学位论文，山东大学，2017 年 5 月，第 149 页。

⑤ 转引自董春《易学视域下的儒道会通》，博士学位论文，山东大学，2017 年 5 月，第 149 页。

　　性与天道的贯通一直以来是易学的核心问题，但是物有物性、人有人性，"物性""人性"何为"天"性？《说卦》曰："昔者圣人之作《易》也，将以顺性命之理，是以立天地之道曰阴与阳，立地之道曰柔与刚，立人之道曰仁与义。"《周易》将人道与天地并列，凸显出人道在《周易》中的重要地位，"大《易》的理路是由'极天地之蕴'而'尽人事之始终'"①。也就是说《周易》是通过对人性的反思，重新思考天道性命问题的。《周易》通过人性反思天道性命问题时，首先确立了一种独特的天人关系，即人从产生之初就与天地相关，"有天地，然后有万物；有万物，然后有男女；有男女，然后有夫妇；有夫妇，然后有父子；有父子，然后有君臣；有君臣，然后有上下；有上下，然后礼仪有所错"（《周易·序卦》）。从天地到人，既包括人的自然生命的赋予，也包含着父子、君臣、礼仪等社会伦理性。这种伦理性，在孔子看来是天道"立人之道曰仁与义"的结果，即人的"仁义"之道是天道赋予人的生命法则，人的社会伦理性并不是出自于人的主观建构，而是天道作用于人的自我表现。对于这一点，汉儒似乎并未发现其中的奥妙，所以汉儒建立天人感应论用以沟通天道与人的伦理性。但是王弼却很清楚地意识到这一点，他在《乾卦·文言》中说："以爻为人，以位为时，人不妄动，则时皆可知也"②，此处的意思是"《周易》的三百八十六个爻都是处于不同状态的人"③，《周易》中的"人"虽然处于不同状态下，但是人皆处于"不妄动"状态，即王弼认为这些"不妄动"状态的"人"，都是根据天道变化的时机指导自己的行动的结果。在这种情况下，人的"各种不同状态"都是天道本体（无）的自我展现。而天道自我展现出来的正是君道（德）、臣道、人伦、君子之道等伦理性。如《乾·九二》爻注："德施周普，居中不偏，

---

①　王新春：《神妙的周易智慧》，中国书店 2001 年版，第 203 页。

②　（魏）王弼：《周易注校释》，中华书局 2012 年楼宇烈校释本，第 4 页。

③　王天彤：《魏晋易学研究》，博士学位论文，山东大学，2007 年 4 月，第 97 页。

虽非君位，君之德也"①，《乾·文言》："以君德而处下体，资纳于物者也"②，这里讲的是君道、君德；《坤·六四》讲的是臣道，"坤为臣道，美尽于下"③；《归妹》卦注："阴阳既合，长少又交，天地之大义，人伦之终始"④，《家人·九五》注："居于尊位，而明于家，则下莫不化矣。父父、子子、兄兄、弟弟、夫夫、妇妇、六亲和睦，交相爱乐，而家道正。正家而天下正矣"⑤，这里讲的是人伦之道。王弼的注释以及他对《周易》核心问题的认识，足以说明，在王弼看来，《周易》字字言有、言人事的伦理性，这是因为《周易》将人的自然伦理性理解为"无"的自我展现方式。

第三，"无"是万物在时间中发展的规律性。

《周易》是一个复杂的系统，对于这个系统的建立，《系辞上》称："仰以观于天文，俯以察于地理，是故知幽明之故。"《系辞下》又说："夫象，圣人有以见天下之赜，而拟诸其形容。象其物宜，是故谓之象。圣人有以见天下之动，而观其会通，以行其典礼。系辞焉以断其吉凶，是故谓之爻。极天下之赜者存乎卦，鼓天下之动者存乎辞，化而裁之存乎变，推而行之存乎通，神而明之存乎其人。"《周易》系统是圣人通过仰观、俯察万物变迁之后，对万物规律进行总结而建立的。《周易》最大的特点，就是要呈现世界变化中的规律，《系辞》云："《易》之为书也，不可远，为道也屡迁。变动不居，周流六虚，上下无常，刚柔相易，不可为典要，唯变所适。"对于这种建构在时间中的规律系统，王弼将其理解为圣人所创见的在"时间"流变中掌握的自然与人事规律的思维模式，王弼将这种模式描述为："夫卦者，时也。爻者，适时之变者也。""所谓'时'，是指万物运动发展中所遵循的某种特殊规律。六十四卦，可以看作六

---

① （魏）王弼：《周易注校释》，中华书局 2012 年楼宇烈校释本，第 1 页。
② 同上书，第 5 页。
③ 同上书，第 13 页。
④ 同上书，第 198 页。
⑤ 同上书，第 139 页。

十四种特殊规律。当万物发展到某个时间或某种状态的时候，便被这种不可抗拒的规律所支配"①，由此，他将《周易》理解为时间发展顺序上的规律系统，此即王弼将《周易》中的"无"理解为万物在时间发展上的规律性。据这一规律系统，王弼对《周易》作出了如下注释：例如，王弼在坤卦初六爻"履霜，坚冰至"，注："始于履霜，至于坚冰，所谓至柔而动也刚。阴之为道，本于卑弱而后积著者也，故取履霜以明其始。阳之为物，非基于始以至于著者也，故以出处明之，则以初为潜"②，初六爻"履霜，坚冰至"。履霜，踏到霜，是指阴气刚刚开始凝结，坚冰比喻严冬，引申开来从履霜至于坚冰表现的是万物由微而显的发展过程，王弼将其注为"始于履霜，至于坚冰，所谓至柔而动也刚"。王弼认为"履霜"意在表明坤卦发展的第一阶段，即"阴"刚刚出现之时，"坤"的出现是"乾"卦发展到群龙无首后，阳极而阴转化而来的，因此坤与乾有所不同，乾卦一开始就具备元、亨、利、贞、刚强至健的所有属性，区别只是在于是否显著而已，显著时则称为明，不显著时则称为潜，但是坤不同，坤并不是一开始就有、永恒存在的，坤是由乾发展而来的，坤是乾发展的下一环节。至于"屯"卦，王弼的卦辞注说："刚柔始交，是以屯也"③，楼宇烈先生注："屯卦为乾坤之后的第一个卦，意味着天地开始相合，阴阳开始交通，所以说'刚柔始交'。"④ 对于屯卦的卦体，王弼注："屯体不宁，故利建侯也。屯者，天地造始之时也。造物之始，始于冥昧，故曰'草昧'也。处造始之时，所宜之善，莫善建侯也。"⑤ 王弼认为"屯"是阴阳始交之后的第一个阶段，这一阶段的状态特点是"蒙昧"。在此基础上，

---

① 王晓毅：《何晏、王弼易学"时义"观差异及其原因》，《周易研究》2016 年第 6 期。

② （魏）王弼：《周易注校释》，中华书局 2012 年楼宇烈校释本，第 3 页。

③ 同上书，第 17 页。

④ 同上书，第 19 页。

⑤ 同上书，第 18 页。

他注释了"屯"的下一卦"蒙"，对于"蒙"王弼注："蒙之所利，乃立正也。夫明莫若圣，昧莫若蒙，蒙以养正，乃圣功也，然则养正以明，失其道也。"① 王弼认为本体经历了"屯"的蒙昧阶段之后，就到了"以蒙养正"的阶段。……就这样，王弼把六十四卦理解为前后接序的不同阶段，直到"既济"卦与"未济"卦。"既济"，王弼注："既济者，以皆济为义者也。"② 孔颖达疏："济者，济渡之名；既者，皆尽之称。万事皆济，故以既济为名。"③ 按照孔颖达的说法，"既济"是本体自身的终结阶段，但是"既济"之后又有"未济"一卦，"未济"居于"既济"之后，又在六十四卦之末，所以古来研究者多以此卦代表宇宙之终止或天地之消亡，王夫之注："有所缺，则亦有一物而不备矣。无物不备，亦无物而或盈。夫惟大盈者得大虚。今日之不盈，岂虑将来之或虚哉！故《易》成于既而终于未济，未济之世，亦乾坤之世，而非先后之始终也。"④ 王夫之的意思是说，天地之大德曰生，无始以来皆生于气，永终无消亡之一日，"因此未济卦非但不是终尽之时，而且酝酿着新的乾坤生机"⑤。这些注释足以说明，在王弼看来，《周易》中的"无"是时间性发展中的规律系统，万物因这一规律系统而产生，万物产生之后，又在这一规律系统下各自生成。由于这种"规律"上的同一性是已经预设了万物的同一性，那么整个宇宙的存在和发展包容在本体生生不已的系统中，万物只是由原本"同质""同价"的存在在其自己发展的不同阶段表现出不同的性质和价值而已。

---

① （魏）王弼：《周易注校释》，中华书局 2012 年楼宇烈校释本，第 22 页。
② 同上书，第 225 页。
③ 同上书，第 227 页。
④ 谷继明：《王船山周易外传笺疏》，上海科学技术出版社 2015 年版，第 181页。
⑤ 王炜：《〈既济〉〈未济〉两卦研究》，《中华文化论坛》2017 年第 11 期。

第五节　王弼研究《老子》《周易》的意义

通过以上相当长的篇幅的研究，我们发现，王弼对于《老子》和《周易》作了两项工作，一是文本研究，一是文本注释。这两项工作对于王弼哲学思想的建构具有怎样的意义呢？

首先从王弼的文本研究工作来看。从前文分析来看，王弼的文本研究主要完成了三项具体工作。第一，王弼完成了对儒道两家文本所使用的语言的论证。王弼认为《周易》文本的语言特点来源于孔子的"体无"，《老子》文本的语言特点来源于老子的"言无"。第二，王弼完成了"无"作为儒道两家共同核心问题的论证。王弼的论证显示无论是《老子》还是《周易》都以"无"为其核心问题，而且这个"无"，正是万物之所以为万物的所以然者。第三，王弼完成了对儒道两家内在统一关系的说明。王弼的论证显示，《老子》和《周易》有相同的核心问题，却具有完全不同的理论外观，不同的理论外观是由儒道两家不同的认识论原则造成的，王弼的言意关系表明，不同的理论外观并不影响其核心问题的统一性，所以《老子》和《周易》具有内在统一性关系，它们的内在统一性就在于"无"。王弼的这三项具体研究工作，无疑是从实证的角度支撑了他对于儒道两家文本核心问题的理论判断。王弼深知，只有在这个实证的支撑下，对《老子》《周易》的本体论的诠释才是有可能且是有意义的。于是，接下来，王弼就有足够的理由开始对《老子》《周易》的注释进行研究。

从王弼的注释性工作来说，王弼通过《老子》《周易》文本语言特点的分析，发现了孔子、老子于其中所使用的语言特征，于是他透过这些语言的表象，找到了他们各自所描述的"无"。王弼发现《老子》《周易》的共同的核心问题是"无"，于是在王弼的注释研究中，他并没有在其注释中阐释自己的思想，而是倾其所能之力，发掘《老子》《周易》中的"无"的资源。王弼的这一注释性研究，明确表达出孔、老两家文本都承认"无"是万物存在的最高根据，这是"无"的必然性特征之一。"无"是万物存在的最高根据，万物的存在必将以"无"为其合理性依据。那么，名教作为一个具体的存在者，这个"无"也将成为判断其合理性的根据。由此，我们可以说，王弼对于《老子》《周易》的注释性工作，使他找到了论证名教合理性的途径，这个途径将不是建立在孔、老理论外观差异上的相互补充，而在于他们共同的理论根基、沉默于《老子》《周易》中的共同的本体观念"无"。所以，只要王弼能够根据《老子》《周易》中的本体论资源，重新建构本体论思想，并且从本体的高度对名教合理性作出说明，这便能够从理论上解决他所面临的时代课题。

由此，我们有理由认为，王弼注释《老子》《周易》是顺承着他的"致思起点"所建立起来的思维逻辑展开的，在对《老子》《周易》的文本进行研究时，他发现了儒道两家共同的核心问题"无"，以此核心问题为根基，他对《老子》《周易》进行了本体论意义的注释。但是，现在的问题是，《老子》《周易》中的"无"似乎并不完全相同，他们之间有"联系"、有矛盾，甚至有"分野"。其联系之处在于，《老子》《周易》都承认"无"为万物之所以为万物的所以然者，而且"无"的特征是无形无名，不能独立存在，只能通过万物表现自己；"矛盾"之处在于《老子》认为"无"以万物的自然本性展现自己、《周易》认为"无"以人的伦理性展现自己；"分野"之处在于《老子》中的"无"是空间上并存万物的统一性、《周易》的"无"是万物在时间发展中的规律性。那么，王弼如何汇通孔老，通过这些看似不同的本体论资源找到他们的内在统一性，并以此为依据建构一个新的本体论思想，则成为其解决名教合理性问题的关键环节。

第 四 章

王弼的本体论思想

通过对《老子》《周易》的研究，王弼发现"无"作为万物之所以为万物的所以然者实为孔、老所共认。这样的"无"能够为万物的存在提供合理性根据，那么，名教作为社会存在，它的合理性的判断也必然要通过"无"来完成。由此，王弼在完成魏晋玄学的时代课题时，为自己设定的文化任务已经成为从本体的高度论证名教的合理性。那么，在完成这一课题时，他的首要任务就是要通过他所获取的本体论资源，重新建构他的本体论思想。然而事实的情况是，王弼发现了《老子》《周易》中的"无"，但是它们中的"无"并未如其所愿地完全同一，而是既有联系，又有分野。那么，现在的问题是，王弼在《老子》《周易》的本体论资源的基础上建立了怎样的本体论思想？王弼的本体论思想又是怎样被建构起来的？这一本体论思想又是否能够对名教合理性作出解释？这将是本章所要研究的重点课题。

第一节　王弼本体论思想的内涵

王弼的本体论思想，一般被认为是通过注释《老子》或《周易》等文献建构出来的，比如高龄芬先生在其《王弼与郭象玄学方法之研究》一书中指出，王弼是通过注释《老子》建构了他的本体论思想，认为王弼是以"不塞""不禁"去解道生、德畜，即以境界的作用义去建构其"以无为本"的本体论①；田永胜先生则认为王弼的本体论思想是通过《周易注》和《论语释疑》建构起来的，他说："王弼的确提出一种本体论的思维方式，但是他的这种思维方式主要并不是表现于《老子注》，而是表现在他平时的论辩及《周易注》、《论语释疑》中。"② 然而，我们的研究已经表明，王弼注释《老子》和《周易》完全是解释学的，他没有在其中阐释自己的思想，但是他注释《老子》《周易》的目的又确实是为了吸取他们中的本体论资源。由此，我们认为，《老子注》《周易注》并不适合单独作为王弼本体论思想的研究对象。研究王弼的本体论内涵一定要考虑到《老子指略》《周易略例》中他自己的本体论思想，以及这一本体论思想与《老子》《周易》中的本体论思想的相互关系。

从《老子指略》和《周易略例》来看，王弼的本体论思想内在包含以下几方面内容：

第一，"无"是"万物之宗"。

王弼在《老子指略》中说：

> 夫物之所以生，功之所以成，必生乎无形，由乎无名。无形无名者，万物之宗也。③

王弼在《周易略例》中说：

> 物无妄然，必由其理。统之有宗，会之有元，故繁而不乱，众而不惑。……故自统而寻之，物虽众，则知可以执一御也；

---

① 高龄芬：《王弼与郭象玄学方法之研究》，花木兰文化出版社 2008 年版，第31—44 页。

② 田永胜：《王弼思想与诠释文本》，光明日报出版社 2003 年版，第 237 页。

③ （魏）王弼：《老子道德经注》，中华书局 2011 年楼宇烈校释本，第 202 页。

由本以观之，义虽博，则知可以一名举也。①

王弼认为，变化纷纭的万物是"有形有象"的，但是这些"有形有象"的存在，只是万物的现象，而不是本质，有形有象的万物虽然纷繁复杂，但是它们有一个共同的本质即"万物之宗"。王弼所说的"万物之宗"作为万物的最高根据，其实质与裴徽、何晏等魏晋哲学家所讲的"万物之所资"的"无"的意义是一致的。但是王弼在这里，并不直接称之为"无"，而称之为"万物之宗"。我们认为王弼在这里之所以称"本体"为"万物之宗"而不是"无"，并不是要故弄玄虚，而是有他的特殊性意义。因为，王弼的本体论思想已经不同于裴徽和何晏等魏晋玄学家所谓的"无"。

对于"无"，裴徽说："夫无者，诚万物之所资也。然圣人莫肯致言，而老子申之无已者何？"② 裴徽认为"无"是万物的"本体"，"无"是老子"言说"的对象。何晏说：

　　天地万物皆以无为本。无也者，开物成务，无往不存者也。阴阳恃以化生，万物恃以成形，贤者恃以成德，不肖恃以免身。故无之为用，无爵而贵矣。③

　　有之以为有，恃无以生；事而为事，由无以成。夫道之而无语，名之而无名，视之而无形，听之而无声，则道之全焉。④

　　夫道者，惟无所有者也。自天地已来皆有所有矣；然犹谓之道者，以其能复用无所有也。⑤

何晏与裴徽同样视"无"为万物的本体，但他比裴徽更进一步

①　（魏）王弼：《周易注校释》，中华书局 2012 年楼宇烈校释本，第 269 页。
②　（晋）陈寿：《三国志》，（宋）裴松之注，中华书局 1999 年版，第 591 页。
③　（唐）房玄龄：《晋书》，中华书局 2000 年标点本，第 814 页。
④　《列子》，（晋）张湛注，上海书店出版社 1989 年版，第 3 页。
⑤　同上。

的是，他认为"无"实指"道"的本性，因为只有"无"的特性，"才能得到'道之全'"。何晏主张以"无"为立论之本，《道德论》中的"无"是他对《老子》之道的推崇。可以说，裴微、何晏的"无"的理论根源都在于《老子》。与裴徽、何晏不同的是，王弼的理论不仅来源于《老子》、还来源于《周易》，《老子》《周易》除了确切地表达了"无"作为万物本体、"无"以"无"为其属性特征的相同思想以外，它们又有很多的不同之处，就这一点来说，王弼的"无"已经不同于裴徽、何晏的"无"，所以王弼并不直接说"无"，而说"万物之宗"。尽管如此，王弼与裴徽、何晏认为"无"是万物本体的观念基本是一致的，王弼认为"无"作为"万物之宗"的本体是万物如其所是的最高根据。所以，他在诠释《老子》第四十章"天下万物生于有，有生于无"时，指出："天下之物，皆以有为生。有之所始，以无为本。将欲全有，必反于无也"①；在诠释《复·象》时说："然则天地虽大，富有万物，雷动风行，运化万变，寂然至无，是其本矣"②；在《周易·大衍论》注中说："其用四十有九，则其一不用也。不用而用以之通，非数而数以之成，斯易之太极也。"③

第二，"无"的属性是"无"。

王弼的"无"所指的就是《老子》《周易》中的"道"。对于这个"道"，《老子》第十四章说："视之不见名曰夷，听之不闻名曰希，搏之不得名曰微。此三者不可致诘，故混而为一。"因为眼不得见，耳不得闻，手不得触，不知道什么样子，无法描述形容，所以"复归于无物，是谓无状之状、无物之象"。"道"既然"复归于无物"，有状也是"无状之状"，有象也是"无物之象"，其根本特征就可以归结为"无"；《周易》形容它是"大衍之数五十，其用四

---

① （魏）王弼：《老子道德经注》，中华书局 2011 年楼宇烈校释本，第 113 页。

② （魏）王弼：《周易注校释》，中华书局 2012 年楼宇烈校释本，第 92 页。

③ 同上书，第 240 页。

十有九"，这是说作为万物统一性的"道"没有独立的存在方式，它以万物为其存在方式，但是万物有万物的具体规定性，"道"并没有自己的规定性，由此，道亦为"无"。这充分说明，在《老子》《周易》中，"道"就其属性而言，都被认为是没有任何具体规定性的"无"。总而言之，就本体之道而言，它客观存在，有其存在方式，它不是虚无缥缈的，它是有其实实在在的"有"，但是就其属性而言，它没有任何具体规定性，它的属性只能是不可名其形状的"无"。对此，王弼在《老子指略》中给出了自己的说法，王弼在《老子指略》中说：

> 不温不凉，不宫不商。听之不可得而闻，视之不可得而彰，体之不可得而知，味之不可得而尝。故其为物也则混成，为象也则无形，为音也则希声，为味也则无呈。故能为品物之宗主，苞通天地，靡使不经也。若温也则不能凉矣，宫也则不能商矣。①

王弼认为，就温度来说，有温、有凉，就音律来说，有宫、有商。但是就温度与音律的最高根据"无"来说，就不能有温凉、宫商之分。"无"虽存在、可体，但是人们所体之"无"却与温度的温凉、音律的宫商这些具体存在物的具体规定性有所不同，如果用听力去感知，你会发现它不能被听见，如果用眼睛去看，它不能为视觉彰显，如果用身体去触碰，也不会为感觉所发现，如果用味觉去体味，也尝不出什么味道。也就是说，"无"虽然存在，但是它的属性与任何具体万物的属性都有所不同。在这里，王弼是从具体万物的属性的对比出发，认为万物的属性都是有具体规定性的"有"，但是本体的属性只能是无形无象、无任何具体规定性的"无"。由此，我们认为在王弼那里，"无"实指为道，作为本体之道的属性是

---

① （魏）王弼：《老子道德经注》，中华书局2011年楼宇烈校释本，第202页。

无任何规定性的"无"。这个"无"对于王弼来说，是一个建立在对具体万物的规定性的反思基础上的属性概念，因此，我们认为王弼的"无"是一个属性概念，而不是一个实体概念。以"无"指本体，是就客观存在的"万物之宗"的属性的必然性特征而言，和所谓否定一切的"虚无"①　了无关涉。

第三，"无"以"有"为其存在方式。

就"无"的自我展现方式而言，老子认为是万物的"自然本性"，《周易》认为是人的自然伦理性。从表面上看，《老子》与《周易》关于"无"的阐释在此产生了矛盾。但是，事实并非如此。因为，就儒家而言，儒家并不否认万物的自然本性是道的自我展现，比如《中庸》说："天命之谓性，率性之谓道，修道之谓教。"《周易》说："乾道变化，各正性命。"那么《周易》为什么要特别强调人的伦理性呢？《周易·说卦》曰："昔者圣人之作《易》也，将以顺性命之理。是以立天之道曰阴与阳，立地之道曰柔与刚，立人之道曰仁与义。"《周易》将"人"与"天""地"并位，《周易·系辞下》又说："天地氤氲，万物化醇；男女构精，万物化生。"《周易》将人看作是天道化生万物的"最高环节、最具体环节"②，按此逻辑，天道自然本性在最高、最具体的环节那里，必然能够得到最好的自我展现。也就是说《周易》将人的仁义伦理性看作是人的自然本性，人的自然本性是天道作用于人的表现形式，也是万物存在的最高环节，所以，人的社会伦理性是天道自然本性的最高、最具体的环节，即人的伦理性是天道最高级的自我展现形式。即至此，我们可以说，在《老子》那里，老子对于道的自我展现方式的考虑是纳入普遍存在的万物之中的，而在《周易》那里，《周易》作者

---

①　刘大杰先生认为在王弼那里，"'无'与'道'完全成为一物，但是在作用方面，无是有虚空的意思"。载刘大杰《魏晋思想论》，上海古籍出版社1998年版，第45页。

②　张连良：《中国哲学的内在逻辑与中国哲学的诠释》，《长白学刊》2008年第5期。

对于道的自我展现方式的思考虽然更强调人的自然本性，但并不否认万物的自然本性。无论是《老子》《周易》，他们的共性是都将万物的自然本性视为本体的自我展现方式，也就是说"无"以万物本性为其自我展现方式是为《老子》《周易》所共同认可的。

万物的自然本性是"无"的自我展现方式，这并不意味着那些不以"自然本性"为其具体存在方式的万物就与"无"无关了。《老子》意识到这一点，所以他在第十六章中说："致虚极，守静笃，万物并作，吾以观复。夫物芸芸，各复归其根，归根曰静，是谓复命。复命曰常，知常曰明。"《老子》认为众生芸芸的万物，虽然表面看来是纷繁复杂的，但是如果将他们杂乱的表面抽离出去，那么剩下的就是万物复归于本体的本性。《周易》也有同样的观点，所以《周易·复卦·彖辞》曰："复见天地之心乎！"在《周易》作者看来，天地万物虽然杂乱，但是万物能够复归于"一"，是因为万物皆有同一个"心"，而这个"心"正是使万物复归于"性命之正"的"无"，所以王弼将其注为"故动息地中，乃天地之心见也"①。这说明，在《老子》《周易》中，尽管都强调"无"以万物自然本性为其自我展现方式，但是，也同时承认"无"也存在于那些不以自我本性为其存在方式的万物之中。由此可见，虽然《老子》与《周易》在"无"的存在方式上存在着不同的说法，但是，他们并不矛盾，从小处说，是他们将关注点投入了不同的事物，《老子》将焦点放置在更具普遍性的万物之上，《周易》将焦点投放在"人"的自然本性上。从大处说，《老子》《周易》两家都认为"无"不独立存在，而存于万有之中。就这一点来说，我们认为王弼是最清楚不过的，他将《老子》《周易》的这一思想纳入他自己的本体论哲学中来，所以他在《老子指略》中指出"无形无名者，万物之宗也"。王弼认为，"无"是万物的宗主。既然是万物的"宗主"，那么它就不能够超越万物而存在，对于"无"如何具体存在，他说：

---

① （魏）王弼：《老子道德经注》，中华书局 2011 年楼宇烈校释本，第 92 页。

　　　　四象不形，则大象无以畅；五音不声，则大音无以至。四
　　象形而物无所主焉，则大象畅矣；五音声而心无所适，则大音
　　至矣。①

　　"四象"孔颖达《周易·系辞疏》为金木水火，也有人将"四
象"理解为太阴、太阳、少阴、少阳；"五音"一般被认为是宫、
商、角、徵、羽，但是不管哪种理解，"四象""五音"都是具体万
物，而"大象""大音"则是指四象、五音的最高根据，即"无"。
王弼说："故象而形者，非大象也；音而声者，非大音也。"② 王弼
在这里用"大象""大音"象征"四象""五音"的存在之理。至
于"大象""大音"和"四象""五音"的关系，在王弼看来，一
方面，大象、大音是四象、五音的本体、根本；另一方面，四象、
五音是大象、大音的存在方式或发挥作用的方式，即本体的功用、
末端。这段文字足以说明，在王弼那里，"无"作为万物的所以然
者，它并不是一个独立的存在者，"本无"与"末有"为一体，
"无"不在"有"之外，"无"贯通于"有"之中，"无"以"有"
为其存在方式。

　　第四，"无"是万物在时间和空间上的统一性。

　　按照我们的研究，"无"既不是"虚无"，也不是"共相"③，而
是"存有"。"无"在王弼本体论思想中是一个"属性"概念，而不
是一个"实体"概念，更确切地说，"无"是一个以"属性"代指
"实体"的概念。那么，这样"无"就绝对不是一个超越性的存在。
就它的存在方式而言，《老子》《周易》都认为它存在于万物之中，

---

　　① （魏）王弼：《老子道德经注》，中华书局 2011 年楼宇烈校释本，第 202 页。

　　② 同上。

　　③ 冯友兰先生认为："抽象的有就是无。"载冯友兰《中国哲学史新编》（中
卷），人民出版社 1998 年版，第 402 页。

不同的是《老子》认为它的存在方式本质上是空间并存万物的统一性，《周易》认为它是时间上万物发展的内在规律性。前者具有空间性的思维特点，后者则更多考虑到万物的发展变化过程，具有时间性思维的特点。那么，王弼是如何看待"无"在"有"中的存在呢？王弼对此的做法是，他并未倾向于《老子》《周易》两者中的任何一个，也未抛弃其中的任何一个。而是基于《老子》《周易》的本体论认识，他从时空并存的角度上，提出了"理"这一概念。

王弼在《周易略例·明象》中说：

物无妄然，必由其理。统之有宗，会之有元。故繁而不乱，众而不惑。

"理"，最早见于《周易》中的《系辞》和《说卦》等：

易简而天下之理得矣。天下之理得，而成位乎其中矣。（《系辞上》）

仰以观于天文，俯以察于地理，是故知幽明之故。原始反终，故知死生之说。（《系辞上》）

和顺于道德而理于义，穷理尽性以至于命。（《说卦》）

昔者圣人之作易也，将以顺性命之理。是以立天之道曰阴与阳，立地之道曰柔与刚，立人之道曰仁与义。（《说卦》）

从以上几段引文，我们发现，在《周易》中，"理"内在地包含着三个方面的意义：第一，它以"天文"和"地理"相对出现，它把"理"的意义固定为普天之下空间并存的万物的共同的秩序性原则，所以也被称为"天下之理"；第二，"理"与"性命"相对出现，它把"理"的意义固定为每一种存在者自身在时间中的秩序化原则，所以被称为"性命之理"；第三，"性命之理"是"天下之理"在具体万物中的自我展开方式，天道阴阳、地道柔刚、人道仁义的模式都是"天下之理"在具体万物中特殊显现出来的"性命之理"。这些句子意味着"万物都以'道'为根基但在外部表现上却又不同这一事实，反映了在它们的构成要素中'道'和'理'的并置"①。《周易》中"道"与"理"并置的意义说明："道"在所有的秩序结构中显示自身，由于万物都有其秩序性结构，没有任何万物与之相割裂，所有可见的秩序性结构的总和成为不可见的"道"的骨骼。按照这一逻辑，如果从这些所有可见的万物中去寻找统一性，那么"道"的情状就是抽空空间并存的万物的所有具体属性的"无"。但是，当我们换一种思维方式思考时，"道"的实际情状虽然是无形不可见的，"道"也不主动干预万物，但是"道"却使自己成为具体万物发展变化过程中循顺的"理"。也就是说，在具体万物的秩序性结构中，万物的生死、成败等具体属性都是"理"的存在，"理"是"道"在具体万物中显示的自身，可以说是"理"给出了"道"之形，"理"的情状就是万物在时间发展过程中的规律性。《周易》所建立起来的"道""理"系统，本质上建构的是"道"与"万物"在时间和空间上的勾连关系。我们认为，王弼之所以提出了"理"的概念，正是他从《周易》的"道""理"系统中受到了启发，他通过吸收《周易》所建构的存在于时空中的"存在者"与"道"本身的关联的思想，从而建构了自己的"存在者"与"无"的相互关系。

王弼在《老子指略》中说：

夫物之所以生，功之所以成，必生乎无形，由乎无名。无形无名者，万物之宗也。

王弼在《周易略例》中说：

---

① ［德］瓦格纳：《王弼〈老子注〉研究》，杨丽华译，江苏人民出版社 2006 年版，第 830 页。

故众之所以得咸存者，主必致一也；动之所以得咸运者，原必无二。

在《老子指略》的开头，万物以两种类别形式出现："物"和"功"，前者是指在空间中的万物，如"四象"或"五音"等，后者则通常被称作"事"，事与物相对，是指物在时间中的变化过程，比如《老子》第十七章"功成事遂"。这说明，在王弼看来，万物之所以为万物，它是在时间和空间中共同完成的；同样地，在《周易略例·明象》中，王弼对万物的描述是从"存"和"运"两个角度说的，"存"是指我们能够直观看到的空间性存在的"静态"事物，"运"是指事物在时间中的变化过程，王弼认为"存"和"运"是"众"的存在形式，"众"就是在时间和空间中的"存在的""运动的"万物。"众"不能控制"众"，控制"众"的是"一"，所以"一"也必然是"众"在时间、空间上的统一性。从王弼的这两段论述不难看出，王弼不仅考虑到《老子》的空间性思维特点，而且考虑到《周易》的时间性思维特点，在他看来，时间和空间是不可分离的，"无"是万物在空间和时间上的统一性。

据以上分析，我们发现王弼确实在《老子》《周易》的本体论资源基础上，建构了一套本体论思想。就其思想内容来说，王弼同时承认本体是万物的统一性基础，这一统一性基础从属性上说没有任何具体规定性，是"无"，但就其存在方式而言，本体又是实实在在的"有"，从"无"在"有"中的存在情况看，"无"是万物在空间和时间上的统一性。王弼的本体论思想，凸显了关于"本体"是一个"有无统一"的动态系统的逻辑结构，而不是具体物质或物质的最小单位或万物的抽象共相。通过对王弼的本体论的探讨，我们也发现，通常我们所谓的王弼的"贵无论"的实质其实是"存有"，他的"无"是一个属性概念，而非实体概念，他以"无"称谓"本体"，是一种以"属性"指代"实体"的做法。由此可见，王弼所谓的"无",不但不是虚无,不是所谓的"共相"[①],也不具有"多重涵意"[②],同样也与"纯有""纯无"无关[③]。王弼将本体称之为"无",他是有其自己的理论设定的,"名也者,定彼者也;称也者,从谓者也。名生乎彼,称出乎我"[④]。那么,对于"名之不能当,称之不能既"的本体而言,为了说明其必然性特征,"称谓"命名法无疑是最好的方法。如果从没有任何具体属性的规定性出发,可用来称谓的名字之中,"无"当然是最好的选择。

第二节　王弼本体论思想的建构

以上,我们分析了王弼的本体论思想。基本可以肯定的一点是王弼的本体论思想的建构是以《老子》《周易》的本体论思想为基础的。从王弼本体论思想与《老子》《周易》的本体论思想的关系,我们也不难发现王弼建构本体论思想的独特理路。

---

①　冯友兰先生认为,"有"是"天地万物",是"群有"或"众有"的类名词,因为天地万物的共同性质是"存在",所以它们的规定就只能称为"有",而这个最高的类规定就是"没有规定",这个"没有规定"就是"无","无"是"有"的共相,"有"和"无"是特殊与一般的关系。载冯友兰《魏晋玄学贵无论关于有无的理论》,《北京大学学报》(哲学社会科学版)1986年第1期。

②　康中乾先生认为王弼的"无"范畴主要包括三种(五个方面)的含义。载康中乾《有无之辨——魏晋玄学本体思想再解读》,人民出版社2003年版,第168页。

③　陈来先生则从黑格尔哲学中得到启示,认为"有"和"无"可以分为两个层次四个概念,即"规定了的有""规定了的无"和"纯有""纯无","规定了的有"是指肯定有某物的存在,"规定了的无"是指否定有某物的存在,"纯有"是从"规定了的有"抽象出为一般的"有","纯无"是从特殊的"规定了的无"抽象为一般的"无"。陈来先生认为王弼的"有"并不是"规定了的有",也不是抽象的"纯有",而是"实际存在的万物",相当于黑格尔"存在"或"实在"的概念,"无"则是从"无形""无名"等有限的"无"中抽象出来的,所以是一个"纯无"。载陈来《魏晋玄学的"有""无"范畴新探》,《哲学研究》1986年第9期。

④　(魏)王弼:《老子道德经注》,中华书局2011年楼宇烈校释本,第203页。

首先，王弼直接吸收了《老子》《周易》本体论思想的相同内容。

在对《老子》《周易》深入研究时，王弼发现，尽管《老子》《周易》的理论外观存在着极大的差异，但是这些差异的产生是在从存在上升到思维的过程中产生的，《老子》《周易》对于本体的"言说"方式也存在着一些不同，但是这也是为了说明本体而建立的权宜之策。但是，不管"语言"差异如何，他们对于"无"的言说，都是以对客观存在的"无"的认识为基础的。透过这些不同的语言，王弼发现了《老子》《周易》对于"无"的认识存在着某些共识，那就是《老子》《周易》都将"无"视为万物的最高本体，而且都或显或隐地表明"无"的"无形无名"的必然性特征。那么，在王弼本体论思想的建构中，他自然不会放弃《老子》《周易》对"无"的这一共同认识。因此，王弼汲取了《老子》《周易》的关于"无"的相同看法，认为"无"是万物的最高根据，"无"的属性是"无"。

其次，王弼化解《老子》《周易》的"矛盾"之处。

在陈述"无"的自我展现方式时，《老子》和《周易》是明显不同的：《老子》认为万物自然无为的本性才是本体的自我展现的方式，并反复强调"无为""致虚""守静"等，而《周易》则突出强调人的伦理性才是本体的自我展现的方式，更强调"出世"和"作为"。更有甚者，《老子》的一些语言甚至是直接指向对儒家伦理性的否认，比如"圣人不仁，以百姓为刍狗""大道废，有仁义""绝圣弃智""绝仁弃义"等，《老子》《周易》之间的"矛盾"显而易见。对此，汤一介先生说："虽然孔子重仁义，老庄尚道德；儒书言人事，道家谈玄虚，其立足不同，趣旨大异。儒书多处如子见南子之类，虽可依道家巧妙为解说，而（甲）六经全豹实不易以玄学之管窥之，又（乙）儒书与诸子中亦间有互相攻击之文，亦难于解释。前者为儒道根本之差异，后者为文句上之冲突，二者均不得不求一法以救之。"① 尽管《老子》与《周易》在本体自我展现方式的问题上存在争议，理论阐释上存在着"矛盾"，但是，他们的思想并不是完全没有相通之处：第一，他们都认为万物的本性是本体的自我展现方式。《老子》将万物的自然而然的状态视为本体的自我展现方式；《周易》虽然将人的伦理属性视为人的本性，即"无"以人的伦理性为其自我展现方式，但是，《周易》也不否认万物自然本性为"无"的自我展现方式。第二，他们都认为不以自然本性为存在方式的万物仍然是"无"的存在方式。尽管《老子》强调万物的"自然本性"，《周易》强调人的"伦理性"，但是他们都不否认，那些不以"自然本性""伦理性"为其存在方式的万物也不是独立于"无"之外的存在，可以说"无"存在于现实世界的一切万物中，现实世界一切万物抽象来说就是"有"，《老子》《周易》对于"无"的存在方式的说法有所不同，但他们都认为"无"是以"有"为其存在方式的。对于《老子》与《周易》的这些相通之处，王弼定然是看得很清楚的，所以他在《老子指略》中说："四象不形，则大象无以畅；五音不声，则大音无以至"②；在《周易略例》中说："乱而不能惑，变而不能渝，非天下之至赜，其孰能与于此乎！"③ 王弼认为万物之中皆有"无"的存在，受"无"的统摄。王弼由此化解《老子》《周易》的表面矛盾，汇通二者的相通之处，得出"无"并不独立存在，而以"有"作为其存在方式的结论。

第三，王弼将《老子》《周易》"分野"之处进行合并。

王弼在对《老子》《周易》研究时发现，《老子》对于"无"在"有"中的存在方式的认识，源于空间性的思维方式，这样的"无"本质上是空间中并存万物的统一性；《周易》对于"无"在

---

① 汤用彤：《魏晋玄学论稿》，上海古籍出版社 2001 年版，第 30 页。

② （魏）王弼：《老子道德经注》，中华书局 2011 年楼宇烈校释本，第 202 页。

③ （魏）王弼：《周易注校释》，中华书局 2012 年楼宇烈校释本，第 269—270 页。

"有"中的存在方式的认识源于时间性思维方式,认为"无"在
"有"中的存在表现为万物在时间发展过程中的规律性。王弼对于
"无"则给出了一种既不同于《老子》、又不同于《周易》的说法,
他在《周易》"道""理"系统的基础上,将《老子》的"空间性"
与《周易》的"时间性"相结合,提出了"理"的概念,认为
"无"在"有"中的存在本质上是万物在时间、空间上的统一性。
那么,王弼的这种"合并"的做法是否合适呢?或者说,《老子》
的"空间性"的"无"和《周易》的"时间性"的"无"具有怎
样的关系呢?将二者统一起来是否合理呢?这是我们在此必须要澄
明的一个问题。王弼对此并未作出更多的哲学解释,但是如果从孔、
老两家哲学产生的角度来看,我们认为王弼的做法是合理的。

　　《老子》和归于孔子名下的《周易》之学,产生于先秦诸子百
家时期。当时的社会现状是"礼坏乐崩"。所谓的"礼坏乐崩"简
单地说,就是作为维护上古时期社会秩序的社会伦理制度原理——
礼乐典章制度,其维护社会秩序方面的功能在春秋战国时期遭到了
破坏,礼乐典章制度作为业已形成的社会伦理原理与礼坏乐崩的社
会现实之间产生了尖锐的矛盾,这样的一个社会存在与社会意识之
间的矛盾,引起先秦诸子们对礼乐典章制度的合理性的反思。中国
的礼乐典章制度的完成是由其前的中国古代先民的天道观念经历长
期的变化发展而来,也就是说开始于夏、完成于周的礼乐典章制度
已经内在地承认了将天道观念作为其先天的内在根据。所以,先秦
诸子在反思礼乐典章制度的最高根据时,先民的天道观念成为他们
的直接文化出发点。对于先民天道观念的反思产生了先秦诸子百家
学派,《老子》和归于孔子名下的《周易》由此产生。先民天道观
念经历长期演化,到诸子学兴起时,这种天道观念主要包含三层含
义,即天道是万物统一的基础;天人相通;天道即人道。在这样的
天道观念下,天道本质上成为"万物统一性"的空间性与"天道即
人道"的时间性的有机统一。当先秦诸子以这样的天道观念为原则,
直观万物统一性时,就容易产生空间性和时间性两种不同维度的思

维方式。

就老子而言，《老子》说：“道生一，一生二，二生三，三生万物。”这里所说的是道生万物的过程，但是这个“生”的过程是逻辑上的，而不是生成论意义的，“‘道生一’的‘一’，指道本身是一原始的统一性；‘一生二’的‘二’指道本身内在的包含着阴阳两种要素、两种趋势、两种功能、两种作用。‘二生三’的‘三’，则指的是作为原始统一的道，在自身内在具有的阴阳两种要素、两种趋势、两种功能的作用下，自身发展而成为一具体存在。‘三生万物’则指道作为万物，作为具体存在，是多，是无限，道作为一将多统摄于自身之中。道本身就是一多样性的统一性”①。在老子看来，道是万物的最高统一性根据。那么，老子是如何反思这个最高统一性的呢？《老子》说：“天下万物生于有，有生于无”，“有”即现实世界存在的具体有形万物，“无”即“万物统一性”，“万物生于有，有生于无”是说“无”的产生是通过“有”来完成的，也就是说老子对于万物统一性进行的反思是从对具体万物的反思开始的。对于具体万物而言，任何事物都有各自具体的规定性，有时它们还矛盾性地存在，比如有“美”有“恶”，有“善”有“不善”，有“长”有“短”，万物就其属性来说都有其具体规定性，这决定了万物只能是具体性存在，而天道作为万物的最高统一性，必然要抽离它们各自的具体规定性而达到统一性，那么这个抽离所有的具体规定性之后的统一性就成了“无”，即“有生于无”。由此可见，《老子》是通过并存的、空间联系的形式来寻求万物的最高统一性的，“在空间上的同时并存关系中寻求万物的统一性，由于观察万物时缺少了一个万物自身发展的时间性维度，所以，在这种条件下所能寻找到的万物的统一性，只能是属性上的统一性，而不能是现实存在形式上的统一性。属性上的统一性只能是属性上的无差别性。最高的无差

---

① 张连良：《中国哲学的本体观念及建立本体的方法》，《吉林大学社会科学学报》2000 年第5 期。

别只能是'无'"①。

就归于孔子名下的《周易》而言，孔子认为天道在宇宙中的展开是"太极生两仪，两仪生四象，四象生八卦""天地氤氲，万物化醇。男女构精，万物化生"的过程。周敦颐将这一过程进一步凝练为："无极之真，二五之精，妙合而凝，乾道成男，坤道成女，二气交感，化生万物。万物生生而变化无穷焉。惟一人也，得其秀而最灵。"② 孔子将天道与万物关系看作是天道自身在时间上的发展序列，在这个序列中，天道原本"同质""同价"的存在在其自身发展的不同阶段表现出不同的性质和价值，人和人类社会是这一序列的最高环节。总而言之，从思维方式上来说，孔子将天道的续存看作是时间序列的存在，也就是说，孔子是通过万物的时间发展过程来反思万物的统一性。"在万物的时间性的历史发展中寻求万物的统一性，由于已经预设了万物自身属性的同一性。所以，它所寻求的万物的统一性就只能是现实存在形式上的统一性。最高的现实存在形式上的统一性只能是万物自身发展最高阶段上的存在。因为，只有万物自身发展到最高阶段上的存在才现实地具有了万物自身理应具有的全部内容的丰富性。但是，在时间性反思中的万物自身属性的同一性是预设的，是潜藏在思维活动背后的，所以这种反思往往容易遮蔽形而上学问题，缺失了形上思辨的色彩而给人以'事物主义'的外观。"③

就以上分析而言，孔、老两家的理论外观的不同，并不是由他们的认识对象决定的，而是由两家不同的思维方式造成的：《老子》以空间性的思维方式对天道进行反思，孔子则倾向于以时间性思维方式对天道进行反思。对于事物的认识，康德认为时间和空间是人

---

① 张连良：《中国哲学的内在逻辑与中国哲学的诠释》，《长白学刊》2008 年第 5 期。

② （宋）周敦颐：《周子通书》，上海古籍出版社 2000 年标点版，第 48 页。

③ 张连良：《中国哲学的内在逻辑与中国哲学的诠释》，《长白学刊》2008 年第 5 期。

们用以整理感性材料的先天直观形式，时间性和空间性两种思维方式对于同一事物的认识都必不可少。就中国先民天道观念而言，万物统一性、天道即人道的天道观念本质上是一个时间和空间相统一的整体性，这个整体性的集中体现就在于"天人相通"。天道与万物时间上并生，空间上并存，天道既不可能独立于时间在空间中存在，也不可能独立于空间而在时间中存在，所以天道观念的整体性只能是时间、空间广延上的总和。也就是说，要真正实现对"天道"的整体性的反思，两种思维方式必不可少。换句话说，就是只有将孔、老两家通过两种思维方式建立起来的天道观念结合起来，才实现了从整体性上对天道的反思。

　　孔、老两家的天道观念，是以不同的思维方式反思得到的天道观念，他们所反思的天道的必然性特征由于其思维方式不同，所以必然存在差异，但是由于天道是时间、空间上的整体性，所以他们所反思的天道的必然性特征又是密不可分的。孔、老两家的差异，各自反映了天道时、空两个维度的必然性特征，从存在论的角度说，只有将两种思维方式下的反思统一起来，才能是天道必然特征的真实反映。从这个意义上说，孔、老两家在反思天道观念时所产生的差异，无异于黑格尔的"本质差异"，"本质的差异即是'对立'，在对立中，有差别之物不是一般的他物，而是与它正相反对的他物；这就是说，每一方只有在它与另一方的联系中才能获得它自己（本质的）规定，此一方只有反映另一方才能反映自己，另一方同样如此，所以每一方都是它自己对方的东西"。黑格尔认为"本质"的差异，虽然表现为差异，但差异的双方相互依存，这种差异与其说是差异，不如说是"具体的同一"。也就是说，孔、老两家虽然理论外观上存在差异，但本质上却是内在同一的。按此说来，王弼对《老子》《周易》文本的认识，其实是发现了潜藏于他们各自的思维方式下的内在统一性。所以他在建立自己的本体论思想时，汇通孔老，自觉地将二者"合并"起来，是具有合理性意义的。

　　从以上王弼本体论思想建构理路的分析，我们不难看出，王弼本体论的建构既不是通过注释文本来实现的，也不是由其主观臆断而完成的，他完全是通过吸收《老子》《周易》的本体论资源，汇通孔、老两家的本体论思想而建构的，而且这里所谓的"汇通"是王弼通过寻找孔、老两家的内在统一性而完成的。在王弼看来，孔子是圣人，老子是圣人的老师，孔子和老子对于本体的认识具有极高的品质和绝对的权威，他们通过各自文本所建立的本体论思想必然具有确定性的意义。那么，王弼以吸收《老子》《周易》的本体论资源的方式建构起自己的本体论思想，当然也是具有确定性的意义的。只有通过具有确定性意义的本体论思想才能够从绝对的意义上论证名教的合理性。

第三节　王弼本体论思想的意义

王弼之所以要建构本体论思想，究其根本是要实现对名教合理性在本体层面的论证。王弼在《老子》《周易》本体论思想的基础上建构了"有无统一"逻辑结构的本体论思想，这说明王弼的哲学思想既突破了《老子》只"言无"、《周易》只"体无"的模式，他将"无"安放在本体与万物关系的现实考量中。那么，王弼的本体论思想又是否能够对名教合理性进行解释呢？王弼本体论思想的理论意义又在哪里呢？我们认为，王弼所建立的本体论思想在解决魏晋玄学时代问题时确实有其独有的高明之处，这个"高明之处"就在于他所建构的本体论思想是通过汇通孔老而完成的，而且这个汇通孔老的过程是通过取得了《老子》《周易》本体论思想的内在统一性而完成的，这使得《老子》《周易》的本体论思想成为王弼所建构的本体论思想的注解。从这一点来说，王弼的本体论思想是极为丰富的。我们认为，王弼的本体论思想至少还内在包含着"以无为本""以无为用""崇本息末""崇本举末"四个命题。

"以无为本"的第一要义就是"有生于无"。王弼在《老子》第四十章注："天下之物，皆以有为生。有之所始，以无为本。将欲全有，必反于无也。"① 在《周易·复·象》注："然则天地虽大，富有万物，雷动风行，运化万变，寂然至无，是其本矣。"② 王弼把"生"看作是"有"与"无"之间的关系，但是这里的"生"并不是"生产"的意义，而是"根据"的意义，即"有"只有依据"无"才得以成其为如此的本体意义。"王弼认为，那种有形有名的一切现实存在实物可以称之为'有'，而'无'就是决定着万物生变的最终根据，也是现存万物及现象存在的根据，也可以称之为一种原存性的'本体'。"③ 在此意义上，"有"为"物"，"无"为"道"，"无"于此便被解释为使"物"得以存在的根据，即"有"以"无"为"本"。这一思想所要确立的是具体存在的万物都不能以自己为其所是的存在方式，万物皆要以"无"为其存在的根本的观念。至于那个"无"的必然性特征，王弼早已在其本体论思想中进行了详细的说明。

"以无为用"是王弼本体论思想的一个关键环节，它与"以无为本"的形上思辨不同，它"是形上之道的必然展开，是形上之道在器物世界的作用展现"④。王弼的"以无为用"是通过"体用"关系的论述展开的。"体""用"是王弼哲学思想中一对非常重要的哲学范畴，汤用彤先生曾表示中国古代的"体用一如"思想始于王弼，王弼的"体用"思想集中体现在《老子》第三十八章注中：

　　夫大之极也，其唯道乎！自此已往，岂足尊哉！故虽［德］业盛大，富有万物，犹各得其德，［而未能自周也。故天不能为

---

① （魏）王弼：《老子道德经注》，中华书局 2011 年楼宇烈校释本，第 113 页。

② （魏）王弼：《周易注校释》，中华书局 2012 年楼宇烈校释本，第 92 页。

③ 吴迪：《王弼自然与名教思想研究》，硕士学位论文，吉林大学，2013 年 6 月，第 13 页。

④ 傅齐纨：《王弼〈老子注〉"本末"思想及诠释方法》，硕士学位论文，华侨大学，2014 年 6 月，第 18 页。

载，地不能为覆，人不能为赡。万物］虽贵，以无为用，不能舍无以为体也。舍无以为体，则失其为大矣，所谓失道而后德也。以无为用，［则］［得］其母，故能己不劳焉而物无不理。下此以往，则失其母。①

这里的"体"，一般被认为是"本体"，"用"一般被理解为"本体之用"，此句由此被译为"万物都是因为发挥内在本体'无'的作用而得以实现自身价值，不能舍弃'无'作为自己的本体"②。这种理解方式下，王弼的"体"与"用"，均是指宇宙本体之内的"无"与"无"自身的"体用"关系。我们认为这种理解是对的，但是并不全面。在王弼本体论思想中，真正的本体不是"无"，而是王弼所称的"万物之宗"，"无"只是"万物之宗"的属性，"无"是一个属性概念而不是一个实体概念。王弼认为"万物之宗"不能够独立存在，它有自己的存在方式，它的存在方式就在"有"。"无"以"有"为存在方式，那么，"无"与"有"的关系是如何产生的呢？王弼认为，"无"与"有"的关系的建立是："德者，得也。常得而无丧，利而无害，故以德为名焉。何以得德？由乎道也。何以尽德？以无为用。以无为用，则莫不载也。故物，无焉，则无物不经；有焉，则不足以免其生。"③ 王弼将本体"以无为本"化生万物的过程称之为万物从本体获得本性的过程，这个过程是"无"之"用"的彰显，是乾道以不变的物征落实到万物之中、在个体的性命之处体现自己的过程。从这个意义上来说，这里的"体"虽然还是那个抽象意义的"本体"，但是却成为"本体"下落到"具体"万物之后所显现出来的万物的自然状态之下的形体特征，"用"虽然还是抽象本体的"功用"，但是，却是在实实在在的"有"中彰显

① （魏）王弼：《老子道德经注》，中华书局2011年楼宇烈校释本，第99页。

② 王晓毅：《王弼评传》，南京大学出版社1996年版，第233页。

③ （魏）王弼：《老子道德经注》，中华书局2011年楼宇烈校释本，第98页。

出来的"无"的作用。这样一来，王弼所认为的"体""用"，其实质不仅存在于"无"本身的层面之中，也存在于"本体"与"万物"的关系中，这一"体""用"虽然是本体之内的体用，但同时也是建立在"无"与"万物"关系中的"体""用"。王弼的"体""用"思想，还远不止于"本体"和"万物"关系的层面，它还存在于"万物"的层面。王弼在《老子》第十六章注"夫物芸芸，各复其根"时说："各反其所始也"，在注"归根曰静，是谓复命。复命曰常"时说："归根则静，故曰'静'。静则复命，故曰'复命'。复命则得性命之常，故曰'常'也"，这些注释表明，万物从本体中所获得的自然之性，是以"静""常"的方式存在的，万物的顺任自然的发展变化是万物自然本性的表征；王弼在《论语释疑》中注"不性其情，焉能久行其正？此皆是情之正也。若心好流荡失真，此是情之邪也。"在《周易略例·明象》中说："夫情伪之动，非数之所求也，故合散屈伸，与体相乖。"王弼的这些说法表明，万物从本体中获得的自然本性是恒常不变的，万物顺任自然的发展变化是万物的自然本性受外物所感而发挥作用。这说明，王弼认为在万物的层面也存在着一个"体""用"关系，万物的自然本性是"体"，万物顺任自然的发展变化为"用"。由此，我们认为，王弼的"以无为用"是贯通在"本体""本体与万物"和"万物"三个层面的共同原则。在这样的原则下，王弼的"以无为用"一方面，确立了本体自身的运动方式；另一方面，建立起了"道"与"器"、"无"与"有"的勾连，正是这种"勾连"作用的存在，"本体"便可以从"无形无象"之域进入到"有形有象"的现象世界，这无疑是可以用来解决何晏本体论中本体与现象不能相互联结的问题；再一方面，"万物"层面的"以无为用"也设定了万物的合理性存在的一般原则，这一原则将成为判断存在着的万物是否具有合理性的唯一标准。

"崇本息末"来源于王弼对《老子》本体论思想的发现。《老子注》第五十七章中是这样说的：

立正欲以息邪，而奇兵用；多忌讳欲以耻贫，而民弥贫；利器欲以强国者也，而国愈昏〔弱〕。皆舍本以治末，故以致此也。上之所欲，民从之速也。我之所欲唯无欲，而民亦无欲自朴也。此四者，崇本以息末也。①

在以上文字中，"末"主要是指邪、淫、盗等负面的社会现象，王弼认为这些负面现象并不天然存在，这种现象的产生有其内在的原因，原因就在于统治者"舍本"。至于这个"本"，王弼认为，在人的层面，人性本然的"无为""好静""无事""无欲"是符合"无"的要求，这是在人的生命中彰显出来的"无"的作用，这是人性的"本"；在社会现象层面，王弼认为圣人体合自然、顺应人性本然，使民自正自朴，复归于天下大治，这是"无"在社会现象层面所彰显出来的自身之"用"，这是社会现象的"本"。从天下大治的角度说，君主不能为了实现大治而追求"末"，就君主个人来说，应当保持"无欲""自朴"；就君主治理国家来说，君主不应执迷于刑名法术，否则必然会造成天下大乱，所以必须"崇本"。要保持对"本"的尊崇，那么，如何使"末"回到"本"则是个很关键的问题，王弼认为这就是"息末"。在此基础上，"息末"一般被认为"是一种主体性的自我修养，从而提升认知能力和精神境界的一种实践功夫过程，本质上是一种'为道日损'的功夫"②。我们认为，对于王弼而言，"崇本息末"所讨论的是如何"崇本"的问题，崇本的关键在于知本，所以"崇本息末"与其被解释为"自我修养"的实践论思想，不如解释为一种对"本"的认识论原则，因为认识"本"才能"崇本"，认识"本"是"崇本"的第一环节。对于这

①　（魏）王弼：《老子道德经注》，中华书局 2011 年楼宇烈校释本，第 154 页。
②　吴迪：《王弼自然与名教思想研究》，硕士学位论文，吉林大学，2013 年 6 月，第 16 页。

一命题，王弼在《论语释疑》注中也进行了相关论述："时人弃本崇末，故大其能寻本礼意也。"①"弃本崇末"本来是对当时社会现象的一种批判，是"崇本息末"的反命题。但是，在这里，王弼将"弃本崇末"理解为世人不能"寻本礼意"的原因，即王弼认为，时人放弃对根本的追求，只崇尚末端，所认识到的礼只能是与礼的本质相去甚远，相反地，只能"崇本息末"才能够实现对礼的本质的认识，"崇本息末"本质上解决了"何以知本"的认识论问题，只是因为这个认识论原则是一个"以行统知"的"知行合一"，所以才使其呈现出"实践论"的外观。

"崇本举末"是王弼的又一个重大发现。王弼既提到"崇本息末"又提到"崇本举末"。因为"息"与"举"具有相对性，所以对"崇本息末"与"崇本举末"关系的理解便产生了复杂性。比如，有人认为"崇本息末"与"崇本举末"常被看作是两个对立的命题，比如汤一介先生认为："'守母存子'、'崇本举末'应是王弼'体用如一'、'本末不二'的具体说明。但是，在王弼的著作中又有'崇本息末'的说法，这就造成了其思想体系的矛盾。"②也有人认为"崇本息末"与"崇本举末"并不对立，比如高晨阳先生将"息"理解为与"举"义相近的"生息""养息"③；还有人认为，"崇本息末"与"崇本举末"本来讨论的就是不相关的两件事，比如韩强先生认为"末"可以分为"有为""无为"，"'崇本息末'是要去掉有为的仁义礼智，'崇本举末'是提倡无为的仁义理智……有为的仁义理智离开了无为之本，所以要'崇本息末'；无为的仁义理智符合无为之本，所以要'崇本举末'……'崇本息末'是方法，'崇本举末'是目的"④；胡占光先生则认为"崇本息末"是王

---

① 楼宇烈:《王弼集校释》（下），中华书局1980年版，第623页。

② 汤一介:《郭象与魏晋玄学》，北京大学出版社2000年版，第45页。

③ 高晨阳:《儒道会通与正始玄风》，齐鲁书社2000年版，第206页。

④ 韩强:《王弼与中国文化》，贵州人民出版社2001年版，第78页。

弼对《老子》本体论的继承与发展，"崇本举末"是王弼结合当时的社会现实对《老子》思想进行的创造性诠释。① 我们认为，"崇本举末"与"崇本息末"尽管有"息""举"之差，但两者之间的关系不能用"矛盾""相近""方法和目的"等来诠释。

"崇本举末"出现在《老子注》第三十八章中：

> 故仁德之厚，非用仁之所能也；行义之正，非用义之所成也；礼敬之清，非用礼之所济也。载之以道，统之以母，故显之而无所尚，彰之而无所竞。用夫无名，故名以笃焉；用夫无形，故形以成焉。守母以存其子。崇本以举其末，则形名俱有而邪不生，大美配天而华不作。故母不可远，本不可失。仁义，母之所生，非可以为母。形器，匠之所成，非可以为匠也。舍母而用其子，弃本而适其末，名则有所分，形则有所止。虽极其大，必不有周；虽盛其美，必有患忧。功在为之，岂足处也。②

在这段注释中，王弼的意思是很明确的，他认为，仁、义、礼、敬固然很重要，但是仁、义、礼、敬之所以为仁、义、礼、敬的根本在于"无"，"无"是仁、义、礼的母或本，要使仁、义、礼得到完善，不能仅通过发挥仁、义、礼、敬自身的作用，还必须要发挥作为仁、义、礼、敬的根本的"无"的作用。王弼以此来表明，世界上一切万物都要"以无为本"，都要"以无为用"，靠"无"这个根本去发挥作用。也只有在坚持"崇本"的基础上，"末"才会得到发扬，即"举末"。也就是说，王弼认为"崇本"的本身就具有"举末""存子"的功能，"崇本"与"举末"是一个统一的过程，

---

① 胡占光：《"崇本息末"与"崇本举末"王弼对〈老子〉的两种诠释路向》，硕士学位论文，安徽师范大学，2014年4月，第41页。

② （魏）王弼：《老子道德经注》，中华书局2011年楼宇烈校释本，第100页。

这是一种在本体论思想指导下的社会实践论观点，即只有通过"崇本举末"才能够"使社会伦理关系得到保存，社会秩序得到巩固，实现社会的长治久安"。① 所以，我们认为"崇本举末"不同于"崇本息末"，"崇本息本"本质上是提供了一种认识本体的方法，而"崇本举末"则是提供了一种如何以"无"作为实践基础来治理社会生活的"实践"方法论："崇本息末"要解决的是"崇本"问题，其过程是在"息末"中完成的"崇本"；"崇本举末"要解决的是"举末"问题，其过程是"崇本"中完成的"举末"。"息末"的过程完成的是"崇本"，"崇本"的过程完成的是"举末"，这说明，"崇本息末"和"崇本举末"是两个不同环节，但是它们却是在同一个过程中完成的，所以，"崇本息末"与"崇本举末"并不是发生在两个阶段，而是一个辩证统一的过程。"崇本举末"本质上解决的是如何"举末"的实践论问题。

据以上分析，我们看到，在王弼所发现的《老子》《周易》的本体论系统中，不只有对"无"必然性特征的发现，还有关于"无"功能、意义的发现。就以上四个命题来说，王弼所看到的"无"是一个环环相扣、层层深入的动态的逻辑过程："以无为本"对"无"与万物关系进行理论上的论辩，确立了万物皆要以"无"为其存在的根本的观念；"以无为用"勾连形上形下，联结万物本性与万物的千变万化，"以无为用"能够对万物的本性的获得作出解释，对存在于现实世界的有形万物是否具有合理性作出判断；"崇本息末"具有认识本体的指导性意义，它告诉人们，对于"无"的认识，并不只存在于我们的意识之中，只要我们能够放弃对外物无休无止的欲望，复归于"无为""好静""无事""无欲"的本性，就能够实现对"无"的认识；认识之后，便是实践，"崇本举末"意在表明，只要在社会实践中，自觉"崇本"，那么作为社会现象的"末端"自然可以在"无"的作用下顺遂发展。对于以上四个命题

---

① 张妍：《王弼本末思想研究》，硕士学位论文，吉林大学，2013年6月，第17页。

的发现，可以说，王弼的本体论思想内在包含着本体层面的"以无为本""以为无用"、包含着认识论层面的"崇本息末"、包含着实践层面的"崇本举末"的三个环节。在这样的本体论思想的指导下，本体已不再是被悬置于现象世界之外的理论思辨，而是一个本体论、认识论、实践论三位一体的整体性。这样的本体论思想，本质上是：一方面，提供了现实世界有形万物合理性存在的基本模型（以无为本）；一方面，提供了判断具体存在万物是否具有合理性的依据（以无为用）；再一方面，提供了使那些不合理现象复归于本体的方法（崇本息末、崇本举末）。总而言之，这样的一个本体论思想，能够对世界上一切存在的万物的合理性作出分析。那么，按照这样的逻辑，名教作为一种社会存在，它是否具有合理性，怎样才能具有合理性等问题，必然能够通过这一本体论思想而得到解决。

第 五 章

王弼的"名教自然之辨"

　　关于"自然"的论辩是魏晋玄学的一个重要课题，汤用彤先生说："夫玄学者，乃本体之学，为本末有无之辨。有无之辨，群义互殊。学如崇有，则沉沦于耳目声色之万象，而所明者常在有物之流动。学如贵无，则流连于玄冥超绝之境，而所见者偏于本真之静一。"① 汤用彤先生认为本末有无之辨的本体之学是魏晋玄学的主题，魏晋玄学的本体之学有崇有、贵无之分，但是无论是崇有派还是贵无派，他们所见之的本体都在万物的自然本性。许抗生先生比汤用彤先生更为直接，他认为："玄学哲学的普遍共性，并不是宇宙本体论，而确切地说，应是讨论的宇宙万物的自然本性论问题，王弼'明自然之性'，郭象讲'自足之性'，阮籍谈'明于天人之理，达于自然之分'，皆是围绕着探讨自然之本性而展开自己哲学的论说的。"② 那么，魏晋玄学为何要论辩"自然"这一课题呢？对此，高晨阳先生曾说："汤用彤先生把玄学概括为本体论，这是正确的。但不能据此认为玄学的主题就是本末有无的纯形上学问题。汤自己就不作这样理解：'魏晋时代一般思想的中心问题为：理想的圣人之人格究竟应该怎样？因此而有自然与名教之辨。'显然，汤氏亦把玄学主题看作是自然与名教之辨。确切地说，玄学是以本体论的层面来

---

　　① 汤用彤：《魏晋玄学论稿》，世纪出版社2000年版，第53页。
　　② 许抗生：《关于玄学哲学基本特征的再研讨》，《中国哲学史》2000年第1期。

解释自然与名教的关系的。"① 也就是说，在高晨阳先生看来，对自然与名教关系的探讨是魏晋玄学家论证名教合理性共同的文化心理。那么，王弼是否是通过解释名教与自然关系来论证名教的合理性呢？如果是，王弼又是如何从他的本体论层面来解释自然与名教的关系的呢？王弼又是怎样完成他的思辨过程的呢？这是本章将要完成的课题。

第一节　王弼的"自然观"

"自然"是魏晋玄学的一个重要概念，这一概念的出现与名教的合理性问题的论证息息相关。所以，在回答以上一系列问题之前，我们首先必须要明确王弼的"自然"应如何理解？

一　王弼"自然"的内涵

王弼的"自然"，一般被理解为"无"或"本体"，比如汤一介先生在《郭象与魏晋玄学》中指出："魏晋玄学既然是要为天地万物（包括政治人伦）的存在找一形而上学的根据，它所讨论的问题就必有其特殊的内容，这就是所谓'本末有无'问题。'本'为'体'（本体），'末'为'用'（功用）；'有'即是有名有形的具体的存在物，指天地万物、政治人伦（名教），'无'则为无名无形的超时空的本体，名为'道'或'自然'"②，再比如宋志明先生在《名教出于自然——王弼哲学话题刍议》中直接指出："无或自然为万有的本体"③；也有人认为，王弼的"自然"有多重含义，比如宋

---

①　高晨阳：《玄学的主题：自然与名教之辨》，《孔子研究》1994 年第 3 期。

②　汤一介：《郭象与魏晋玄学》，北京大学出版社 2000 年版，第 12 页。

③　宋志明：《名教出于自然——王弼哲学话题刍议》，《商丘师范学院学报》2011 年第 8 期。

欢先生则认为王弼的"自然"包含三种意义，第一，"自然，即自己而然；表明的是物的一种原初状态和实现这种状态的行为方式（自己而然的方式）"①。第二，"'自然'是指'道'的本性和万物的自然本性"②。第三，"原则意义的自然，简单地说就是自然的方法论应用，也就是无为"③。以上学者对于王弼的"自然观"的论述无不建立在王弼《老子注》的基础上，其中汤一介先生认为，"魏晋玄学是指魏晋时期以老庄思想为骨架企图调和儒道，会通'自然'与'名教'的一种特定的哲学思潮"④；宋志明先生认为："为了给名教找到本体论依据，王弼摆脱了权威主义话语方式的束缚，接受王充的理论思维成果，把目光转向道家的思辨哲学。把'自然'这一道家哲学的范畴引入名教话语之中，提出名教与自然关系的问题"⑤；宋欢先生也是多次引用王弼在《老子注》中的注释作为其立论的根本依据。然而，在我们的研究中已经发现，王弼注释《老子》的方法是解释学的，所以在《老子注》中所出现的"自然"概念，只能作为王弼对《老子》的理解，而不能作为王弼自己的思想，对于王弼的"自然"的理解，我们还要求诸他自己的论辩。

王弼对于"自然"的论辩，主要集中在《老子指略》《周易略例》《论语释疑》以及《王弼传》等文献中。据统计，在这些文献中，王弼关于"自然"的论述共出现6次。其中，《论语释疑》中出现3次：

> 自然亲爱为孝，推爱及物为仁也。⑥

---

① 宋欢：《王弼与郭象自然观的异同》，硕士学位论文，吉林大学，2007年6月，第3页。

② 同上书，第16页。

③ 同上书，第17页。

④ 汤一介：《郭象与魏晋玄学》，北京大学出版社2000年版，第13页。

⑤ 宋志明：《名教出于自然——王弼哲学话题刍议》，《商丘师范学院学报》2011年第8期。

⑥ 楼宇烈：《王弼集校释》，中华书局1980年版，第621页。

言有为政之次序也。夫喜、惧、哀、乐，民之自然，应感而动，则发乎声歌。①

圣人有则天之德。所以称唯尧则之者，唯尧于时全则天之道也。荡荡，无形无名之称也。夫名所名者，生于善有所章而惠有所存。善恶相须，而名分形焉。若夫大爱无私，惠将安在？至美无偏，名将何生？故则天成化，道同自然，不私其子而君其臣。凶者自罚，善者自功；功成而不立其誉，罚加而不任其刑。百姓日用而不知所以然，夫又何可名也。②

《老子指略》中出现 1 次：

然则，老子之文，欲辩而诘者，则失其旨也；欲名而责者，则违其义也。故其大归也，论太始之原以明自然之性，演幽冥之极以定惑罔之迷。③

《三国志·王弼传》中出现 2 次：

弼注《易》，颍川人荀融难弼《大衍义》。弼答其意，白书以戏之曰："夫明足以寻极幽微，而不能去自然之性。颜子之量，孔父之所预在，然遇之不能无乐，丧之不能无哀。又常狭斯人，以为未能以情从理者也，而今乃知自然之不可革。足下之量，虽已定乎胸怀之内，然而隔逾旬朔，何其相思之多乎？故知仲父之于颜子，可以无大过矣。"④

---

① 楼宇烈：《王弼集校释》，中华书局 1980 年版，第 625 页。
② 同上书，第 626 页。
③ （魏）王弼：《老子道德经注》，中华书局 2011 年楼宇烈校释本，第 203 页。
④ （晋）陈寿：《三国志》，（宋）裴松之注，中华书局 1999 年版，第 591 页。

在以上几段文字中，王弼论及"自然"时，有时并不完全直接与"道"相接。比如，他在《论语释疑》中将父母与子女之间与生俱来的"孝"的情感称为"自然"；将"应感而动"之前的"喜、怒、哀、乐"之情称为"自然"；在《王弼传》中将孔子因颜子之死而产生的悲伤之情称为"自然之性"，并且认为这种情感是"自然"发生的。这说明，在王弼思想中，"自然"包括人的情感，但是这种情感是"自发的"，是人"不学而能者"的，是人的本性的外在表现。除此以外，王弼所论述的"自然"中，也有直接与"道"相接的，王弼在《论语释疑》中说："若夫大爱无私，惠将安在？至美无偏，名将何生？故则天成化，道同自然，不私其子而君其臣。"王弼认为"大爱无私""至美无偏"的境界，是效法天道而来的，是道与万物自然本性的相同之处。王弼在《老子指略》中，将老子之文的宗旨称为"论太始之原以明自然之性"，"太始之初"所指为始生万物之"道"，"道"客观存在，客观存在的事物，必然有其作为存在者的规定性，尽管道是无形无名的，但是道的无形无名仅是建立对具体万物的规定性的一般认识论原则基础上的认识，就客观存在的"道"之为"道"来说，"道"仍然有其作为存在者的必然性特征，"道"之为"道"的必然性特征就构成了"道"的自然本性。那么可以说，这里的"自然"是指"道"之为道的本然状态，"自然"在这里的用法，完全可以归结为"本于物的自然状态"①。

基于以上王弼自己所论及的"自然"，我们可以肯定地说，王弼的"自然"并不等同于"道"或"无"，他的"自然"既指向"道"或"无"，也指向"万物"。"自然"在物来说，已是一种有形有名的具体存在，是万物自然状态；在"无"来说，虽然见之于无形无名，但是也是指"无"之为"无"的自然状态。总之，王弼所谓的"自然"主要还是指存在之物的"自然本性"，即在王弼看

---

① 宋欢：《王弼与郭象自然观的异同》，硕士学位论文，吉林大学，2007 年 6 月，第 16 页。

来，无论是无形无名的"道"，还是具体存在的有形万物，只要是客观存在的事物，它们都具有各自的本然状态——"自然之性"。

二　"无"与"自然"的关系

那么，现在的问题是，王弼认为无论是"物"还是"无"皆有"自然之性"，那么，这个"自然之性"是从哪里来的？对于"无"抑或是"物"，"自然之性"又具有怎样的功能呢？

"自然"作为事物自身本来如此的样子，出从何处？王弼在《老子》第二十五章注中说：

> 法，谓法则也。人不违地，乃得全安，法地也。地不违天，乃得全载，法天也。天不违道，乃得全覆，法道也。道不违自然，乃得其性，法自然也。法自然者，在方而法方，在圆而法圆，于自然无所违也。自然者，无称之言、穷极之辞也。用智不及无知，而形魄不及精象，精象不及无形，有仪不及无仪，和转相法也。道［法］自然，天故资焉。天法于道，地故则焉。地法于天，人故象焉。　［王］所以为主，其［主］之者［一］也。①

这里的自然有两层含义，第一，"自然"是"无"的自然本性，"道不违自然，乃得其性，法自然也"，客观存在的"无"有无之为无的自然本性。第二，是指"无"作用于万物的方式，王弼认为"无"作用于万物的方式是"在方而法方，在圆而法圆"，一切都以顺任万物的自然本性为其根本。王弼在《老子》第十章注中又说：

> 言至明四达，无迷无惑，能无以为乎？则物化矣。所谓道常无为，侯王若能守，则万物［将］自化。不塞其原也。不禁

---

① （魏）王弼：《老子道德经注》，中华书局 2011 年楼宇烈校释本，第 203 页。

其性也。不塞其原，则物自生，何功之有？不禁其性，则物自济，何为之恃？物自长足，不吾宰成，有德无主，非玄而何。[1]

王弼认为，"道常无为""自化""自生""自济"体现的是"道"使万物成其为自己的方式不是以"有为"的方式紧固成物，而是顺任万物的自然之性。在这里，王弼强调了本体的自然本性的三层含义：第一，"无"作为万物的根本，有其自身的自然本性；第二，"无"作用于万物时是"无"的自然本性在发挥功用；第三，"无"作用于"万物"的方式是顺任万物的自然本性。

如果说"道"是独立存在、"自本自根"的，那么，"道"的"自己如此"就是道的"自然"，这是没有任何异议的，但是万物与"道"不同，"万物的'自然'必须同时依赖内在的根据和外部的条件"。[2] 即在说明物的自然本性时，要同时回答两个方面的问题，一个是它从哪里来的生成论问题，一个是它的根据是什么的本体论问题。老子对这两个问题进行了回答，从生成论意义上，老子说："天下万物生于有，有生于无。"（《老子》第四十章）"道生一，一生二，二生三，三生万物。"（《老子》第四十二章）老子认为天下万物的产生经历了一个从最初本源不断生化成形的过程，在这个意义上，万物是从"道"这个天地万物本源中化生出来的，那么，在这个过程中，万物就有了与生俱来的"自己如此"的存在样态，这个与生俱来的"自己如此"的存在样态就是万物的"自然"。按照老子的说法，万物与生俱来，便有了"自己如此"的存在样态，那么为什么甲物不同于乙物，乙物又不同于丁物呢？老子又从本体论意义做出了回答。老子说："人法地，地法天，天法道，道法自然。"（《老子》第二十五章）老子虽然没有对万物进行探讨，但是他却提

---

① （魏）王弼：《老子道德经注》，中华书局 2011 年楼宇烈校释本，第 26 页。

② 王博：《"然"与"自然"：道家"自然"观念的再探究》，《哲学研究》2018年第 10 期。

到了在万物中最具有代表性的人，老子认为人之所以具有人的"自己如此"的存在样态是效法道的"自己如此"的存在样态而来的，在这里"道"的"自己如此"就成了万物"自己如此"的最高根据，老子从本体论意义上给出了"自然"的出处。那么，这样的"自然"有什么功能和意义呢？《老子》第十七章说："功成事遂，百姓皆谓我自然。""功"是指社会过程，"事"是指事物之间的联系，"功成""事遂"二者共同涵盖了客观存在的全部事物，即老子认为世间全部事物能够完成自己的使命的最终原因都在"自然"而不在其他。在老子的文本中，老子不仅回答了"自然"的出处，而且论述了它的功能与价值，但是老子的思维具有哲学的力度和高度，而且由于他对于语言的迟疑态度，又使他的思想让人难以琢磨，比如说，在提到什么是"自然状态"时，他只是用了一些近似于隐喻性的词句，比如说"婴儿之未孩"等。王弼推崇老子的"自然"思想，他所处的时代需要将"自然"这一思想表述清楚，因为王弼深知，这直接关系到他能否将时代课题论证清楚，所以他必须创新思路，重新梳理"自然"的相关问题。

王弼对于"自然"的论证是从"本体"与"万物"关系说起的。王弼对老子的本体论哲学有着透彻的理解与领悟，所以他对于"本体"与"万物"关系有着极为精到的理解。他在中国哲学史上，第一次用"以无为用"对"无"与万物"体用"关系的内在逻辑作出解说。王弼在《老子》第十一章注中指出：

> 毂之所以能统三十辐者，无也。以其无能受物之故，故能以寡统众也。木、埴、壁所以成三者，而皆以无为用也。言无者，有之所以为利，皆赖无以为用也。①

老子把"道"与"物"在形态上的相互依赖关系比喻为器物和

---

①　（魏）王弼：《老子道德经注》，中华书局 2011 年楼宇烈校释本，第 29 页。

器物之用。王弼将这种"器"与"用"之间的关系进行了更加深入的解读，他认为："'有之用'与'无之用'其实只是一个用，'有之用'不过是'无之用'表现出的现象而已。"① 按照王弼的注释，"无"是客观存在事物之"体"，"有"作为客观存在的具体事物是体之"用"，事物之所以能够发挥其作用并不是事物自身的原因，而是"事物都是因为发挥内在本体'无'的作用而得以实现自身价值，不能舍弃'无'作为自己的本体"②。"物"与"体"本是两个独立存在，那么"有"与"无"的这种"体用"关系，是如何被建立起来的呢？王弼在《老子》第五十一章注中给出了这样的解释：

"物生而后畜，畜而后形，形而后成。何由而生？道也。何得而畜？德也。何（由）［因］而形？物也。"③ 又说："道者，物之所由也；德者，物之所得也。"④

王弼认为万物的生长过程是，先出生，然后因受畜养而各具形态，各具形态之后开始成其为自己的本然如此。那么，这个生长过程的原初起点是什么呢？即"何由而生"呢？王弼认为是"道"。那么，对于已生的万物，又是为何使之成为"自己如此"的存在样态呢？王弼用"德"阐释了这个"成形"的内涵。王弼在《老子》第三十八章注中又说：

德者，得也。常得而无丧，利而无害，故以德为名焉。何以得德？由乎道也。何以尽德？以无为用。⑤

① 秦淮：《王弼"以无为用"论辨析》，《青海社会科学》2002年第1期。
② 王晓毅：《王弼评传》，南京大学出版社1996年版，第233页。
③ （魏）王弼：《老子道德经注》，中华书局2011年楼宇烈校释本，第141页。
④ 同上。
⑤ 同上书，第98页。

　　王弼认为是"德"使万物畜养成"形"，这个"德"的基本内涵是"得"，从一般意义上说，"得"与"失"相对，但是在万物得到"畜养"的过程中，并没有任何的"失"与之相对，只有"利"而没有"害"，从这个意义上来说，与其说"得"，不如说"德"，所以王弼认为老子以"德"为此命名。那么，这个"德"由何而来呢？王弼认为这个"德"并不是来自于本体之外，这个"德"正是"道"的自身之"用"。从这个逻辑不难看出，在王弼看来，"无"是万物自然本性的根源，即"自然一词不是指宇宙本体，不具神秘性质，是指万物'自然而然'的状态。宇宙本体'无'是施加作用的主体，无形无为是它的作用方式，而'自然'则是被施加作用的客体（万物）的本来状态"①。所以，王弼《老子》第二十五章注曰："自然，天故资焉。"②《老子》第十七章注："自然，其端兆不可得而见也，其意趣不可得而睹也。无物可以易其言，言必有应……居无为之事，行不言之教，不以形立物，故功成事遂，而百姓不知其所以然也。"③ 万物的自然本性的本源在于"无"，"无"无形无名，所以可以称为"其端兆不可见也，其意趣不可得而睹也"，但是，无化生万物之后，"无"自身并不消失，它以"居无为之事，行不言之教，不以形立物"的方式在万物自身内部发挥作用，使万物成其为万物，这是说"无"是以不变的物征落实到具体万物之中的，万物的自然本性是体现在个体性命之处的"无"。

三　"自然"与"物"的关系

　　王弼认为无形之"道"以其不变的物征落实到万物之中，就体现为个体之物的自然之性。那么，这个自然之性对于"物"来说具有怎样的功能和价值呢？

---

①　王晓毅：《王弼评传》，南京大学出版社1996年版，第258页。

②　（魏）王弼：《老子道德经注》，中华书局2011年楼宇烈校释本，第66页。

③　同上书，第43页。

王弼在《老子》第五十一章注中给出了这样的解释：

> 物生而后畜，畜而后形，形而后成。①

王弼认为，对于任何的"物"而言，其生长过程，首先是"生"，使生命体得以存在；其次是"畜"而成"形"，使生命体获得其作为存在者的具体形态；最后是"形"而后"成"，即生命体要完成其"自己如此"的生命价值。"成己""成物"是中国古代哲学中存在者终极的价值追求，那么对于"物"而言，如何才能成其为自己的本来如此呢？王弼接下来，在《老子》第五十一章注中作出了如下说明：

> 何使而成？势也。唯因也，故能无物而不形；唯势也，故能无物而不成。凡物之所以生，功之所以成，皆有所由。有所由焉，则莫不由乎道。故推而极之，亦至道也。②

王弼认为"物"之所以能够成其为自己的本来如此，是由它所处的"势"决定的。那么这个神奇的"势"又是什么呢？王弼认为，物之所以生，功之所以成，都是有原因的，这个终极的原因就在于"道"，从这个逻辑推演，便可以知晓"势"归根结底不是其他，而是"道"。

那么，这个"势"到底是什么？"道"又是如何成"势"的呢？"势"又是如何成"物"的呢？王弼在《老子》第二十一章注中说：

> 物反窈冥，则真精之极得，万物之性定。③

---

① （魏）王弼：《老子道德经注》，中华书局 2011 年楼宇烈校释本，第 141 页。
② 同上。
③ 同上书，第 55 页。

王弼认为，"物"受到"德"的畜养，使万物有其"形"的同时，更重要的是使万物拥有了各自稳定不变的自然之性。王弼在《老子》第二十章注中给出了事物的自然之性的内涵：

> 夫燕雀有匹，鸠鸽有仇。寒乡之民，必知旌裘。自然已足，益之则忧。故续凫之足，何异截鹤之胫。①

王弼的注释表明，"道"使万物成形的同时，也赋予万物"自己如此"的自然本性，这种自然本性在空间上的表现形式是不同的。"物"具有不同的特征，比如凫腿短而鹤腿长，在时间上的表现形式就是它们有不同的发展规律，比如燕雀可以生活在同一屋檐下，而鸠鸽却是天生的仇敌，生活在苦寒之地的人都知道用兽毛制作衣服。事物的这些不同的存在样态及其生长或运动的趋势，都是事物的自然本性决定的。而且王弼认为，这些自然之性虽然有所不同，但是，它们在各自的系统中，都是自足的，如果超越这个系统，那么无疑是"续凫之足""截鹤之胫"。对此，王弼又进一步申明："自然已足，为则败也。智慧自备，为则伪也。"② 王弼认为万物的自然之性已经为万物提供了自足的发展原则，如果不按自然本性发展，那么就会失败。这个道理同样在《老子》第二十章注中有所说明：

> 万物以自然为性，故可因而不可为，可通而不可执也。物有常性，而造为之，故必败也。物有往来，而执之，故必失也。③
>
> 圣人达自然之［性］，畅万物之情，故因而不为，顺而不

---

① （魏）王弼：《老子道德经注》，中华书局 2011 年楼宇烈校释本，第 66 页。
② 同上书，第 7 页。
③ 同上书，第 78 页。

失。除其所迷，去其所以惑，故心不乱而物性自得也。①

这些注释表明，万物有多种发展方向，但是万物要成为自己，唯一的方法就是以其自然本性为其根本，以顺任自然本性为其发用，只有这样才能成为自己，否则"必失""必败"，换句话说，就是万物因其自然本性而成其为自己的本来如此。由此分析，我们不难看出，这个使"物"成其为"自己如此"的"势"并不是什么神奇的东西，而是指事物的"自然本性"。事物的"自然本性"是由"道"的自然本性而来，事物的自然本性又决定了事物的存在样态及其生长或运动的趋势及其规律，事物只有在其存在样态及其生长或运动的趋势及其规律中才是自足的，事物的自然本性来源于"道"，那么，"势"当然也就来源于"道"。王弼将"势"的概念引入其中，其目的是将"自然本性"这一抽象的哲学概念与具体存在之"物"建立"勾联"关系。在这种"勾联"关系的作用下，事物的"生""形"和"成"都被归置于"自然本性"的逻辑框架之内，即在"自然"与"物"的关系中，"物"在其"自然本性"中是自足的，万物的"生""形""成"皆以"自然本性"为其根本——"以无为本"，才是使万物成为自己如此的唯一道路。

在这里，通过界定自然的内涵、明确道与自然、自然与物的关系的三个环节确立了王弼的"自然观"。在王弼的自然观中，他从本体的高度论证了"物"与"自然"之间"以无为本""以无为用"的逻辑关系。通过这一关系的确立，王弼建立起了一个事物存在的合理性的基本观念，即事物在其自然本性中是自足的，也就是说因自然而生、顺自然而成是事物存在的天然合理性。那么，从这个普遍性意义出发，"名教"作为客观存在的事物，它的合理性当然要服从事物的合理性原则，所以"名教"的合理性也可以通过"名教"与"自然"的关系来论证。那么，接下来，王弼就可以对名教合理

---

① （魏）王弼：《老子道德经注》，中华书局 2011 年楼宇烈校释本，第 78 页。

性这一时代课题开启论证模式。

第二节　王弼对名教合理性的理论论证

魏晋玄学的时代背景决定了魏晋玄学的时代课题是对名教合理性的论证，王弼将他的理论思维上升到本体的高度。在王弼对本体的论证中，他认为本体是万物存在的合理性根据，而且这种合理性根据是通过本体以其不变的属性下落到万物自身的自然之性来发挥作用的。万物因自然而生、顺自然而成是其存在的天然合理性。那么，名教的本然状态是如何的呢？现实中的名教与名教的自然本性又是怎样的关系呢？基于这一问题，王弼展开了他对名教合理性的论证。

一　"名教"与"自然"

王弼认为"无"作用于万物，表现为使万物获得自然之性的"生于自然"，万物顺自然之性方能获得其顺遂的发展的"成于自然"，否则即"失之""败之"，这是万物之所以为万物的合理性依据。那么，名教与自然是怎样的关系呢？

王弼在《老子》第二十八章注中说："朴，真也。真散则百行出，殊类生，若器也。"[①] "大制者，以天下之心为心，故无割也"[②]，"朴"，王弼在这里注为"真也"，在《老子》第三十二章注曰："朴之为物，以无为心也，亦无名。故将得道，莫若守朴。"这里的"朴"本指道的自然本性，这里以"朴"指"道"。"器"，《周易·系辞上》"形乃谓之器"，韩康伯注："成形曰器"[③]，这里的"器"

---

① （魏）王弼：《老子道德经注》，中华书局 2011 年楼宇烈校释本，第 75 页。
② 同上书，第 76 页。
③ 同上书，第 77 页。

指代的是有形有名的"万物"。"'百行'，泛指众多的道德品行。'殊类'，泛指各种万物。"① 王弼认为"百行出，殊类生，若器也"，即万物、百行的出现是"朴散为器"的结果，"朴散为器"是道顺任自然而化生万物的隐喻说法。

"无"顺任自然化生万物，宇宙从此由一个有机的整体性分散为万物的具体性。对于此时的状态，王弼在《老子》第三十二章注中说："始制，谓朴散始为官长之时也。始制官长，不可不立名分以定尊卑，故始制有名也。过此以往，将争锥刀之末。故曰'名亦既有，夫亦将知止'也。遂任名以号物，则失治之母也，故'知止所以不殆'也。"② 王弼认为朴散之时，应为设立官长、建立名分尊卑之时。如果这个时机消失了，就会引发"争锥刀之末"的混乱。反之，如果建立了名分尊卑的秩序原则，万物就会有所操守，就会使有形世界在有序的状态下和谐存在。

王弼的思想一般被认为属于"道家"学派，因为"研究王弼玄学思想的人，总是偏重于他的老学著作，而注意到王氏《易注》义理的，则又往往秉持儒门大义指责他的援《老》入《易》"③。但是从以上注释，我们发现，在王弼的思想深处，他非常重视以"尊卑""名分"为基础建立起来的社会秩序系统，而这个系统正是孔子儒学乃至于名教所见长的，可以说在王弼的学说中，这个系统就是"名教"的代名词。那么，在王弼看来，这个系统是由谁建立起来的呢？这个系统又是如何建立的呢？王弼在《老子》第二十八章注中说：

> 圣人因其分散，故为之立官长。以善为师，不善为资，移

① （魏）王弼：《老子道德经注》，中华书局 2011 年楼宇烈校释本，第 76 页。
② 同上书，第 84 页。
③ 戴连璋：《王弼易学中的玄思》，《中国哲学研究集刊》1991 年第 1 期。

风易俗，复使归于一也。①

　　王弼认为"名教"所规定的秩序系统的建立是由"圣人"来完成的，"圣人"为儒道两家所称道，比如《论语·季氏》中有"子曰：'君子有三畏：畏天命，畏大人，畏圣人之言。小人不知天命不畏也。狎大人，侮圣人之言'"。《老子》第七章有"是以圣人后其身而身先，外其身而身存。非以其无私邪？故能成其私"。"圣人"在中国古代哲学中，专指那些能够洞察终极事物的人，用王弼的话说就是"圣人与天地合其德"②，圣人能够体悟到"道之自然"，圣人能够"全则天之道也"③，圣人之德与天道之德相同一，因此圣人能够体察天道、效法天道，顺任天道的自然规律建立人道的秩序系统。"圣人"在中国古代哲学中原是一个群体概念，但是对于王弼来说，圣人却是专有所指的，他在与裴徽的对话中明确将"圣人"指向孔子。王弼认为是孔子依据天道"朴散为器"的自然规律建立了"名教"这一社会秩序系统。

　　以上分析表明，在王弼看来，"名教"是圣人根据天道"朴散为器"的自然之性建立起来的，"名教"虽然出于人为的主观完成，但是它的根本却在于自然，换句话说，就是"名教"是生于自然的。

　　名教因自然而生，名教又如何在现实当中成就自己呢？王弼说："神，无形无方也。器，合成也。无形以合，故谓之神器也。"④ 这里的"神"是指无形无名之本体，"器"是指为万物确立的各种秩序准则。"无形以合"之"器"是圣人所制定的与本体自然相合之"秩序准则"，从名教产生。我们不难看出，"名教"正是属于这样的"神器"。王弼又说："利器，利国之器也。唯因物之性，不假刑

---

① （魏）王弼：《老子道德经注》，中华书局 2011 年楼宇烈校释本，第 76 页。
② 同上书，第 15 页。
③ 楼宇烈：《王弼集校释》（下），中华书局 1980 年版，第 626 页。
④ （魏）王弼：《老子道德经注》，中华书局 2011 年楼宇烈校释本，第 78 页。

以理物。器不可睹，而物各得其所。则国之利器也。"① 王弼进一步强调，真正的"利器"是有利于国家发展的"利国之器"，而"利国之器"的作用，并不是来自于它所具有的规章制度上的强制性，而是任物之性，使物各得其所地顺任自然的无为之功。对于这种"功效"，王弼说"以善为师，不善为资，移风易俗，复和使归于一也"②。王弼认为"朴散为器"之后，则出现了善与不善的区别，所谓"善"，是指万物的存在方式与自然相合；相反，万物的存在方式与自然不合则为不善。那么，圣人所建立的"名教"在这"善"与"不善"并存在的世界中，其功用在于使善引导不善，从而使不善归于善。那么，这种"功效"是如何实现的呢？王弼说："圣人不立形名以检于物，不造进向以殊其不肖。辅万物之自然而不为始，故曰'无弃人'也。不尚贤能，则民不争；不贵难得之货，则民不为盗；不见可欲，则民心不乱。常使民心无欲无惑，则无弃人矣。举善以〔齐〕不善，故谓之师矣。资，取也，善人以善齐不善，不以善弃不善，故不善人，善人之所取也。"③ 王弼认为圣人虽然建立"名教"这一"秩序系统"，但是这一系统的建立并不是用以刑罚那些违反这一"秩序系统"的人，也不是用来给那些违反这一"秩序系统"的人进行标签，因为那样做，只能使他们变得更糟，"夫形刑以检物，巧伪必生，名以定物，理恕必失"④。相反，圣人所作的"礼乐"制度，是为了推举"善"以教化"不善"，以"礼乐"制度为基础建立人的道德标准，是为了让善人去整束那些不善的人，从而使善者与不善者都能以自朴、自化的方式使自己复归于自己的自然本性中。也就是说，使不善归于善的过程完全是在顺任自然之性中完成的。对于这一过程的具体实践，可以参见王弼在《论语释

---

① （魏）王弼：《老子道德经注》，中华书局 2011 年楼宇烈校释本，第 93 页。

② 同上书，第 75—76 页。

③ 同上书，第 72—73 页。

④ 同上书，第 204 页。

疑》中的一段注释，他说："若夫大爱无私，惠将安在？至美无偏，名将何生？故则天成化，道同自然，不私其子而君其臣，凶者自罚，善者自功，功成而不立其誉，罚加而不任其刑。"① 这段话的本义是王弼认为尧帝之所以为圣人，是因为他能够对百姓大爱无私、至美无偏，他是顺任天道，顺任天道赋予人的自然本性去教化百姓。这段话亦在说明，圣人创立名教，以名教教化天下，是以自然为原则，发挥自然之功用，因而达到万物和谐并行，达到调节社会关系的功能，由此而成为"国之利器"。由此看来，名教的根本在于"无心为仁而仁在，无心为义而义存"，名教之为名教从其社会实践的层面来说要求实践者必须顺应自然无为的法则。这说明，在王弼看来，名教之为名教是顺任自然而成的。

以上论述已经充分证明名教具有"生于自然""成于自然"的本性，这符合万物"生于自然""成于自然"的一般规律，这说明"名教"之为名教是具有天然合理性的。在此，王弼已经从理论上完成了从本体高度论证名教合理性的全过程。

二　现实中的"名教"与"自然"

既然"名教"之为名教，天然合理，那么，"名教"之治的社会就应当是"自然和谐"的，现实中的社会危机又如何解释呢？

王弼说："夫邪之兴也，岂邪者之所为乎？淫之所起也，岂淫者之所造乎？""邪恶"的兴起是因为"邪恶"的原因吗？"淫乱"的产生就是"淫乱者"制造的吗？王弼认为并非如此，如果圣人没有在万物之始建立秩序系统，那才会造成邪恶引起的邪恶、淫乱引起的淫乱，"始制官长，不可不立名分以定尊卑，故始制有名也。过此以往，将争锥刀之末"。但是，事实并非如此，因为圣人已经在万物之初，仿效万物的自然规律建立了秩序系统，在这种情况下，社会动乱必有其原因。王弼认为社会动乱的根本不在于有"邪恶"和

---

① 楼宇烈：《王弼集校释》（下），中华书局1980年版，第626页。

"淫乱"本身，他认为"邪恶""淫乱"的产生是由于在社会现实中的"名教"已经完全背离了"名教"的自然本性，"遂任名以号物，将失治之母"，即当名教产生以后，人们便以名教所规定的形式上的"名"作为"名教"的全部内容，执着于"名"的形式，忘记了"名教""生于自然""成于自然"的实质，这是使现实社会"失治"的根本原因。王弼在《论语释疑》中对这种社会现象的产生进行了具体的分析："礼以敬为主，玉帛者，敬之用饰也。乐主于和，钟鼓者，乐之器也。于时所谓礼乐者，厚币而所简于敬，盛钟鼓而不合雅颂，故正言其义也"①，王弼认为在真正的名教中，"礼"的本质在于"敬"，"礼"中使用的"玉帛"是用来表达"敬"的饰物；"乐"的本质在于"和"，钟鼓的使用是用来表达"和"的器物。但是就当时的社会现实来看，人们在礼仪中倾向使用比"玉帛"更贵重的饰物，而忘记了使用"玉帛"是要表达"敬"的意义；使用更盛大的鼓乐，而不再考虑所奏之乐是否符合雅颂，这种致力于追求形式的盛大，而忘记本质的"名教"，王弼认为是本末倒置、是"任名以号物"的做法。正是因为统治者在践行名教的过程中"舍本逐末""弃母用子"的行为才造成了现实中的社会危机的发生。王弼在《老子注》中也表达了相同的观点，他说："仁义，母之所生，非可以为母。形器，匠之所成，非可以为匠也。舍母而用其子，弃其本而适其末，名则有所分，形则有所止。虽极其大，必有不周，虽盛其美，必有忧患。功在为之，岂足处也。"② 王弼认为名教所倡导的"仁义"是由"无"产生的，但是"仁义"本身并不是"无"，名教所倡导使用的"形器"是由工匠制造的，但是形器的意义却在于显示工匠的手艺，如果不考虑名教所倡导和所使用的"仁义""形器"的根本，那无疑是"舍母而用其子""弃本而适其末"。"仁义""形器"各有各的内涵、各有各的作用，无论它们的形式如

---

① 楼宇烈：《王弼集校释》（下），中华书局1980年版，第633页。
② （魏）王弼：《老子道德经注》，中华书局2011年楼宇烈校释本，第99页。

何盛大，还是各有各的局限性，如果仅止于它们各自有限的内涵和作用，那么只能使追求仁义的更追求名义上的仁义，追求形器的更追求形器的完美，而忘记了它们各自在名教中的本质意义和教化作用，则"必有忧患"。王弼在《论语释疑》和《老子注》中的注释都表明，在他看来，社会动乱产生的根本原因不在于"名教自身"，而在于人们对于名教的认识和施行过程中只注重形式，而忘记了本质，未能以"崇本息末"的方式认识名教、以"崇本举末"的方式施行名教。王弼对于当时社会弊端的认识，可以说是对汉魏以来的执着于名教形式的社会现实进行了非常精准的判断。

王弼认为"生于自然""成于自然"是万物和名教要成其为自己时必须共同遵守的原则，然而，现实的名教之治在人的主观作用下违背了这一原则，名教与自然本末倒置，人们的自然精神已经丧失，现实社会的情状是民生凋敝、生灵涂炭，这种社会状态已经动摇了社会根基，所以只有扭转名教同自然的关系，才能重新树立治世的原则，才能使社会重新走向和谐一体。王弼针对这种现实社会存在的弊端，提出了救治的方法。他在《老子指略》中指出：

> 闲邪在乎存诚，不在善察；息淫在乎去华，不在滋章；绝盗在乎去欲，不在严刑；止讼存乎不尚，不在善听。故不攻其为也，使其无心于为也；不害其欲也，使其无心于欲也。谋之于未兆，为之于未始，如斯而已矣。故竭圣智以治巧伪，未若见素以静民欲；兴仁义以敦薄俗，未若报朴以全笃实；多少巧利以兴事用，未若寡私欲以息华竞。故绝司察，潜聪明，去劝进，剪华誉，弃巧用，贱宝货。唯在使民爱欲不生，不在攻其为邪也。故见素朴以绝圣智，寡私欲以弃巧利，皆崇本以息末之谓也。①

---

① （魏）王弼：《老子道德经注》，中华书局2011年楼宇烈校释本，第205页。

　　这里的邪、淫、盗、讼是指现实社会中"名教"违背自然之后产生的负面的社会现象，王弼认为这些负面现象都是由于君主的"有为"的政治行为而产生的，要消除这些负面现象，不在于执着于这些现象本身，也不在于使统治者追加更多的"有为"措施，而在于君主应当放弃那些"有为"之治，"存诚""去欲"，顺任万物之自然的发展规律，复归于"无"。王弼将这一过程称之为"崇本息末"。名教对社会实践的指导意义在于"崇本息末"，"崇本息末"从其本质上是"息止"末端而使万物复归于"本体"，从表面上看，这只能是一个认清"回归"本原方向的过程，而不具继续"发展"的意义。但是，在我们的研究中，已经发现，"崇本息末"的同时还存在着一个"崇本举末"的辩证统一过程，即在"息末""复本"的过程中，实际上已经完成了万物的全新的发展道路的设定，这个"全新的发展道路"即按照万物的本性、顺任自然的发展，万物在其本性中是自足的，那么，"按照万物的本性，顺任自然的发展"，本身就是实现了万物之为万物自我的成就。这一过程对于名教而言，是"崇本息末"，亦是"崇本举末"，是名教复归自然的过程。总的来说，要使名教复归于自然，不能仅限于对其形式上的改造，而应当从本治表，从名教存在的根源入手，即君王要从根本上化解"逐末"之心，坚持以自然为"母"、为"本"，不执名教之名，以"体无之心"来治理天下，这样才能从根本上发挥名教作为社会伦理制度规范社会秩序的功效。"顺任自然而不执于名教，这样才能全名教之序，成名教之功，从而实现社会的理想和谐。"①

　　综上所述，我们基本可以肯定地说，王弼从其本体论思想出发，论证了名教是生于自然、成于自然的，名教是具有天然合理性的。在此基础上，王弼还分析了现实社会中既行名教之治，又产生社会危机的根本原因，他认为这是由于时人在施行名教之治时，过于执

---

　　① 姜丰：《浅析魏晋玄学的名教自然之辨》，硕士学位论文，吉林大学，2007年6月，第16页。

着名教之名，而使名教之治脱离了名教的自然本质造成的。为此，王弼还以"崇本息末""崇本举末"为把手，指出了使名教复归自然的道路。基于以上的全部分析，我们可以肯定地说，王弼已经对魏晋玄学的核心问题——名教的合理性问题，从理论上作出了完美的解答。

第三节　王弼在《论语释疑》中的论证

魏晋玄学的时代课题是论证名教的合理性，名教托生于孔子儒学，孔子儒学的核心著作是《论语》。因此，要论证名教的合理性，对《论语》的相关问题进行论证，应是其中的必要性环节。王弼当然也明白其中的道理，于是《论语释疑》问世了。据《隋书·经籍志》记载，该书共有三卷本，自宋以后亡佚，现仅存有 47 条佚文，分别保留在皇侃《论语义疏》和邢昺《论语》的注释中，"这些佚文中，王弼展开了对礼乐与真情、性与情的讨论，弥补了其《老子注》和《周易注》因原著限制所造成的薄弱环节，使贵无论哲学形成了一个圆满的整体——将其本体论哲学延伸到伦理学人性论领域，为'名教与自然'这一玄学时代课题的王弼式表达，起了画龙点睛的作用"①。事实是否果真如此呢？尽管《论语释疑》几乎散失殆尽，但是我们仍然能够从所余之佚文中找到一些王弼论证的蛛丝马迹。

一　关于儒家之"仁"

"仁"是孔子儒学的核心思想，王弼要论证名教的天然合理性，那么他必须对"仁"的合理性作出解释。

在《论语》中，"仁"通常以人的某种品格的形式出现，其内涵不可谓不具体，比如《里仁》第四章中说，"子曰：'不仁者，不

---

①　王晓毅：《王弼〈论语释疑〉研究》，《齐鲁学刊》1993 年第 5 期。

可以久处约，不可以长处乐。仁者安仁，知者利仁'"。"子曰：'惟仁者，能好人，能恶人。'""君子去仁，恶乎成名？君子无终食之间违仁，造次必于是，颠沛必于是。"《论语》中，"仁"是处理人我关系的溶剂，是安身立命的根本，这样的"仁"对于建立有秩序的社会系统是十分重要的。因此，"仁"在孔子乃至于其后的儒家学说中受到了极大的推崇，甚至上升到人之为人的根本地位，"仁者，人也"（《中庸》）。"仁者也，人也"（《孟子》）。但是老子似乎不太喜欢"仁"，老子的某些言论甚至是直接反对"仁"的，比如《老子》第五章中说："天地不仁，以万物为刍狗。圣人不仁，以百姓为刍狗。"老子认为，天地不讲"仁"德，但能够使万物之间和谐有序，圣人不讲"仁"德，但能够使百姓自发地相互治理。《老子》第十八章中说："大道废，有仁义；智慧出，有大伪。"老子认为"大道"被废弃了，才出现了仁义；智慧出现了，才出现很多违背人性的事。老子在这里直接将"仁义""大伪"与天道"无为"对立起来。《老子》第十九章中说："绝圣弃智，民利百倍；绝仁弃义，民复孝慈；绝巧弃利，盗贼无有。"老子认为如果统治者不追求"圣""智"，那么老百姓就能得到百倍的利益；不追求"仁""义"，老百姓就会复归孝慈；不追求"巧""利"，就不会有盗贼滋生。综观儒道两家对"仁"的论说，可以说，从儒道两家理论外观出发，在"仁"的问题上，两家的矛盾不可调和。那么，对于王弼来说，他是如何看待"仁"的呢？"仁"是如何产生，又是如何实现的呢？"仁"是否符合事物合理性规律呢？

"仁"是如何产生，又如何实现的？孔子学说中没有对这个问题的哲学思辨，但是在由儒学到名教的转换中，董仲舒对这个问题进行了回答。董仲舒将"仁"理解为"爱人"，他说："仁之法，在爱人，不在爱我。"又说："人不被其爱，虽厚自爱，不予为仁。"（《春秋繁露·仁义法》）在董仲舒"仁"的内涵中，强调爱别人，否认爱自己，他认为不爱别人，只爱自己，不能算"仁"。他为什么要给出这样的观念呢？这可以说完全是出于他对大汉王朝的忠诚：

　　晋灵公杀膳宰以淑饮食，弹大夫以娱其意，非不厚自爱也，然而不得为淑人者，不爱人也，质于爱民以下，至于鸟兽昆虫莫不爱，不爱，奚足谓仁！仁者，爱人之名也。（《春秋繁露·仁义法》）

　　董仲舒认为，作为君王，如果只爱自己，不爱别人，是会成为孤家寡人的，这样的国家也会自取灭亡。由此可见，董仲舒的"仁"是用来约束君权的。那么，他的依据是什么呢？董仲舒指出："霸王之道，皆本于仁，仁天心，故次之以天心。"（《春秋繁露·仁义法》）在董仲舒看来，"仁"的根据，可以追溯到宇宙天道。因为，按照他"天人感应"的宇宙论逻辑，"身犹天也"，人道与天道是一致的，因此人必须遵循天道，天有博爱之心，则人亦有博爱之心。按照董仲舒的理论，"名教"规定人有博爱之心，那么，"名教"之治的社会必是仁爱之治，社会现实又何以会危机重重呢？这不得不使人们对于名教进行反思，对名教之"仁"进行反思。董仲舒"天人感应"的神秘性色彩是十分浓厚的，早在王充那里，已经对他的神学进行了批判。王弼推崇儒家思想，所以，他必须创新思路，澄明"仁"的合理性，只有这样，以"仁"为核心的名教才具有合理性。

　　王弼对于"仁"的论证，当然不会接续董仲舒所确立的名教思想，于是，他又回溯到了孔子儒学的本身，他在注《论语·学而》时说：

　　　自然亲爱为孝，推爱及物为仁也。

　　在《论语》中，孔子的弟子有子，首先对"仁"的根本进行了论述，有子认为，一个人如果对父母有孝，对兄弟有悌，那么就不会犯上作乱，君子以此为根本，便可以立道，由之而来，有子认为，孝悌是"仁"的根本。从王弼的注释上看，王弼继承了有子的论点，但是，他比有子更加推进一步：一方面，他将"仁"理解为主体的"孝悌"之情的"推爱及物"；另一方面，他把"孝悌"上升到人的自然本性的层面。

王弼将"仁"理解为"孝悌"之情的"推爱及物"，这是将"仁"的根本落实到"情"。对于"情"，我们在研究王弼的"性情观"时已有论述，在王弼看来，"无"作用于万物，使万物具有"自然之性"，"性"与外物相感而动，就产生了"情"，所以"情"的本根在"自然"。那么，按照这样的关系，"仁"所产生的逻辑序列就是：

"无"→"性"（自然）→"情"→"仁"

在这个序列中，"无"是仁的根本，"性"是"仁"的现实性基础，从这个意义上说，"仁"出于自然。即在王弼看来，儒家之"仁"生于自然。

"仁"出于自然，那么，"仁"如何才能发挥其效用呢？对于这一问题，想必王弼也曾在《论语释疑》中进行了注释，但是由于文本散佚，现已无从考证，但是从《老子注》中，我们也可隐约见其端倪。王弼在《老子》第五章注中说：

> 天地任自然，无为无造，万物自相治理，故不仁也。仁者必造立施化，有恩有为。造立施化，则物失真。有恩有为，则物不具存。物不具存，则不足以备载。（矣）[天] 地不为兽生刍，而兽食刍；不为人生狗，而人食狗。无为于万物而万物各适其所用，则莫不赡矣。若慧由己树，未足任也。①

在这段注释中，王弼将"无为无造"的"无为"视为天道的自然本性，相对于天道的"无造无为"，"仁"就是人"造立施化，有恩有为"的"有为"行为。那么，从这个意义上来说，是不是

---

① （魏）王弼：《老子道德经注》，中华书局 2011 年楼宇烈校释本，第 15 页。

"仁"就应该被否定呢？王弼在《老子》第十九章注中指出：

> 圣智，才之善也；仁义，（人）［行］之善也；巧利，用之善也。①

本章注释表明，在王弼看来，尽管"仁"是一种"有为"行为，但是这种有为行为是人的所有行为之中最好的。这说明，从现实社会的层面，"仁"还是需要被推崇的。为什么这么说呢？王弼在《老子》第三十八章注中指出：

> 是以上德之人，唯道是用，不德其德，无执无用，故能有德而无不为。不求而得，不为而成，故虽有德而无德名也。下德求而得之，为而成之，则立善以治物，故德名有焉。求而得之，必有失焉；为而成之，必有败焉。善名生，则有不善应焉。故下德为之而有以为。无以为者，无所（徧）［偏］为也。凡不能无为而为之者，皆下德也，仁义礼节是也。将明德之上下，辄举下德以对上德。至于无以为，极下德之量，是上仁是也。足及于无以为而犹为之焉，为之而无以为，故有为为之患矣。本在无为，母在无名。弃本舍母，而适其子，功虽大焉，必有不济；名虽美焉，伪亦必生。不能不为而成，不兴而治，则乃为之，故有宏普博施仁爱者。而爱之无所偏私，故上仁为之而无以为也。②

王弼认为在现实社会中，有"上德"和"下德"两类人，上德之人顺任自然自我完成，所以是"无为而成"。但是下德之人的自我完成，则需要用"无"所确立的"道德"来约束，所以是"无以

---

① （魏）王弼：《老子道德经注》，中华书局 2011 年楼宇烈校释本，第 48 页。
② 同上书，第 99—100 页。

为"。那么，下德之人怎样才能做到"无以为"呢？王弼认为是在"仁义礼"的约束中完成的，并且王弼认为能使下德之人达到"无以为"这一最高境界的只有"上仁"。那么，什么是"上仁"呢？对于这一问题的思考，我们不妨回到王弼的"性情论"。王弼认为"性"与物交接产生了情，但是"情"可以分为两种，一种是符合天道规律的"情之正"或"情近性"者，一种则是不符合天道规律的"情伪"。那么，"仁"作为"推己及物"的孝悌之"情"，当然也会出现两种情况，一种是有局限性的仁爱之情，一种是"宏博普施""无所偏私"的仁爱之情，尽管两者都是"人行之善"，但是后者更接近于天道博爱万物的根本。由此可见，王弼所谓的"上仁"是指本体意义上的"仁"的内涵。那么，"上仁"如何实现呢？王弼认为，"上仁"是"无以为"，即在以"无"为依据、为约束的前提下，用"有为"实现的"无为"。在王弼看来，"无以为"尽管是"无为"，但是这一"无为"毕竟还是通过"有为"完成的，所以仍然有可能出现"有为"的负面影响。为了保证"无以为"的实现，王弼认为要真正实现"上仁"，必须以"无为"为本，以"无名"为母，即顺任自然之道而完成。此是说儒家之"仁"要在顺任自然中完成。

以上分析表明，对于"仁"的合理性问题，王弼的论证具有十分紧密的逻辑性。在由"无"而"仁"的层面上，他将"仁"理解为"情"，而"情"来源于"自然之性"，在这个逻辑链条上，儒家之"仁"出于自然；在由"仁"而"无"的层面上，他将"上仁"确定为下德之人自我完成的唯一路径，而且他认为在实现"上仁"的道路上，必须以"无"为根本，以万物顺任自然本性为其原则，在这个逻辑链条上，儒家之"仁"成于自然。儒家之"仁"出于自然，成于自然，符合万物的大然合理性规律，因此，儒家之"仁"具有天然合理性。

二　关于儒家之"礼乐"

"教化"是儒家推行其有为政治的必要手段,儒家推行教化的主要手段是"礼"和"乐",所以对于"礼乐"合理性的论证,也是王弼的重要任务之一。

关于"礼""乐"的教化作用,《论语·季氏》中有如下记载:

人而不仁,如礼何?人而不仁,如乐何?(《论语·八佾》)

孔子在《论语》中强调了"礼乐"的教化作用,但是语言的世俗性决定了他对"礼乐"的描述仍然停留在礼、乐的价值和功能层面上,而缺少对其形上根据的哲学思辨。然而,即使如此,儒家哲学的"礼""乐"还是在儒学转向名教时,被名教接受并传承。在这一过程中,董仲舒还尝试对其合理性进行了论证。

为了证明礼乐教化的合理性,董仲舒进一步明确了"礼乐"的天道属性,"礼者,继天地,体阴阳,而慎主客,序尊卑、贵贱、大小之位"(《春秋繁露·奉本》)。"乐者,所以变民风,化民俗也;其变民也易,其化民也著。故声发于和而本于情,接于肌肤,藏于骨髓。"① 董仲舒认为"礼"之所以有"尊卑""贵贱""大小"等伦理规定,并不是来自于人的主观规定,而是天地、阴阳的运行规律在人世上的呈现,"乐"也不是人为制造的,而是藏于人的骨髓深处的。在此基础上,董仲舒进一步指出,所谓的礼乐教化,不是将现实的礼乐强加于人,而是通过礼乐教化的形式,唤醒人的内在的仁义礼智,"明于天性,智贵于物;智贵于物,然后知仁义;知仁义,然后重礼节;重礼节,然后安处善;安处善,然后乐循理;乐循理,然后谓之君子"②。那么,礼乐教化的机理是什么呢?董仲舒

---

① (汉)班固:《汉书·董仲舒传》,中华书局 1962 年标点版,第 2499 页。
② 同上书,第 2516 页。

认为，礼乐教化的实施是以"阴阳之气"为中介的，通过"阴阳之气"的影响，可以引导民心的状态："是以必明其统施之宜，故知其气矣，然后能食其志……故倡而民和之，动而民随之，是知引其天性所好，而压其情之所憎者也。"（《春秋繁露·正贯》）董仲舒为了实现他的政治理想，对儒学进行了创新性的改造，为名教确立了一个完整的礼乐系统。自此，"先秦儒家所涉及的'礼乐'教化，'克己'化的理性之学，到了汉儒手中，通过对外在天道的引入，使得'礼义'又重新转向了'礼仪'，只不过此时的'礼仪'不再是以血缘亲属为基础的等级规定，而是'唯天为大'，由天及人的自然法则"①。汉儒将"礼乐"教化纳入"天人感应"的系统中，本意是"申天以制君"，通过"天"作为"天命"赋予者在逻辑上的至上性，来限制作为受命者的君权，防止君权滥用。但是在具体的实践中，却导致对礼乐的实施流于形式而疏于本质，从而造成了他们在以名教作为社会意识形态时，将名教的"外在形式"看作是名教的精神实质，最终导致了既行名教又社会危机严重的后果。那么，儒家哲学的"礼乐"是否具有合理性，其合理性又在哪里？这对于王弼来说，当然也是个必须要论证的问题。

王弼对于儒家"礼""乐"的合理性的论证，主要集中在他对《论语·泰伯》中"子曰：'兴于诗，立于礼，成于乐'"的注释中：

> 言有为政之次序也。夫喜、惧、哀、乐，民之自然，应感而动，则发乎歌声。所以陈诗采谣，以知民志风。既见其风，则损益基焉。故因俗立制，以达其礼也。矫欲检刑，民心未化，故又感以声乐，以和神也。若不采民诗，则无以观风，风乖俗异，则礼无所立，礼若不设，则乐无所乐，乐非礼则功无所济。故三体相扶，而用有先后也。②

---

① 张俊杰：《汉代礼乐教化观的转型探微》，《理论导刊》2015 年第 5 期。
② 楼宇烈：《王弼集校释》（下），中华书局 1980 年版，第 625 页。

　　从王弼在《论语释疑》中的注释来看，他描述了圣人建立的礼乐系统的一般过程。王弼认为有为的政治秩序（名教）的建立是有次序的。首先，人的喜、惧、哀、乐之情是人的自然本性的表现，本来存在于人的内心深处的喜、怒、哀、乐因受到外物的影响而被发用出来，即这些情感会被人们通过自发的诗谣表现出来。其次，圣人可以根据这些诗谣了解民情、了解老百姓应有的本然状态，然后再以这些诗谣的损益为基础，建立人的伦理制度——"礼乐"制度。最后，圣人又用所制定的礼乐制度来规范人的行为，使人的行为与天道相合。王弼的注释表明，儒家的"礼乐"制度的建立是圣人依据人的自然之情建立起来的。这足以说明，在王弼看来"名教应该是依照自然而生成的"①。依照王弼的本体论思想，依自然而生，顺自然而成，是"物"之所以为"物"的天然合理性，从这个意义上说先秦儒家的"礼乐"当然是天然合理的。但是要论证礼乐的合理性还必须要澄清一个问题，即人的"自然本性"与"礼乐"是如何建立联系的，董仲舒将这一过程理解为阴阳二气的作用，那么王弼又是如何理解的呢？

　　王弼将从"本性"到"礼乐"及由"礼乐"到人的教化作用的中介过程称为"感"，"夫喜、惧、哀、乐，民之自然，应感而动，则发乎歌声"，"矫欲检刑，民心未化，故又感以声乐，以和神也"。那么，什么是"感"呢？王弼将《周易》"咸"卦释为"感"。王弼在注释咸卦彖辞"天地感而万物化生"时说，"二气相与，乃化生"②，从这个注释上来看，王弼似乎把"感"也理解为阴阳二气的相互作用，但是从王弼在下文的注释中，更能明晰地发现他关于"感"的一些信息。王弼在注咸卦九三爻时说："股之为物，随足者也。进不能制动，退不能静外，所感在股，志在随人者也。志在随

---

　　① 吴迪：《王弼自然与名教思想研究》，硕士学位论文，吉林大学，2011 年 6 月，第 19 页。

　　② （魏）王弼：《周易注校释》，中华书局 2012 年楼宇烈校释本，第 118 页。

人，所执亦以贱矣，用斯以往，吝其宜也。"①股，是人的大腿，从表面上看，人大腿的运动在于脚，如果脚不动，大腿便不能进，也不能退，但是人的大腿的运动是由足决定的吗？王弼认为不是这样的，他认为人的大腿的运动是由人的意志决定的，从这个意义上说，"感"其实是"人"本有的心理机能。王弼对于人的心理机能的认识是非常深刻的，比如他对言意关系的理解，就是建立在人的认识机能的基础上的。

"感"是人的一种生理机能，人能够有自己的感受，并表达自己的感受，在人的这种心理机能的作用下，人的"喜怒哀乐"的自然之情，通过"歌声"表达出来，于是产生了"诗"，圣人又根据"诗"所表达出来的民风民俗制定了"礼"，这是"礼""乐"的来源，在此逻辑下，"礼""乐"出于自然。

那么，"礼""乐"又是如何实现它们的教化意义的呢？王弼认为，仍然是"感"，这个"感"同为人的心理机能，那么这个"感"是如何建立"礼""乐"与主体之间的关系的呢？从前面的注释上来看，"感"这种心理机能一方面是直接接受外物的刺激，并根据外物的刺激表达自己的感情；另一方面还能够对外物的刺激做出反应，即将自己的感情移情到外物。王弼认为"礼""乐"的产生，属于前者，通过"礼""乐"实现其教化功能则属于后者。他在《论语释疑》中注"曾子曰：'唯。'子出，门人问曰：'何谓也？'曾子曰：'夫子之道，忠恕而已矣'"时说：

> 忠者，情之尽也；恕者，反情以同物者也。未有反诸其身而不得物之情，未有能全其恕而不尽理之极也。②

王弼认为主体要实现对他物的认知，是通过"反情以同物"来

---

① （魏）王弼：《周易注校释》，中华书局 2012 年楼宇烈校释本，第 119 页。
② 楼宇烈：《王弼集校释》（下），中华书局 1980 年版，第 622 页。

实现的。王弼认为客观存在的事物，具有互为否定性的特点，"夫存者不以存为存，以其不忘亡也；安者不以安为安，以其不忘危也"，"存"虽然是"存"，但是对"存"的认识可以通过"亡"来实现；"安"虽然是"安"，但是对"安"的认识可以通过"危"来实现，那么，按照这样的逻辑，作为自身之外的事物，就可以以自身为参照物，通过对自身的否定去认识，与自身相反的，就是与外物相同的，可以感受得到与自身相反的情感，那么，对于外物自然也就可以感同身受了。这就是所谓的"反情以同物"。那么，这一逻辑当然可以用来处理作为主体的人与"礼""乐"之间的关系，人可以以自身为参照物去感受"礼""乐"，并用感受到的"礼""乐"规范自己的行为，这样一来，"礼""乐"的教化作用就在主体中实现了。在这一逻辑过程中，"礼""乐"的教化作用是通过"感"来实现的，"感"是人本有的心理机能，是人的自然本性，由此"礼""乐"教化功能也是成于自然的。

通过以上分析，我们看到，在王弼那里，儒家所倡导的"礼""乐"教化，是生于自然，且成于自然的，它符合万物存在的合理性原则，它是具有天然合理性的。

三 关于儒家之"道"

王弼认为"无"是儒道两家共同的核心问题。王弼之"无"的实质是儒道两家的"道"。那么，儒家学说中的"道"是否具有天然合理性呢？

任何一家学说都是以"言"为其表现形式，但是孔子的学说却恰恰相反，孔子很看重"道"，甚至认为可以"朝闻道，夕死可矣"，但是他却很少提及道，就连他最得意的弟子子贡都未能参透其中玄机，称他的学说是"夫子之文章，可得而闻也，夫子之言性与天道，不可得而闻也"。那么，王弼是如何看待这个"道"的呢？

王弼在《论语疑疑》中注"子曰：'参乎！吾道一以贯之'"时说：

贯，犹统也。夫事有归，理有会。故得其归，事虽殷大，可以一名举；总其会，理虽博，可以至约穷也。譬犹以君御民，执一统众之道。①

在《论语》中，"吾道一以贯之"是孔子对自身所行之道的纲领性概括，是孔子儒学的核心问题。但是其意旨何为？孔子却并未娓娓道来，"'一贯'之义，自汉以来不得其解"②。但是自王弼以来，"贯"字一般都被注为"贯穿""统贯"之意，王弼注为"譬犹以君御民，执一统众之道也"，皇侃《论语义疏》云："道者，孔子之道也。贯，犹统也。譬如以绳穿物，有贯统也。"③ 按照王弼的注释，他将孔子之道上升到"执一统众"的地位，那么这个"道"，显然已经不是一般的"人事道理"，而上升到了本体的高度。那么，王弼的注释是否符合孔子的本义呢？要说明这个问题，我们不妨从两个方面去考察，第一，"道"在孔子那里处于怎样的地位？第二，"道"在孔子那里的内涵是什么？"道"在孔子那里的地位，孔子早已在《论语》中有了明确的表述，他在《论语·述而》中说："志于道，据于德，依于仁，游于艺。"在《论语·里仁》中说："朝闻道，夕死可矣。"从这两条语录中，我们不难发现，"道"是孔子终生的志向，这进一步认证了"道"作为孔子儒学核心问题的重要地位；至于"道"的内涵，孔子在《周易·系辞下》中说："形而上者谓之道，形而下者谓之器，化而裁之谓之变，推而行之谓之通，举而措之天下之民谓之事业。"从孔子这段关于"道器"关系的描述，不难看出，在孔子看来，宇宙的存在是由两个环节构成的统一：一个是以具体事物为其存在形式的物质性环节，一个是以无形无名

① 楼宇烈：《王弼集校释》（下），中华书局1980年版，第622页。
② （清）刘宝楠：《论语正义》，中华书局1990年标点版，第152页。
③ （南朝）皇侃：《论语义疏》，中华书局2013年标点版，第90页。

为其存在方式，但是却贯穿于物质环节，并统摄着具体事物的先天根据的本体环节。而"道"正是那个统摄物质环节、作为具体事物先天根据的本体环节，因此孔子所谓的"道"就是指本体之道。自以上两点的分析，我们完全有理由认为，王弼将孔子"一以贯之"之"道"理解为"执一统众"的本体之道是与孔子思想的本义若合符节的。

孔子未曾言道，又无不言道，那么孔子所言之道是怎样的呢？王弼在对"志于道"的注释中对这一问题进行了回答：

> 道者，无之称也，无不通也，无不由也。况之曰道，寂然无体，不可为象。是道不可体，故但志慕而已。[①]

王弼认为，客观存在的道，它没有具体的称谓，无所不在，万物无不以道为其依据，它之所以被称之为"道"，是因为它没有具体的形体，也不能形成某种表象，这样的道不能用眼、耳、口、鼻等肢体的方式直接认知它，从一般认识的认识方法来说，这样的道不能被认知，只能被向往。那么，对于这样的道，孔子是如何确立其道的观念的呢？王弼在《论语·阳货》中有这样的注释：

> 予欲无言，盖欲明本。举本统末，而示物于极者也。夫立言垂教，将以通性，而弊至于湮；寄旨传辞，将以正邪，而势至于繁。既求道中，不可胜御，是以修本废言，则天而行化。以醇而观，则天地之心见于不言；寒暑代序，则不言之令行乎四时，天岂谆谆哉。

《论语·阳货》中的原句是："子曰：'予欲无言。'子贡曰：'子如不言，则小子何述焉？'子曰：'天何言哉？四进行焉，百物

---

① 楼宇烈：《王弼集校释》（下），中华书局1980年版，第624页。

生焉，天何言哉？'"孔子说他不想言说什么，但是子贡认为，如果您不言说，弟子们要怎么做呢？从前两个对话来看，这是一个老师和学生讨论学生如何依据老师的教导做人的问题，但是在孔子最后的回答中，他把学生做人的"依据"提高到了万物存在的"最高根据"的本体论层面。从王弼的注释来看，王弼深刻领悟了这一对话的本质。那么，孔子为什么说"予欲无言"呢？孔子想要言的，是事物的最高依据的根本问题，但是"道"作为万物根本，就其属性来说，是"无形无名"，对于"无形无名"的"道"来说，如果用具体"语言"把它说出来、用以教化弟子，那么"语言"本身就是对"道"的属性的固化，就违反了"无形无名"的属性，那么这样的语言只能造成对"道"本体的湮没；言说"道"的语言有局限性，如果用更多的言辞去弥补这一局限性，那么只能越来越烦琐，最终还是不能说明"道"这一根本问题，所以从这个意义上说，语言是无法实现对"道"的言说，无法言说，就不如不说。无法言说是否"道"就不存在呢？当然不是，孔子认为天道无言，但是天道却将自己的运行规律呈现为外在的现象，此即"四时行焉，百物生焉"。"道"是无形无名的，但是外在的现象却是具体可描述的，所以通过外在现象的描述有可能达到对"道"的言说。由此不难看出，对于孔子来说，他的"道"观念的确立是通过对符合天道规律的事物的外在现象的言说来实现的。那么，事实是否如此呢？王弼指出：

圣人有则天之德。所以称唯尧唯大之者，唯尧于时全则天之道也。荡荡，无形无名之称也。夫名所名者，生于善所有章而惠有所存。善恶相须而名分形焉。若夫大爱无私，惠将安在？至美无偏，名将何生？故则天成化，道同自然，不私其子而君其臣。凶者自罚，善者自功；功成而不立其誉，罚加而不加其刑。百姓日用而不知所以然，夫又何可名也。[1]

---

① 楼宇烈：《王弼集校释》（下），中华书局 1980 年版，第 626 页。

王弼认为，尧伟大在于尧可以效法天道。天道无形无名，所以尧效法天道大爱无私，至美无偏，不私其子而君其臣，这是"道"与"自然"同一的表现。那么，孔子呢？王弼认为孔子的学说，所言说的正是百姓的日用平常，都是无须以"名"来标榜的，那么，孔子所言的当然是天道的自然本性了。但是，接下来的问题是，孔子是用怎样的方法，保证其所言说的"道"与自然相符？王弼在注"曾子曰：'夫子之道，忠恕而已矣'"时说：

> 忠者，情之尽也；恕者，反情以同物者也。未有反诸其身而不得物之情，未有能全其恕而不尽理之极也。能尽理极，则无物不统。极不可二，故谓之一也。推身统物，穷类适尽，一言而可终身之行者，其唯恕也。[①]

曾子此言的背景，正是孔子所说的"吾道一以贯之"，曾子用"忠""恕"对孔子的"一以贯之"之道作出了解释。对于"忠"，王弼认为是"情"的极尽之处，"情"是性与外物交接而发，所以"情"的极尽之处就是"自然之性"；对于"恕"，王弼认为是"反情以同物者"，就是主体以"以情类物"的方式，通过对自身的情感体验而对"物"的认识，那么"恕"是由自身体贴出来的"物"的自然之性。这对于王弼来说，正是孔子"体无"认识论的宏旨所在。以此看来，孔子通过"忠""恕"所体察、体悟的"道"，究其本源来说是万物自然之性。那么，孔子所体察的道又是如何见之于"言"的呢？王弼在《论语释疑》中有如下注释：

> 情动于中而外形于言，情正实，而后言之不怍。[②]

---

① 楼宇烈：《王弼集校释》（下），中华书局1980年版，第626页。
② 同上书，第631页。

情发于言，志浅则言疏，思深则言切也。①

王弼认为，孔子对于"道"的认识，来源于对"情"的体悟。"情"与"言"又具有逻辑上的内在统一性——王弼认为内发于主体的情，会以言的形式表达出来，如果情感真实，就不会说出使人惭愧的语言，一个人的志向短浅，语言必定疏陋，一个人的情感深邃，说话也必定谨慎。王弼认为"情"与"言"具有内在同一性。"言"与"情"有同在同一性，"情"与"忠恕之道"有内在同一性，"忠恕之道"是圣人以"体无"方式对万物自然之性的体贴，万物的自然之性是"道"的自我表现形式，在此逻辑序列中，孔子学说中的全部语言都是关于"道"的，而这个观念上的"道"必然是出于自然的。

儒家之"道"出于自然，那么，儒家之"道"又是如何实现自己的功能的呢？王弼在《论语释疑》中有如下注释：

夫推诚训俗，则民俗自化；求其情伪，则俭心兹应。是以圣人务使民皆归厚，不以探幽为明，务使奸伪不兴，不以先觉为贤。故虽明并日月，犹曰不知也。

王弼认为，孔子之言无不在言道，那么，孔子是如何以这样的"道"去行教化之义的呢？在孔子学说当中，对于百姓的教化所采取的方式是推"诚"训"俗"。"诚"是儒家哲学中一个很重要的概念，是对天道属性的描述，《中庸》称之为"诚者，天之道""诚之者，人之道"，天道的本性是"诚"。以天道之"诚"对人进行教化，那就不是要使"人"成为某种人，而是要使"人"成为符合天道规律的"人"，因此对于人的教化，本质上是使天道之"诚"占据人心。王弼认为孔子在这里所要表述的正是这种思想。如何使

---

① 楼宇烈：《王弼集校释》（下），中华书局1980年版，第630页。

"诚"占据人心呢？王弼认为这个教化过程并不是将一个外在的
"诚"的观念强加于主体，也不是要采取更多的有为行为去查明真相
或是想方设法不再发生奸伪之事，而是要使百姓崇尚本心，用发于
内心的情感去检视自己的行为，从而使自己的行为与自发的情感相
一致，进而使自己的行为符合天道规律，这无异于王弼所谓的"崇
本息末"。从这个意义上说，在王弼看来，孔子儒家所言之"道"，
正是要依靠人的自然本性来发挥作用，这说明"道"是成于自然的。

　　以上分析表明，在王弼看来，尽管孔子儒家鲜少谈及"道"，但
是儒家所言无不是"道"。儒家所言之"道"是生于自然的、所行
之"道"是成于自然的，儒家之"道"具有天然合理性。

　　以上，通过我们对王弼名教与自然关系的详检，我们发现王弼
对于名教自然关系的论证经历了一个非常完整的逻辑论证过程，他
吸收儒道两家的本体论资源，建构了一个本体存在的模型，在这个
模型中他确立了本体与万物的逻辑关系，这一逻辑关系规定了万物
之所以为万物的合理性在于"生于自然，成于自然"，以此为基础，
王弼从理论上论证了名教生于自然、成于自然的合理性。自此理论
论证之后，他又在《论语释疑》中进行了实证分析，在他的分析中，
儒家之"仁""礼乐""道"等核心观念均出于自然、成于自然，这
进一步论证了名教的合理性。至此，王弼完成了一个逻辑完整的论
证环节，他从理论上完成了时代赋予他的文化任务。

第 六 章

王弼哲学思想的影响

在前面各章中，我们一直致力于对王弼哲学思想的内在逻辑与精神实质的探索，现在，我们有理由对这个英年早逝的哲学家系统的逻辑思维及其所建构的哲学理论致以崇高的敬意。那么，王弼作为魏晋玄学的领军人物，他对于魏晋玄学有怎样的影响呢？从表面上看，这似乎不是王弼哲学思想内在逻辑与精神实质的问题。但是实际上，在相同条件下，一个事物对另一个事物之所以能够产生影响，恰恰说明这一事物有其独到之处。那么，接下来，我们就从王弼哲学思想对魏晋玄学的学术影响这一侧面的研究来体会王弼哲学思想的精妙之处。

第一节　王弼"贵无"与玄学本体论

在特殊的时代背景下，名教的合理性问题成为魏晋玄学家面临的时代课题，名教的合理性只有见诸本体层面，才具有绝对的意义，由此，本体论问题成为魏晋玄学的中心问题。对于这一问题，王弼之前的魏晋玄学家已有涉足，但是却因为没有建立完整的理论体系，而以失败而告终。王弼针对这一时代课题，利用儒道两家的"道"论的文化资源，构建了他的本体论思想。

在王弼的本体论思想中，他首先对本体的特征展开了论述，因为他深知，对于"无"的特征的言说，直接关系着他所建构的本体论的确定性与可靠性问题。王弼的"无"实指的是儒道两家的"道"，但是对于"道"的特征的描述，"语言"就显得有些无能为力，所以孔子干脆"不言"，老子只能"强为之名"。但是，对于王弼来说，此关必过。维特根斯坦认为，"有些误解可以通过用一种表达形式替换另一种表达形式而消除"①，王弼虽然早于维特根斯坦1600多年，但是他似乎早已明晰其中的道理。于是他建立了一种"推演"的方法，王弼在《老子指略》中称之为"此可演而明也"②。演，推演，即利用两种事物在某一特征上的内在逻辑关系，从甲事物的某种特征中推演出乙事物的某种特征。

王弼对于"道"的特征的推演方法是建立在"道"与"物"的相互依赖关系的基础上的。王弼在《老子指略》中说：

安者实安，而曰非安之所安；存者实存，而曰非存之所存③

"安者实安"是说"安"就是"安"，"存者实存"是说"存"就是"存"，"安"与"存"是表示静态的概念，那也就是说，从静态意义上说，事物的特征是由事物本身决定的。但是王弼又说，"而曰非安之所安""而曰非存之所存"，他认为"安"虽然可以称之为"安"，"存"虽然可以称之为"存"，但是"安"与"存"不是永恒不变的，这是说尽管静态存在的事物有其自身的特征，但是这个特征又不是永恒的，为什么这么说呢？王弼接着说：

夫存者不以存为存，以其不忘亡也；安者不以安为安，以

① ［奥］维特根斯坦：《哲学研究》，李步楼译，陈维杭校，商务印书馆2000年版，第64页。

② （魏）王弼：《老子道德经注》，中华书局2011年楼宇烈校释本，第203页。

③ 同上书，第205页。

其不忘危也。故保存者亡，不忘亡者存；安其位者危，不忘危者安。①

王弼认为之所以"存"不是永恒不变的，是因为有"亡"的存在；"安"不是永恒不变的，是因为有"危"的存在。对于存者来说，只有时刻警醒着灭亡的意识，考虑到灭亡的危险，才能永保"存"的属性；对于安者来说，只有不耽其位，时时考虑到危险的存在，才能永保安然。从"存"至"亡"、从"安"至"危"是两个动态的发展过程，这说明"存"能否为"存"、"安"能否为"安"，不仅取决于它自身，更重要的还取决于它的对立面。在这个逻辑上，对于任何事物而言，都有一个对立面的事物与之共存，而且事物自身的特征是由它对立面事物的特征决定的。王弼认为，"道"与"物"就是这样互为对立面的两种事物——"此道与形反也"②。

"道与形反"是说"道"与有形之"物"是相反的，这样一来，"不可说者和可说者的关系决定了不可说者可以通过可说者被说出来"③，简明地说，就是"物"是有形的，"物"的特征是可以言说的，"道"的特征当然也就可以被言说了。按照这种推演方法，道的特征是怎样的呢？他说：

> 不温不凉，不宫不商。听之不可得而闻，视之不可得而彰，体之不可得而知，味之不可得而尝。故其为物也则混成，为象也则无形，为音也则希声，为味也则无呈。故能为品物之宗主，苞通天地，靡使不经也。④

① （魏）王弼：《老子道德经注》，中华书局2011年楼宇烈校释本，第205页。
② 同上书，第204页。
③ 徐为民：《非P：不可说者的逻辑原型——维特根斯坦逻辑哲学中的不可说者探析》，《浙江大学学报》（人文社会科学版）2002年第2期。
④ （魏）王弼：《老子道德经注》，中华书局2011年楼宇烈校释本，第202页。

　　温度的特征可言为温、凉；音律的特征可言为宫、商，那么，温度、音律的最高根据的特征当然是温、凉、宫、商的否定对立面，即"不温不凉""不宫不商"。推而广之，从对于那些通过声音、表象、味觉、触觉所表达出来的事物的特征推演而来的本体的特征，就会是"不可得而闻""不可得而彰""不可得而尝"的"为音希声""为象无形""为味无呈"了，再继续推进，作为存在者最普遍性的根本特征是"有"，那么以此推演"道"的根本特征就是"无"了。

　　王弼以"有无相生"的"推演"方法，确认"道"的根本特征为"无"，这个"无"不是"没有"，它有实实在在的内容，所以这个"无"不但是可以认知的，而且是可以言说的。这样的"无"具有确定性和可靠性的意义。

　　在王弼的论证中，"无"是确定的、可靠的，是客观存在的。那么，这个客观存在的"无"与"物"具有怎样的关系呢？对于"道"与"物"的关系，老子最精到的论述是："生之，畜之，生而不有，为而不恃，长而不主宰"（《老子》第十章），"功遂身退天之道"（《老子》第九章）。按照老子的论述，一方面，"物"要在"道"的作用下生成，"道"与"物"关系密切；另一方面，"道"与"物"的相互作用，又似乎彼此之间没有物理联系。所以，按照老子的描述，"'道'如同一个虚拟支点，需要它的时候它自然而然地会出现以促成万物生化，一旦创生的使命完成却又自然而然地隐退消失掉，不着露半点有为造作的痕迹"①。王弼推崇老子的思想，但是如果他要将本体论运用于名教自然关系的论证，他必须创新思路，重新系统阐释两者之间的关系。

　　对于"道"对"物"的作用，王弼说：

　　　　凡物之所以生，功之所以成，皆有所由。有所由焉，则莫

---

　　①　王先亮：《先秦儒道本体论研究》，博士学位论文，山东大学，2018 年 5 月，第 112 页。

不由乎道。故推而极之，亦至道也。①

　　王弼从"物生"和"功成"两个角度阐释的"道"对"物"的作用。对于"物生"，王弼说："天下之物，皆以有为生。有之所始，以无为本。将欲全有，必反于无也。"②"物"是一个静态的概念，王弼用"生"确定了空间中静态存在的事物与"道"之间的关系，但是这个"生"不同于"出生"的本源意义，而是"有"只有根据"无"才能够得以存在并成其为本来如此的本体意义，这是说对于空间中静态存在的事物而言，是"道"赋予了它自然本性。在"道"的作用下，"物"获得了"自己如此"的本性，但是"道"并未因此而消失，"道"在"物"的时间发展中继续发挥作用，于是王弼在《老子》第三十八章注中指出：

　　　　故苟得其为功之母，则万物作焉而不辞，万事存焉而不劳③

　　王弼的注释显示，"功成"是时间性的事物发展过程。王弼用"母"诠释了时间发展中的"道"与"物"之间的关系，对于这个"母"，王弼在《老子》第一章注中明确指出：

　　　　及其有形有名之时，则长之、育之、亭之、毒之，为其母也。④

　　这是说，"道"在万物生长发育的时间性过程中，仍然发挥着本体根据性的作用，这就是"以无为用"。

---

① （魏）王弼：《老子道德经注》，中华书局 2011 年楼宇烈校释本，第 141 页。
② 同上书，第 113 页。
③ 同上书，第 99 页。
④ 同上书，第 2 页。

王弼用"以无为用"阐释了"道"与"物"的相互依赖关系，这个相互关系的内在逻辑在于"道"是"体"，"用"是"体"之"用"，"体"对"用"有决定性的作用，此即"以无为本"；而"用"只有在"体"的作用下，才能使"物"成其为"自己如此"，此即"以无为用"。王弼用"以无为本""以无为用"阐释了"道"与"物"的内在逻辑关系，将本体观念从理论思辨的神坛下落到对现实世界的思考。

在王弼"以无为本""以无为用"的本体论观念下，"无"成为"物"的最高根据，"物"只有以"无"为依据才能使其成为"自己如此"。那么，现实社会如何能够做到以"无"为其根本依据呢？王弼对这个问题的分析是从社会动乱产生的原因说起的。王弼在《老子》第五十七章注中说：

> 立正欲以息邪，而奇兵用；多忌讳欲以耻贫，而民弥贫；利器欲以强国者也，而国愈昏（多）[弱]，皆舍本以治末，故以致此也。①

王弼认为战乱、国贫、民弱的社会现象正是人们的有为行为的后果，人们为了追求社会现实中的利益，而舍弃了"无"这一根本，也就是说，社会动乱的产生是由于现实的社会存在违反社会存在的本性造成的。那么，社会存在的本性应是怎样的呢？王弼在《老子》第三十八章注中指出：

> 德者，得也。常德而无丧，利而无害，故以德为名焉。何以得德，由乎道也！何以尽德，以无为用。②

---

① （魏）王弼：《老子道德经注》，中华书局 2011 年楼宇烈校释本，第 154 页。
② 同上书，第 99 页。

　　王弼对于社会自然本性的分析是从"德"开始的。王弼认为"德"是天道赋予万物与生俱来的自然本性，"德"的内涵是万物之间"无丧""无害"的善性，所以，"德"是现实世界天然和谐的守护者，"德"是维持人类社会秩序的金钥匙。那么，"德"在社会现实层面，是如何发挥作用的呢？王弼认为是"以无为用"。对于社会现实层面的"以无为用"，王弼的分析是从人的环节开始论述的。

　　　　是以上德之人，唯道是用，不德其德，无执无用，故能有德而无不为。不求而得，不为而成，故虽有德而无德名也。下德求而得之，为而成之，则立善以治物，故德名有焉。求而得之，必有失焉；为而成之，必有败焉。善名生，则有不善应焉。故下德为之而有以为。无以为者，无所（徧）[偏]为也。凡不能无为而为之者，皆下德也，仁义礼节是也。①

　　王弼认为，在人的环节上，有一类人，他们的一切行为都是道的自身之用，他们从来不会执念于什么是"德"，也不考虑"德"的作用是什么，因为从来不以"德"为"德"，所以他们只有"德"之实，而没有"德"之名，他将这类人称之为"上德之人"；除上德以外的人，他们的一切行为，虽然表现为善对万物，但是他们的行为并不是完全出于本身，而是出于外在的"道德"约束，他们的"德"是在外在因素的要求下实现的，是"为而成之"，王弼认为这类人的"德"在等级上要低于上德之人，所以称之为"下德之人"。从王弼的分析中，我们不难看出，"上德之人"是直接以"无"为其行为根据的，所以他们的行为可以称之为"无为"；而"下德之人"则是间接以"无"为其行为根据的，所以可以称之为"无以为"。在其现实性上，什么是"无以为"呢？王弼认为是"无所偏

---

① （魏）王弼：《老子道德经注》，中华书局 2011 年楼宇烈校释本，第 99—100 页。

为"。所谓"偏"，就要有"正"与之相校，"正"当然是"无"赋
予万物的"德"，"下德之人"怎样才能不偏离"德"呢？王弼认为
使下德之人"无所偏为"正是因为"仁义礼"节制了他们的行为。
那么，什么又是"仁""义""礼"呢？王弼接着说：

> 将明德之上下，辄举下德以对上德。至于无以为，极下德
> 之量，上仁是也。足及于无以为而犹为之焉。为之而无以为，
> 故有为为之患矣。本在无为，母在无名。弃本舍母，而适其子，
> 功虽大焉，必有不济；名虽美焉，伪亦必生。不能不为而成，
> 不兴而治，则乃为之，故有宏普博施仁爱之者。而爱之无所偏
> 私，故上仁为之而无以为也。①

王弼认为，将人分为"上德"与"下德"，不是为了以他们的
差异性割裂二者，而是要使"下德之人"达到"上德之人"的思想
境界。如何才能实现呢？王弼认为，所谓"无以为"是"下德之
人"的最高境界，就其现实性来说，"无以为"就是"上仁"。对于
"仁"，孔子曾说："仁者，人也。""仁者，爱人。"孔子把"仁"
视为人之为人的根本属性，并且认为"爱人"是"仁"的具体表现
形式。王弼在《论语释疑》中重申了这一观点，并将这一观点推向
深入，他说：

> 自然亲爱为孝，推爱及物为仁也。

王弼认为人天生具有孝悌的亲爱之情，如果把这种自然的亲爱
之情推己及物便是"仁"。人的孝悌亲爱之情是与生俱来的，它不是
人的刻意为之，也无须为人所称道，所以是"无为""无名"的。

---

① （魏）王弼：《老子道德经注》，中华书局 2011 年楼宇烈校释本，第 99—100
页。

"仁"的根本在于人的孝悌之情，所以"仁""本在无为，母在无名"。然而，"仁"的根本毕竟在于"情"，"情"有已发、未发之分，也有"中节"与"不中节"之分，而且"仁"还是建立在主体意识基础上的"推己及人"，所以尽管都是"亲爱"之情，也难免会有所差异，王弼认为只有能以"无"为其根据的没有偏私的亲爱之情，才是"上仁"，才是"无以为"。

"仁"是人的自然亲爱之情的"推己及物"，有所偏私，在所难免，如果有所"偏私"怎么办呢？王弼指出：

> 爱不能兼，则有抑抗正（真）［直］而义理之者。忿枉祐直，助彼攻此，物事而有以心为矣。故上义为之而有以为也。①

王弼认为，当"仁爱"有所偏私的时候，"就会产生专门讲求进退、正直等义理之人"②，他们会用"义"对其进行修正。什么是"义"？王弼没有直接对"义"进行解释，当然也有可能在《论语释疑》中进行了解释，只是现在已经难觅踪迹。但是我们从他的《周易》注释中，也可知其一二。王弼在《乾·文言》中有这样的注释：

> 夫易者，象也。象之所生，生于义也。有斯义，然后明之以其物，故以龙叙乾，以马明坤，随其事义而取象焉。③

王弼认为大易是用来描述事物的现象的，现象的出现在于现象背后的"义"，而且他认为只有认识到事物背后的"义"，才能更好

---

① （魏）王弼：《老子道德经注》，中华书局 2011 年楼宇烈校释本，第 99—100 页。

② 同上书，第 104 页。

③ （魏）王弼：《周易注校释》，中华书局 2012 年楼宇烈校释本，第 4 页。

地理解物。由此可见，在王弼看来，"义"正是事物存在的"形上之道"，从这个意义上来说，"义"的根本是"无"。

王弼认为当人们不能做到兼爱万物的时候，可以用"义"对其进行修正。那么，如果人们对于"义"不能笃信守直呢？

> 直不能笃，则有游饰文礼敬之者。尚好修敬，校责往来，则不对之闲忿怒生焉。上（德）［礼］而为之莫之应，则攘臂而扔之。①

王弼认为当人们对于"义"不能笃信守直的时候，就有人制定了各种形式的"礼"。"礼"是如何产生的呢？王弼在《论语释疑》中已经注明，"礼"的产生是圣人依据人的自然之情建立起来的，也就是说"礼"的根本也在于"无"。王弼认为"礼"对规范人们的行为有正反两方面的作用，一方面，对于礼敬之人，他们可以通过对具体形式的礼的崇敬达到对"义"的笃信守直；另一方面，对于那些不礼敬的人，"礼"可以成为规范他们行为的准则，以此强迫他们遵守礼节。

按照王弼的逻辑，从本体的层面上看，万物成其为"自己如此"，是本体自身的"以无为用"；从"物"的层面上看，"道"化生万物之后，"道"就以"德"的方式存在于"物"，这就是所谓的"失道而后德"。在"德"的层面上，"无"通过"仁""义""礼"三个环环相扣的逻辑环节，使"道"在具体事物中发挥作用，这就是社会现实层面的"以无为用"。王弼认为，天道自身的"以无为用"是现实社会存在的本性，以此本性而存在的社会现实是"形名

---

① （魏）王弼：《老子道德经注》，中华书局 2011 年楼宇烈校释本，第 99—100 页。

俱而邪不生，大美配天而华不作"①。

以上诸多分析表明，王弼以独特的思维方式，确认了本体的特征，澄明了本体与万物的内在逻辑关系，并在此基础上论证了社会现实的存在本性，可以说王弼以极其缜密的逻辑思维，建构了一个内容圆融的本体论思想。但是，当我们对这个本体论思想的逻辑原则进行反思的时候，不难发现，贯穿于王弼论证的过程的中心原则是"以无为本""以无为用"，"以无为本""以无为用"的逻辑前提是"有生于无"，那也就是说王弼以"有生于无"为逻辑起点建构了他的"贵无"本体论思想。

王弼本体论思想的建构，将"无"上升到本体的地位，但是"无"如何生"有"，这对于当时的哲学家们来说，着实成为一个难以理解的问题。于是在对王弼的辩难中，裴頠本体论产生了。

裴頠是坚决反对"贵无"本体论的，他说：

> 夫至无者，无以能生，故始生者，自生也。自生必体有，则有遗而生亏矣；生以有为己分，则虚无是有之所谓遗者也，故养既化之有，非无用之所能全也；理既有之众，非无为之所能循也。②

裴頠认为"无"是"有"的遗失，所以"无"就是"没有"，"无"既然是"没有"，"无"当然也就不能生成万物了，相应地，"无"当然也就没有办法成为"物"之所以为"物"所遵循的"理"了。那么，"有"是从哪里来的呢？他认为"有"是自生的，这样的自生方式，类似于庄子所说的"道"的"自本自根"。这样的"有"是如何存在的呢？裴頠指出：

---

① （魏）王弼：《老子道德经注》，中华书局 2011 年楼宇烈校释本，第 99—100 页。

② （唐）房玄龄：《晋书》，中华书局 2004 年标点本，第 684 页。

夫总混群本，宗极之道也。方以族异，庶类之品也。形象著分，有生之体也。化感错综，理迹之原也。夫品而为族，则所禀者偏，偏无自足，故任乎外资。是以生而可寻，所谓理也。理之所体，所谓有也。有之所须，所谓资也。资有攸合，所谓宜也。择乎厥宜，也谓情也。识智既授，虽出处异业，默语殊涂，所以宝生存宜，其情一也。众理并而无害，故贵贱形焉。失得由乎所接，故吉凶兆焉。是以贤人君子，知欲不可绝，而交物有会。观乎往复，稽中定务。惟夫用天之道，分地之利，躬其利任，劳而后飨。居以仁顺，守以恭俭，率以忠信，行以敬让，志无盈求，事无过用，乃可济乎！故大建厥极，绥理群生，训物垂范，于是乎在，斯则圣人为政之由也。①

裴頠从知性的角度将具体存在的事物进行了三个层次的划分。第一个层次是整体性存在意义上的"总混群本"；第二个层次是"类"存在意义上的"庶类之品"；第三个层次是"具体"存在意义上的"有生"之体。裴頠认为事物整体性的和谐存在，是事物存在的终极之道，但是从"类"存在的意义上说，物的存在是各有其局限性的，于是，他认为能够使所有有局限性的类存在得以共生的，就是"理"。理在哪里呢？裴頠认为作为"类"存在的事物，都是有其局限性的，比如猫、狗皆需要食物才能使生命得以存续，他们需要依靠外物，才能养全自己。裴頠将能够养全主体的外物称之为"资"，使"资"得到满足的称之为"宜"。不同种类的事物之间尽管各有其局限性，但是他们能够在"资"与"宜"的互补中实现共存，这就是"宝生存宜"。按照裴頠的逻辑正是因为不同种类的事物之间存在着"宝生存宜"的关系，所以才能够实现事物"总混群本"的整体性存在的终极之道。这个"宝生存宜"才是事物存在之

① （唐）房玄龄：《晋书》，中华书局 2004 年标点本，第 683 页。

理。进一步说，"宝生存宜"的存在，一方面需要主体的"资"的存在，另一方面需要外物提供使主体的"资"得到满足的"宜"的存在，不管是"资"还是"宜"，都是以"物"为载体的，而与"无"无关。追根溯源，"有"是"理"的载体，"有"才是养全万物的根本。由此，裴頠认为本体为"有"而不是"无"，这就是裴頠的"崇有"本体论。

裴頠以"始生者自生"反驳王弼的"有生于无"，构建了他的"崇有"本体论，"崇有"与"贵无"成为玄学的热点问题，同时也为玄学家们讨论本体论问题划定了"有""无"的界域。郭象尝试突破这个界域，另辟蹊径，创立独具特色的"独化论"，回答了王弼的"无"如何生物、裴頠的"有"如何"自生"以及生"物"之后如何演进、化生万物的问题，将王弼的"贵无论"和裴頠的"崇有论"向前推进了一步。

以往，当人们提到魏晋玄学的本体论时，一般将其分为三个阶段，即王弼的"贵无论"、裴頠的"崇有论"及郭象的"独化论"。但是当人们进一步追问"本体"的时候，才发现郭象在《齐物论注》中明确指出"独化论"指涉的是"有物之域"的生成变化问题，而非"有物之域"的根源问题，这似乎是说郭象并没有提及本体的问题。但是，如果我们认真仔细琢磨分析一番，就可以发现郭象在其独化论的言说中含有一种隐性的本体论。比如，郭象说：

> 无既无矣，则不能生有。有之未生，又不能为生。然则生生者谁哉？块然而自生耳。①

郭象认为"无"就是"无"，是"没有"，所以"无"不能生"有"，"无"既然无法生"有"，那又如何生"物"呢？这正是裴頠辩难王弼的问题，但是裴頠也没能够给出正面的回答。可以说，

---

① （晋）郭象：《庄子注疏》，（唐）成玄英注，中华书局2011年版，第26页。

这是王弼、裴頠的本体论付诸阙如的问题。但是对于这个问题，郭象予以填空式的回答，他说："生生者谁哉？块然而自生。"郭象认为，这个"生生者"是"无"也好，是"有"也罢，都是"块然而自生"的。那么，关键的问题是，"块"是从何而来的呢？郭象指出：

> 物之生也，莫不块然而自生，则块然之体大矣，故遂以大块为名。①
>
> 大块者，无物也。夫噫气者，岂有物哉，气块然而自噫耳！②

郭象把事物的存在抽象为一块块存在的东西，"块"与"大块"的差别只在大小，并不是"具体"与"本体"的区别，但是"气块然而自噫耳"却透露出郭象的本体论信息。郭象认为"块"是"气""自噫"的结果。气之一块，犹若气之一团，"块"由"气"生，"物"由"块"生，按照这个逻辑推演下去，王弼的本体论似乎就比较明晰了。"气"结成"块"而生"物"，那么，未生物之前，"气"浑然一体，既是无物，亦是"大块"，所以郭象说"大块者，无物也"。

那么，"气"是如何成"块"的呢？郭象承袭了庄子以来气有聚散的说法，他认为"块"是由气聚而成的，他在注《庄子·知北游》中说："自本观之，生者，暗醷物也"一语时说，"直聚气也"③，对于本句，成玄英注为：

> 本，道也。暗醷，气聚也。从道理而观之，故知生者，聚

---

① （晋）郭象：《庄子注疏》，（唐）成玄英注，中华书局 2011 年版，第 24 页。
② 同上。
③ 同上书，第 397 页。

气之物也，奚足以惜之哉！①

又说：

　　夫身者非汝所能有也，块然而自有耳，身非汝所有，而况道哉！若身是汝有者，则美恶死生当制之由汝。合气聚而生，汝不能禁也；气散而死，汝不能止也。明其委结而自成耳，非汝有也。②

以上注释表明，运动着的气主要有聚、散两种具体的运动形式，聚使物生，散使物死。由此不难看出，在郭象看来，"块"是气聚的产物。"气"聚成"块"，"块"然生物，气是一切物的本源、本体。哲学史家们津津乐道的气论、气本体论，对郭象的本体论给予了极大的启发。可惜的是，或许是人们受到玄学本体论的两位先行者所论"无""有"的影响，对于郭象的本体论的研究仍限制于"有""无"之域，而忽略了这一点。

明白了气聚成块，块然生物的道理后，接下来，就是气如何以"块"生物的问题了。郭象说，"气块然而自噫耳"，"自噫"是指气的自呼自吸，亦即气的一切运动都是自动的，那也就是说，气以"块"的形式生物，不是有意为之，而是自动生物。总之，气自有、自噫、自动，一切都是在气的独自运行、独自进化中完成的，这是郭象的本体论的要旨。

郭象认为，物是由气聚成块而产生的，气聚、气散可同归于气的自然流行。所以，"物"的存在之理，也可同归于"气"的存在之理，如成玄英所疏"生死既其不二，万物理当归一"③。因此，在

---

①　（晋）郭象：《庄子注疏》，（唐）成玄英注，中华书局2011年版，第397页。
②　同上书，第394页。
③　同上书，第391页。

"物"的环节上，"物"的生成变化与其"气"的生成变化是相同的，即都是在独自运行、独自进化中完成的，这就是郭象的"独化论"。

通过以上分析，我们发现，王弼通过借鉴儒道文化资源，建立了"贵无"本体论，在对他的"有生于无"的辩难中，裴頠、郭象创立了各自的理论体系。王弼、裴頠、郭象开创了魏晋哲学本体论思想的三大学派，共同推进了魏晋玄学本体论思想的发展。王弼、裴頠、郭象的本体论的建构又启发了更多的魏晋哲学家，这些哲学家纷纷建构自己的本体论思想，终使本体论成为魏晋玄学一道独特的风景线，从而使魏晋玄学"不复拘拘于宇宙运行之外用，进而论天地万物之本体"①。

第二节 王弼"体无"与玄学认识论

在魏晋时期特殊的时代背景下，本体论问题变成了魏晋玄学的中心问题。然而，本体观念的提出所引起的一个必然的后果就是"人为"地将世界分为两个部分，一个是可见、可知、可感的"有"的世界，一个是作为现实世界的最高根据的"超越性"的"无"的世界，在这个意义上，哲学由此进入了一个"破裂的领域——双向度的领域之中"②。对于"有"和"无"，《老子》说："有无相生"，又说"有生于无"；《周易》说："形而上者谓之道，形而下者谓之器，化而裁之谓之变，推而行之谓之通，举而措之天下之民谓之事业"，这说明，在这个"破裂的领域"中，"无"与"有"并不平行存在，"无"是比"有"更深一层的本体性存在，"超越性"的

---

① 汤用彤：《魏晋玄学论稿》，上海古籍出版社 2001 年版，第 43—44 页。

② 转引自贺来《"认识论转向"的本体论意蕴》，《社会科学战线》2005 年 3 月。原载于马尔库塞《单向度的人》，上海译文出版社 1989 年版，第 113 页。

"无"可以用来解释、说明、规范和统摄"经验性"的"有"。"有"，存在于时空之中，有形有象，容易被人们认知，但是"无"，超越时空、无形无象，难以用一般的方法来掌握。对于"无"的认识，是一道哲学难题。但是，当本体论问题成为时代课题时，这一难题必须引起哲学家们的重视，因为他们深知，这一问题关系到他们所确立的本体观念的确定性问题，于是，一种聚焦于"有""无"而以"无"为主的玄学认识论发生了。

首先对这个问题作出回答的，就是本书的主角、魏晋玄学领军人物之一的王弼。王弼对于"无"的认知，是建立在他对孔子儒家文本分析的基础上的，他确认圣人孔子发明了"体无"的认知方式，他的理由是什么，我们不得而知。王弼是我国古代杰出的诠释学家，他在这里恐怕是代圣人立言，借圣人孔子之口说出了他自己的见解，这在诠释学上是允许的，也是屡见不鲜的。王弼的高明之处在于，他第一次发明并使用了"体无"这一独特的认知方式。

王弼的"体无"是建立在"有无相生"的"有"与"无"相互依赖关系的基础上的。王弼在《老子》第十一章注中说：

> 毂所以能统三十辐者，无也。以其无能受物之故，故能以（实）[寡]统众也。木、埴、壁所以成三者，而皆以无为用也。言无者，有之所以为利，皆赖无以为用也。①

老子用"器"和"用"之间的关系隐喻了"物"与"道"之间的"有""无"关系，他的注释表明，"有"有"有"的功用，"无"有"无"的功用，但是"'有之用'与'无之用'其实只是一个用，'有之用'不过是'无之用'表现出的现象而已"②。在这个意义上。"事物都是因为发挥内在本体'无'的作用而得以实现

---

① （魏）王弼：《老子道德经注》，中华书局 2011 年楼宇烈校释本，第 29 页。
② 秦准：《王弼"以无为用"论辨析》，《青海社会科学》2002 年第 1 期。

自身价值，不能舍弃'无'作为自己的本体。"① 换句话，"无"与
"有"的关系是，"有"以"无"作为其存在的依据， "无"以
"有"作为其存在的外显形态， "无"的功用通过"有"来体现。
"无"如何通过"有"来体现呢？王弼在《论语释疑》中有这样一
段注释：

> 子欲无言，盖欲明本。举本统末，而示物于极者也。夫立
> 言垂教，将以通性，而弊至于湮，寄旨传辞将以正邪，而势至
> 于繁。既求道中，不可胜御，是以修本废言，则天而行化。以
> 淳而观，则天地之心见于不言；寒代暑序，则不言之令行乎四
> 时，岂谆谆者哉！②

王弼的这段话是对《论语·阳货》中孔子所说"天何言哉，四
时行焉，百物生焉，天何言哉"一语的注释。王弼认为"无"本是
无形无名的，那么，如果用语言直接描述它，那必然会模糊"无"
的本性，如果用隐喻性的语言描绘它，尽管可以起到一定的作用，
但是势必会陷于烦琐。那么，连语言都不可描述的东西，是不是不
可认知的呢？当然不是。王弼认为对于"无"的认知，可以在"则
天而行化"中完成。至于"则天而行化"，王弼认为， "四时行焉，
百物生焉"的"寒代暑序"是天道运行规律呈现出来的外在现象，
尽管这些自然现象并不直接导致对"无"的认识，但是人们却可以
透过这些纷繁复杂的现象达到对隐藏在现象背后"视之不见""听
之不闻""搏之不得"却又起决定性支配作用的"无"的认识。只
是这种认识方法不同于来自眼、耳、口、鼻的直接的感观认识，而
是要来源于"体"。

王弼的"体"字不应做名词解释，而应当作动词来讲，即体认、

---

① 王晓毅：《王弼评传》，南京大学出版社 1996 年版，第 233 页。
② 楼宇烈：《王弼集校释》（下），中华书局 1980 年版，第 633—634 页。

体察、体证等。正如杜维明先生所认为的那样，"体认、体察、体证、体会、体味、体玩、体究及体知和一般的认识、考察、证实、品尝及理解也不大相同。凡能'体之'的都是'知行合一'的表现，既能'知得真切笃实'，又能'行得明觉经察'"①。从杜维明先生的理解，不难看出，王弼的"体无"内在包涵着两个紧密相关的逻辑环节：前一个，是比较低级的认识环节。在这一环节中，主体对于"无"的认知，既由耳目感官的认知而来，也由全副身心的体验、体察、体证、体知而来；后一环节，则是比较高级的认识过程，它强调主体作为一种理性的生命与道体流行的真实契合，在此过程中，人与万物可合，"在此情形下，人心亦是通透澄澈，乃能自然应物，与万物如一而合于道，无有滞塞，此即为得道的境界"②。

在对"无"的认知上，王弼发明了"体无"认识论。"体无"作为认识"无"的方式方法，它并不直接对认识对象"无"进行细致观察、搜集资料、反复验证等等，它不同于一般的认识过程，不是一种科学的认识论；它强调的是认知主体融入道体、与道体打成一片③，久而久之获得对于道体的认知，有时它类似于一种沉潜久之而后的豁然开朗或顿悟。总之，"体无"是一种针对形上之道而发明的特殊的认知方式。

"无"超越时空，无形无象，是认识论上的难解之题，然而对于魏晋哲学家来说，又是必须面对的问题。在这种情况下，一旦有人发明了某种解题的办法，那么必定会启发更多哲学家的智慧。王弼以"体无"开创了玄学认识论的先河，嵇康和郭象步其后尘，也先后提出了他们的认识论。

---

① 郭齐勇、郑文龙：《杜维明全集》（第五卷），武汉出版社 2002 年版，第 331—332 页。

② 张连良：《中国古代哲学史》，中国社会科学出版社 2015 年版，第 37 页。

③ 李兰芬教授认为，"人在无中""人与道通"，人能够对"无""心领神会"，从而达到"与道同体"。载李兰芬《"体无"何以成"圣"——王弼"圣人体无"再解》，《中山大学学报》（社会科学版）2008 年第 4 期。

在本体论问题上，王弼思想逻辑上的制高点是"有生于无"。但是对于"无"如何生"有"在魏晋时代是极具争议性的问题。当然，嵇康也并不赞成王弼"有生于无"的说法，嵇康承袭的是汉代的气化宇宙论，他认为天地之间，包括人在内的事物，都是禀受元气化生的，所以他在《明胆论》中说：

夫元气陶铄，众生禀焉。赋受有多少，故才性有昏明。①。

在《声无哀乐论》中又说：

夫天地合德，万物贵生；寒代暑往，五行以成。故章为五色，发为五音。②

嵇康认为元气包含阴阳二气，万物众生皆由元气化生而来，由于受到元气的厚薄不同，使众生物赋受了不同的自然之性，万物的自然之性通过各种颜色和各种不同的声音表征出来。按照嵇康的宇宙论逻辑，万物众生皆禀受元气而化气，那么，对于万物而言，必然会具有元气之理，即"自然之理"；然而就具体事物而言，尽管都是由元气化生，但是它们所禀受的元气又是不同的，换句话说明，具体事物形成之后，宇宙已经不再是简单的元气的堆砌了，而成为各种具体事物的集合体，所以元气之理在具体存在物的环节上，已经内化为具体的"理"。所以，对于事物存在之理的认识，嵇康拒绝谈"无"而转换到类似于"理"的认识。对于"理"的认识，嵇康说：

况乎天下微事，言所不能及，数所不能分，是以古人存而

---

① （三国魏）嵇康：《嵇康集校注》，中华书局 2015 年戴明扬校注本，第 391 页。
② 同上书，第 316 页。

不论。神而明之，遂知来物，故能独观于万化之前，收功于大顺之后。百姓谓之自然，而不知其所以然。①（《难宅无吉凶摄生论》）

稽康认为对于"理"这种微妙之事，用语言是难以描述的，用数术是难以分明的，所以古人信其有，却不言其然。尽管理难以描述，但是人们总能在某种意义上与之"神冥契合"，并以此为依据，在事情发生之前预测它，在事情发生之后验证它。至于这种"神冥契合"是如何发生的，一般的百姓只称其为"自然"，却不能说出它的所以然。那么，"理"是如何被认识的呢？稽康说：

夫至理诚微，善溺于世，然或可求诸身而后悟，校外物以知之者。②（《答难养生论一首》）

稽康认为理真实存在，但是微妙难知，总是隐没在现实之中，但是"理"并不是不可知的，人们或许可以从自身中去考量省悟，再校参外物就可以知晓了。稽康"求诸身而后悟，校外物以知"的根据是什么呢？稽康在《养生论》和《答难养生论》中分别有这样的论述：

善养生者……又守之以一，养之以和，和理日济，同乎大顺。③（《养生论》）
君子识智以无恒伤生，欲以逐物害性。故智用则收之以恬，性动则纠之以和。使智（上）［止］于恬，性足于和，然后神

① （三国魏）稽康：《稽康集校注》，中华书局2015年戴明扬校注本，第435页。
② 同上书，第276页。
③ 同上书，第231—232页。

以默醇，体以和成，去除累害，与彼更生。[①]（《答难养生论》）

嵇康认为能使万物以其本性而存在的原因在于"和"。因此，对于"理"的认识，当然就要从"和"说起。那么，什么是"和"呢？嵇康将"和"理解为本体与物、物与物之间的相互依赖关系。为此，嵇康指出：

> 律吕分四时之气耳，时至而气动，律应而灰移。皆自然相待，不假人以为用也。上生下生，所以均五声之和，叙刚柔之分也。[②]

据《汉书·律历志》记载："律有十二，阳律为律，阴律为吕，律以统气类物。"嵇康认为律吕的出现是与四时之气自然相"和"的结果，同时，律吕的上下相合，又能够产生五音的和谐，这就是"音乐"与"本体"的"和"。"律吕"是具体的"物"，"四时之气"是本体，"律吕"与"四时之气"的"和"是说"物"与"本体"之间的内在统一性。同时，嵇康又提到律吕的"上生下生"相和而产生"五声"，律吕的"上生"是具体之物，"下生"也是具体之物，这是说，"物"与"物"之间也具有相"和"的关系。"物"与"本体"的关系、"物"与"物"的关系共同构成了世界的全部存在，那也就是说在嵇康看来，万事万物之间都具有"和"的相互依赖关系。

"本体"与"物"、"物"与"物"之间的相互依赖关系与人对本体的认识具有怎样的关系呢？嵇康指出：

> 夫喜怒哀乐，爱憎惭惧，凡此八者，生民所以接物传情，

---

① （三国魏）嵇康：《嵇康集校注》，中华书局 2015 年戴明扬校注本，第 271 页。
② 同上书，第 322 页。

区别有属，而不可溢者也。①

　　不虑而欲，性之动也；识而后感，智之用也。（《答难养生论》）

　　嵇康认为，人天生具有喜、怒、哀、乐、爱、憎、惭、惧八种情感，这八种情感，在不受外界影响的情况下，是呈现于人保持内心恬淡、遏制欲动之后产生的"喜怒哀乐之未发"的状态的，也就是儒家说的"中"的状态，但是人的情感一旦与外界事物相交接，就会由未发转入已发的状态，人的情感由未发至已发，是人的情感与外界事物相"和"的结果。此即儒家所谓"发而皆中节，谓之和"。嵇康把人的情感看作是"人"与"物"相和的结果，正是因为"人"与"物"相和，所以人听到不同的音乐，就会做出不同的反应："哭谓之哀，歌谓之乐。"② 尽管有些地方的人也有"闻哭而欢""听歌而（感）［慼］"的，但是这不过是不同地方的风俗不同而已，他们的"情感"与"音乐"相"和"的原理是一样的。按照嵇康的逻辑，人的一切情感都是应"物"而生，"物"又是与"本体"相合的结果，那么，可以说人的一切已发情感都被认为是指合乎事物的自然之理。所以，人对自身情感的觉悟是认识"理"的最好途径。

　　今用均［同］之情，而发万殊之声，斯非音声之无常哉？然声音和比，感人之最深者也。劳者歌其事，乐者舞其功。夫内有悲痛之心，则激切哀言。言比成诗，声比成音。杂而咏之，聚而听之。心动于和声，情感于苦言。嗟叹未绝，而泣涕流涟矣。夫哀心藏于（苦心）内，遇和而后发；和声无象，而哀心

---

① （三国魏）嵇康：《嵇康集校注》，中华书局2015年戴明扬校注本，第317页。
② 同上书，第316页。

有主。夫以有主之哀心，因乎无象之和声，其所觉悟，唯哀而已。①

嵇康认为，人都有相同的情感，但是却可以发出不同的声音，这不是声音无常，而是情感与声音相和的结果。声音发于自然，所以人的情感等同于自然之理，而这在人的自身情感范围内是无法被证明的，所以必须"求诸身而后悟"。"求诸身而后悟"强调主体亲身的体验与体察，并且由"悟"最终完成，嵇康的认识论近似于王弼的"体无"，是王弼"体无"认识论的同道或者知音。

郭象与嵇康一样也反对"有生于无"，他认为"无既无矣，则不能生有"。他的本体论思想袭承了中国古代哲学的气论、气本论的立场。但是对于气如何生物，他直接继承了庄子气聚生物的理论。所以，在他看来，万物的存在是一块一块的气的聚合，气聚生物的环节之后，万事万物自身性足、独化而成，万物的最高统一性在于"玄冥"。

世或谓罔两待景，景待形，形待造物者。请问夫造物者有邪？无邪？无也则胡能造物哉！有也则不足以物众形。故明众形之自物，而后始可与言造物耳！是以涉有物之域，虽复罔两，未有不独化于玄冥者也。②

关于"玄冥"，汤用彤先生认为"玄冥"即为"无"，"'独化'是'有'的一方面，'玄冥'是'无'的一方面，此语在调和'有'、'无'"③。康中乾先生则进一步推进了汤用彤先生的研究，指出："'玄冥'是对'无'的表征。它表征的是绝对意义的'无'，是活着的'无'。……真正的'无'是内在于存在物自身中的，是

---

① （三国魏）嵇康：《嵇康集校注》，中华书局 2015 年戴明扬校注本，第 316 页。
② （晋）郭象：《庄子注疏》，（唐）成玄英注，中华书局 2011 年版，第 60 页。
③ 汤用彤：《魏晋玄学论稿》，上海古籍出版社 2001 年版，第 179 页。

存在物之所以然、所以故的如此存在的本质、本性、本体。"① "玄冥"即是"无"，那么，郭象是如何描述"无"的特征的呢？

> 夫六合之外，谓万物性分之表耳。夫物之性表，虽有理存焉，而非性分之内，则未尝以感圣人也，故圣人未尝论之。[若论之]，则是引万物使学其所不能也。故不论其外，而八畛同于自得也。②

郭象认为，在具体存在的事物之外，存在着一个万物性分的最高统一性，但是这个统一性，从"理"上说，是存在的，但是因为在万物的性分之外，所以是人的耳目感官所不能认识的，所以圣人孔子没有言说它，即便搜罗万物之学，也与之无益。如果从王弼的观点出发，郭象的这个万物的统一性实指的当然就是王弼的"无"。"无"既是无形、无名，当然是超越了人的一般的认知范围，"所不知者，皆性分之外也，故止于所知之内而至也"③。但是郭象进一步指出：

> 夫物物自分，事事自别，而欲由己以分别之者，不见彼之自别也。④

郭象认为事事物物都是有分别的，但是这种分别是建立在主体意识的基础上的，这种分别并不见之于事物自身。郭象在这里确立了一种主体意识的认识观念，在这种观念下，首先对"无"进行了称谓，他说："付之自称，无所称谓。"⑤ 这个称谓就是"玄冥"：

---

① 康中乾：《有无之辨——魏晋玄学本体论思想再解读》，人民出版社2003年版，第279页。

② （晋）郭象：《庄子注疏》，（唐）成玄英注，中华书局2011年版，第46页。

③ 同上书，第48页。

④ 同上书，第47页。

⑤ 同上。

> 玄冥者，所以名无而非无也。①

那么，现在的关键问题是，如何认识这个"玄冥"呢？郭象再一次强调了"心"的这一主体意识的认识功能：

> 见目而求离朱之明，见耳而责师旷之聪，故心神奔驰于内，耳目竭丧于外，处身不适而与物不冥矣。不冥矣而能合乎人间之变、应乎（世）[当]世之节者，未之有也。②
> 夫使耳目闭而自然得者，心知之用外矣。故将任性直通，无往不冥。③

郭象认为，耳目等感官只能认识具体事物，要认识"玄冥"只有用"心"。那么，"心"为何能够认识"玄冥"呢？郭象指出：

> 夫理有至极，外内相冥，未有极游外之致而不冥于内者，未有能冥于内而不游于外者也。故圣人常游外以（弘）[冥]内，无心以顺有。④

在王弼看来，气聚生物，所以尽管物物有别，但是物的自然本性却都与气的自然本性具有同一性，所以物的存在之理就是本体的存在之理。正因为如此，外物之"理"与主体之"理"是内外冥合的，在这个意义上，没有认识外物之"理"而不认识主体之"理"，也没有认识主体之"理"而不认识外物之"理"的道理，正是因为

---

① （晋）郭象：《庄子注疏》，（唐）成玄英注，中华书局 2011 年版，第 141 页。
② 同上书，第 83 页。
③ 同上。
④ 同上书，第 147 页。

外物之"理"与主体之"理"相冥合，所以圣人常常能通过内外存在之理的冥合，认识本体的存在之理。但是，尽管如此，郭象认为"内外相冥"是有条件的，这个条件就是"无心"。为什么要用"无心"呢？郭象指出：

> 今以言无是非，则不知其与言者有类乎不类乎？欲谓之类，则我以无为是，而彼以无为非，斯不类矣。然此虽是非不同，亦固未免于有是非也，则与彼类矣。故曰类与不类，又相与为类，则与彼无以异也。然则将大不类，莫若无心，既遣是非，又遣其遣，遣之又遣，以至于无遣，然后无遣无不遣，而是非自去矣。①

郭象认为人有别于动物在于人识思、有虑，而思虑正是人"心"的功能，正是因为人心有思虑的功能，所以人心才有认识的功能。但是，人的认识功能往往带有"是非"判断的目的，在这种情况下，不同主体对于同一事物的认识也可能是不尽相同的，显然，这样的认识不能够达到对事物本性的认识，也就不能达到对"玄冥"的认识。以此，郭象提出"无心"之说，即主体在认识事物的时候，要去除"是非"之念，这就是"既遣是非，又遣其遣"的遣之又遣法。人心去除"是非"之念，无异于庄子"堕肢体，黜聪明，离形去知，同于大通"的"坐忘"状态，这种状态被庄子认为是人的自然本性应呈现出来的状态。在郭象那里，"坐忘"以"无心"的形式再次被强调指的是合乎事物的自然之理，"夫坐忘者，奚所不忘矣哉！既忘其迹，又忘其所以迹者。内不觉其一身，外不识有天地，然后旷然与变化为体而无不通也"②。那么，如何以"无心"认识"玄冥"呢？

---

① （晋）郭象：《庄子注疏》，（唐）成玄英注，中华书局2011年版，第43页。
② 同上书，第156页。

无心，则物各自主其知也。因天下之自为，故驰万物而无穷也。任物，故无迹。足则止也。见得，则不止。不虚则不能任群实，至人之用心若镜，鉴物而无情，来即应，去即止，物来乃鉴，鉴不以心，故虽天下之广，而无劳神之累。①

至人之心若镜，应而不藏，故旷然无盈虚之变。②

郭象认为，人不需要主动去认识事物，只要保持其"无心"的状态，人心就会像镜子一样自动反映事物，事物"玄冥"的本体就会一览无余，无所隐藏。从表面上看，这似乎是不可理解的，但是从郭象"气聚成物"的本体论来看，其内在义理就十分明了了。从"气聚成物"的本体论出发，人的自然状态与物的自然状态及本体的自然状态具有没有差别的同一性，人的本身成其为自身的"玄冥"，而人的"玄冥"与物的"玄冥"乃至于本体的"玄冥"若合符节，人可以通过自己的"玄冥"达到对事物的"玄冥"的认识。而对自己"玄冥"的认识，"不能靠别人说给你听，而要靠你自己去体、去察、去悟、去觉"③。这与王弼"体无"似有异曲同工之妙。

据以上分析，我们看到，自王弼建立"体无"玄学认识论以后，嵇康与郭象在与王弼的辩难中建立了各自的理论体系。然而，就他们所建立的理论体系而言，他们对于"无"的认识，仍然是将主体本真与万物本真融通为一，作为最基本的认识方法，换言之，他们都将"体"视为认识"无"的唯一方法。所不同的是，王弼的"无"是事物本体，嵇康的"无"是事物的存在之理，郭象的"无"是事物的"玄冥"，从这个意义上说，王弼、嵇康、郭象分别从本体、存在之理和"玄冥"三个角度展开了对"无"的认知的探讨，

---

① （晋）郭象：《庄子注疏》，（唐）成玄英注，中华书局 2011 年版，第 48—49 页。

② 同上书，第 167 页。

③ 康中乾：《郭象认识论辨析》，《陕西师范大学学报》（哲学社会科学版）2006 年第 5 期。

就"无"作为事物"自己如此"的根本依据而言，他们已经将对"无"的认识做到了极致，认为体认了"无"也就等于达到了"无"的境界。如牟宗三所说，"'圣人体无'即言圣人真能达到'无'的境界（即做到无）"①。尽管"体无"是圣人之事，一般人是"虽不能至，而心向往之"，但是，圣人的"体无"认识论能够为王弼所窥探、揭秘、了解，这已经是了不起的贡献。所以，魏晋时期虽然出现了很多著名的哲学家，东晋以后佛学也有了繁荣的发展，就其认识论而言，都没有超出王弼、嵇康和郭象所建立起来的玄学认识论体系；就其认识"无"的方法而言，也没有创造出超越于王弼的"体"的方法。

综合本章以上论述，我们发现这样一个问题，名教合理性问题是魏晋玄学的时代课题，但是在论证这一时代课题时，本体论问题上升到中心问题的位置，而王弼正是以其本体论的建构实现了对其时代课题的论证，但是这一本体论的确定性又是建立在"体无"玄学认识论的基础之上得以圆融，进而使玄学本体论成为魏晋学术的学术特色。从这个意义上说，王弼的本体论哲学对于魏晋玄学具有开创性的意义。换句话说，从王弼哲学思想的内在逻辑与精神实质上看，本体论哲学是其哲学体系中最为闪光的部分。

---

① 牟宗三：《才玄与理性》，广西师范大学出版社 2006 年版，第 102 页。

第七章

总结与评价

在前面各章中，我们一直致力于对王弼哲学思想的内在逻辑与精神实质的探索，致力于对王弼哲学思想中最闪光领域的发现，还没来得及对王弼的学术领域进行总结与评价。王晓毅先生曾经说，从整体上评价王弼学术领域的价值和功能，"是一个十分棘手的难题"①。但是我们认为，今天，当我们再次走近王弼、走进他的思想深处时，还是应当依据研究成果，进而对王弼的学术领域作出应有的评价，这对于我们认识王弼哲学思想的意义和价值都具有非常重要的意义。

一 关于王弼哲学思想的系统性问题

哲学家哲学思想的系统性问题是一个至关重要的问题，但这个问题在王弼这里却一度存在着极大的争议。比如，田永胜先生认为："就现有的资料看，王弼没有能够构造出一个较周密的思想体系，而只有一点零零碎碎的观点"②；王晓毅先生认为，"王弼哲学的本意，当然是为了士族社会的长治久安。为了达到这一目的，在当时历史条件允许的范围内，他最大限度地调和了个性自由与社会伦理之间

① 王晓毅：《王弼评传》，南京大学出版社 1996 年版，第 328 页。
② 田永胜：《王弼思想与诠释文本》，光明日报出版社 2003 年版，第 247—248 页。

的矛盾，全面融合了儒道学说。但是，由于其理论结构存在的先天不足——以恢复生命的自然本色为终极目的，最终没有建立一个超越生命的神圣境界"[1]；余敦康先生则认为："就思想内容而论，王弼的玄学毫无疑问业已形成了一个体系，不像何晏、夏侯玄、荀粲等人那样，只是阐发了一些零零散散缺乏内在联系的玄学观点。"[2]那么，王弼哲学思想是否已经形成了完备的体系呢？在解决这一问题之前，我们必须要对"何谓体系"这一问题进行追问。

恩格斯曾说："在一切哲学家看来，正是'体系'是暂时性的东西，因为体系产生于人的精神的永恒的需要，即克服一切矛盾的需要。但是，假定一切矛盾都一下子永远消除了，那么我们就达到了所谓绝对真理，世界历史就会终结，而历史是一定要继续发展下去的，虽然它已经没有什么事情可做了。这样就产生了一个新的、不可解决的矛盾。既然我们了解到：这样给哲学提出的任务，无非就是要求一个哲学家完成那只有全人类在其前进的发展中才能完成的事情，那么全部以往所理解的哲学也就终结了。"[3] 恩格斯以此指出以往哲学家的通病在于幻想着建构一种无所不能的终极体系，去解决一切存在的问题。那么，与之相反的便是他所谓的判断哲学家思想体系的基本标准。按照恩格斯的标准，判断一个哲学家是否具有完整的思想体系需要满足两个条件：第一，哲学家的思想体系是否与他所生活的历史时期的精神需要有关，即这种体系的产生是否因他所面临的时代课题而产生。这要求哲学家所建构的思想体系必须符合历史逻辑。第二，哲学家的思想体系能否在逻辑上"满足"人的精神需要，即这种体系是否要能够在逻辑上自圆其说，解决他所面临的时代课题。这要求哲学家所建构的思想体系必须符合思维

---

① 王晓毅：《王弼评传》，南京大学出版社 1996 年版，第 340—341 页。

② 余敦康：《何晏王弼玄学新探》，方志出版社 2007 年版，第 265 页。

③ 《马克思恩格斯选集》（第四卷），何冰武、李约瑟译，人民出版社 1995 年版，第 219 页。

逻辑。如果一个哲学家的哲学思想能够同时满足这两个条件，达到历史逻辑与思维逻辑的统一，那么我们就可以说他的思想是具有系统性的。

那么，王弼哲学思想是否满足这两个条件呢？王弼哲学思想产生于一个迫切需要对"名教"的合理性作出论证的时代。汉武帝登基以后，迫于政治的需要，其政治政策由"黄老之治"转向为"罢黜百家，独尊儒术"的名教之治。公平而论，名教之治在巩固国家的统一、形成共同的文化心理结构方面起到了不可忽视的作用，但是他并没有改变汉王朝自东汉中叶以后就陷入了危机之中的命运。对于这种"危机"的产生，与董仲舒首创的以"天人感应"神学目的论的解经方式不无关系。但是，追根溯源，这其实是先秦儒家自身的"道论""隐而不显"带来的后果：一方面，先秦儒学将"道"作为自身学术的合理性根据，"天命之谓性，率性之谓道"；另一方面，儒家又将"道论"悬置起来，保持语言上的"沉默"，"夫子之文章可得而闻也，夫子之言性与天道不可得而闻也"（《论语·公冶长》）。"道"是天地之母、万物之根，"道"承诺了其为名教合理性的最高根据，但是，由于"道"在儒家文本中隐没不见，所以人们很容易按照自己的意志，执着于名教的形式来解读名教，这就非常容易造成现实中的名教严重背离名教的自然本性的危险，正是由于这种危险的爆发，造成了当时社会的重重危机。当名教之治没有带来"名教"所设想的社会秩序时，对于名教合理性的反思便成为魏晋玄学家亟待解决的哲学问题。可以说对名教合理性的论证是魏晋玄学家共同的精神需要。

面对这样的问题，魏晋玄学家希望能够从儒道理论外观的差异中寻求解决问题的方法：沐并、王昶、钟会等人率先提出"儒道并用"的治国理念；何劭尝试"以老解儒"为"儒道并用"提供理论依据；荀粲试图以老子"道论"作为孔子儒学的"形而上学"补充的构想；何晏、裴徽则向本体层面深入，希望能够找到孔、老两家在本体层面的内在统一，为以老子"道论"作孔子儒家"形而上学"的补充提供理论依据。然而，尽管经历这些哲学家的各种努力，终究还是没能够为"名教"的合理性作出解释。

魏晋玄学家共同的文化任务是对名教的合理性作出解释，但是荀粲、裴徽、何晏的历史经验表明，无论是将不同的理论外观简单地捏合在一起，还是以道家的"无"作为汇通儒道的方法，都存在着一些难以解决的问题：荀粲的本意是将老子道论作为孔子儒家的形而上学补充，但是，他不但没有论证名教的合理性，反而使孔子所创立的儒家经典成为"六经糠秕"；何晏以老子道论为基础，建构以无为本的本体论思想，他希望以"无"汇通孔老，从而为以老子"道论"作为孔子儒家形而上学的补充提供依据，其结果是"以无为本"并不能够对全部的孔、老经典作出统一性解释，也就是说，他不能够为以老子"道论"作为孔子儒家"形而上学"的补充的做法提供有力的证据。究其根本，他们都没有通过孔、老两家理论外观的差异性寻求到孔、老两家的内在统一性。所以，他们在解决名教合理性问题上都以失败而告终。

王弼以其早熟早慧的哲学家品质发现了他们的问题所在，而且成功地解决了这个问题。王弼认为孔、老两家在核心问题上是统一的，他们都是关于"无"的学说，他们的理论外观的差异是由孔、老两家对"无"的不同的言说方式造成的。为了破解不同言说方式下的"无"与客观存在的"无"的关系，王弼采用了对认识论进行自觉反思的方法。王弼对认识论的自觉反思是在他的"言意之辨"中完成的。王弼将"言意"关系理解为"由存在到思维"和"由思维到存在"两个创生过程，在这两个创生过程中，言与意是辩证统一关系，也就是说"言"虽然不是"意"，却是对"意"的确定性言说，"意"虽然不是"言"，但是可以通过"言"认识"意"。王弼的言意关系表明，尽管孔、老两家理论外观不同，但是他们都是对客观存在的"无"的确定性的言说，而且通过他们的语言能够认识到客观存在的"无"。为了寻求客观存在的"无"，王弼对《周易》《老子》这两部富涵本体论思想的著作展开了研究。

　　通过对《老子》《周易》的研究，王弼发现，《老子》《周易》关于"无"的认识并不如其所愿的完全同一。它们有相同之处，也有不同之处，相同之处在于他们都认为"无"是万物之所以为万物的最高根据，"无"的自然属性都是无形无名；不同之处在于《老子》认为万物自然本性是"无"的自我展现方式，"无"是空间并存的万物的统一性；《周易》则认为"无"以人的伦理性为自我展现方式，"无"是万物在时间发展过程中的规律性。但是，在王弼看来，这些差异，并不是绝对的差异。因为，对于《老子》《周易》来说，"无"在自我展现方式上虽然有差异，但是他们都同时承认"无"以自然本性为自我展现方式，而且他们都认为万物中都存在着"无"，所以王弼将其二者汇通为："无"不能独立存在，而以"有"为其存在方式；对于《老子》将"无"理解为空间并存万物的万物统一性，而《周易》理解为万物在时间发展中的规律性的差异。王弼继承《周易》的"道""理"的系统，发明了他的"理"的观念，王弼以"理"汇通两者的差异，将二者统合在一起，确立了"无"是万物在时间、空间中的统一性的观念。从万物的存在不能脱离时间或空间的事实来说，王弼的做法无疑是合理的。王弼以汇通《老子》《周易》中的"无"的思想为基础，建构了他自己"有无统一"的本体论思想。

　　王弼建构他自己的本体论思想是通过汇通《老子》《周易》中的"无"实现的，王弼的"汇通"过程本质上是通过取得《老子》《周易》的本体论思想的内在统一性而完成的，这使得《老子》《周易》的本体论思想成为王弼所建构的本体论思想的注解，王弼本体论思想也因此而变得更加丰富。在王弼的本体论思想中至少还内在包涵着"以无为本""以无为用""崇本息末""崇本举末"四个命题。"以无为本"强调的"无"是万物的最高根据，万物都要以"无"为其根本；"以无为用"强调的是本体自身的运行方式、本体化生万物的基本方式、万物顺任自然发展的基本方式都是"无"自身的功用；"崇本息末"强调的是人认识本体的方法，即人能够通过息止末端的"有为"行为，认识到"无为、好静、无事、无欲"的"无"；"崇本举末"强调的是世界上一切万物都只有在坚持"崇本"的基础上，才会得到顺遂发展的实践原则。王弼关于本体的四个命题是一个环环相扣、层层深入的逻辑过程，在这四个环节的作用下，本体不再被悬置于现象世界之外，其现实意义在于它不仅能够对世界上存在的一切现象是否具有合理性作出解释，而且还能够为一切万物的发展提供指导性作用。基于这样的本体论思想，王弼完全能够对名教的合理性作出解释。

王弼从他的本体论出发，论证了"无"以不变的物征落实到万物中，就成了万物的自然本性，万物生于自然；万物在其自然本性中是自足的，只有顺任自然本性的万物才能使自己成其为自己，万物成于自然。"生于自然、成于自然"是万物之所以为万物的唯一合理性。在王弼看来，"名教"即是这样的万物：王弼认为"名教"是圣人按照万物的自然本性而建立起来的秩序系统，"名教"的本质在于顺任万物自然本性而成就万物。"名教"符合万物生于自然、成于自然的一般规律，"名教"是天然合理的。王弼对于名教合理性作出论证的同时，还对现实中的名教作出了分析，他认为现实社会的混乱并不是"名教"自身缺乏合理性，而是人们在施行名教的时候，过于执着于名教之"名"，而忘记了名教之为名教的自然本性造成的。王弼也提出了对社会现实中名教的弊病提出了救治的方法，他认为对于现实的名教不能仅限于对其形式上的改造，而应当从本治表，从现实中的名教背离其自然本性的根源入手，即君王要从根本上化解"逐末"之心，坚持以自然为"母"、为"本"，对名教不执于"名"，以"体无之心"来治理天下，"崇本息末"，这样才能从根本上发挥名教之为名教的自然本性的功效。及至于此，王弼以其本体论为基础，对名教合理性进行了论证。除此以外，王弼还在其《论语释疑》中对儒家之"仁""礼乐""道"的合理性进行了实证性的论证，进一步推进了名教合理性的论证。通过以上一系列的逻辑过程，王弼以其缜密的思维、环环相扣的逻辑过程从理论上完满地解决了魏晋玄学的时代课题。

通过对所研究内容的总结，我们发现，王弼的哲学思想，尽管以他个人的名字来命名，但是解决的却是那个时代的哲学家们面临的共同的时代课题，反映着那个时代共同的精神需求，可以说，王弼哲学思想体系是符合历史逻辑的；就其思维过程来说，他的思维过程环环相扣、步步为营、论证充分，成功地对他所要解决的时代课题作出了回答，那么，我们也可以说，王弼的哲学思想是符合思维逻辑的。王弼的哲学思想达到了历史逻辑与思维逻辑的统一，由此，我们认为王弼哲学思想已经达到了一个完整体系的基本要求。

二　关于王弼《老子》《周易》的注释问题

在王弼建构其哲学思想的过程中，还完成了一项伟大的事业，即对《老子》《周易》的注释。王弼注释《老子》《周易》的初衷是为了获取其中的本体论资源，但是他因此而所作的《老子注》《周易注》却在整个《老子》《周易》流传过程中，起到了一次重要的摒弃异说、正本清源的作用。

《周易》作为最为重要的儒家经典文献之一，它在汉代的流传自然无法逃脱经学化、神学化、谶纬化的窠臼，时人对于《周易》的理解与《周易》本义的背离可想而知。那么，当时的《老子》情况又是如何呢？西汉初期，由于受到黄老之治政策的影响，《老子》学说受到了极大的重视和极高的评价，《史记·外戚世家》云："窦太后好黄帝、老子言，帝及太子诸窦不得不读黄帝、老子，尊其术。"[1]司马谈《论六家要旨》云："道家使人精神专一，动合无形，赡足万物。其为术也，因阴阳之大顺，采儒、墨之善，撮名、法之要，与时迁移，应物变化，立俗施事，无所不宜，指约而易操，事少而功多。"[2]由于汉初统治者提倡"读老子书（《老子》）、尊老子术

---

[1]　（汉）司马迁：《史记》，军事谊文出版社2006年版，第287页。

[2]　同上书，第635页。

（老子的治国之道）"①，所以，虽然时人对于《老子》的理解重在强调《老子》的政治化倾向，但是他们对于《老子》的注释"仍然以《老子》本文为主"②。汉武帝罢黜百家、独尊儒术后，《老子》之学退出了政治舞台，彼时的《老子》学说发生了向多个方向发展的倾向。第一个方向是，仍然有很多《老子》爱好者继续研习《老子》，他们对于《老子》的研究目的还是"施于为政"，他们的注说仍然是以《老子》本义为主，比如严遵在《老子》注释中说："夫礼之为事也，中外相违，华盛而实毁，末降而本衰。礼薄于忠，权轻于威，信不及义，德不逮仁，为治之末，为乱之元，诈伪所起，忿争所因。"③ 第二个方向是，《老子》作为一种文化资源，受到一些经学家的追捧，东汉时期经学大师林立，有许多都是兼通《易》《老》的，比如博通经籍的一代名儒马融也注过《老子》④。第三个方向是，《老子》之学由重治世向贵养生的转变。这一变化在《河上公章句注》中有所反映，《河上公章句·体道》："道可道，谓经术政教之道也。非常道，非然自长生之道也。常道当以无为养神，无事安民，含光藏晖，灭迹匿端，不可称道。"⑤ 第四个方向是，汉代末期，《老子》之学的养生思想再进一步发展，又发生了从学术向宗教的转变。这一转变直接表现在用神仙思想注解《老子》的《老子想

---

①　姚圣良：《汉代老子"角色"变换及其老学史意义》，《北方论丛》2008 年第 6 期。

②　熊铁基、马怀良、刘韶军：《中国老学史》，福建人民出版社 1995 年版，第 149 页。

③　转引自熊铁基、马怀良、刘韶军《中国老学史》，福建人民出版社 1995 年版，第 177 页。

④　《后汉书》载："注《孝经》、《论语》、《诗》、《易》、《三礼》、《尚书》、《列女传》、《老子》、《淮南子》、《离骚》，所著赋、颂、碑、诔、书、记、表、奏、七言、琴歌、对策、遗令，凡二十一篇。"载（宋）范晔《后汉书》，（唐）李贤注，中华书局 1999 年版，第 1333 页。

⑤　（汉）严君平：《老子道德经河上公章句》，中华书局 1993 年王卡点校本，第 1 页。

尔注》中，比如《想尔注》中将"我欲异于人，而贵食母"注为
"仙人与俗人异，不贵荣禄财宝，但贵食母者，身也，于内为胃，主
五藏气。俗人食谷，谷绝便死；仙士有谷食之，无则食气"① 等。可
以说，王弼时期所能见到的《老子》学说已经广泛分布于道家、儒
家、道教之中，除了道家所注《老子》尚能保持《老子》的本义
外，儒家和道教对于《老子》的理解都存在着明显的异化倾向，比
如马融对《老子》的注释已经散佚，但是从他本于老庄之说，不拘
名节，"善鼓琴，好吹笛，达生任性，不拘儒者之节。居宇器服，多
存侈饰。常坐高堂，施降纱帐，前授生徒，后列女乐"② 的行为，也
能看得出他对《老子》的异化理解；《河上公章句注》明显是使用
了汉代章句学的注释传统，章句学对于文本最大的影响就是使文本
走向烦琐和疏离；《老子想尔注》更不消说，完全是将一个外在的系
统和结构强加在《老子》文本中，这与汉代神学化、谶纬化的解释
传统是分不开的。总而言之，《老子》之学，自汉初以后，在很大程
度上已经背离了《老子》的本义。

王弼时期，《老子》《周易》流传的实际情况是，人们对于《老
子》《周易》的理解基本已经背离了《老子》《周易》的本义。当
《老子》《周易》因其丰富的本体论资源而受到魏晋玄学家的青睐
时，他们必须要以全新的方式进行重新注释。王弼也是如此，王弼
为了获得《老子》《周易》的本体论资源，他注释了《老子》和
《周易》。对于王弼的《老子注》和《周易注》，后人常常以文本与
注本的契合情况评论王弼的注释文本，得出以老注老、以易注易、
以老注易、以易注老等不同结论。比如《四库全书总目提要》称：
"平心而论，阐明义理，使《易》不杂于术数者，弼与康伯深为有
功；祖尚虚无，使《易》竟入于《老》、《庄》者，弼与康伯亦不能
无过。瑕瑜不掩，是其定评。"再比如近代学者蒋丽梅先生认为：

---

① 饶宗颐：《老子想尔注校证》，上海古籍出版社 1991 年版，第 26—27 页。
② （宋）范晔：《后汉书》，（唐）李贤注，中华书局 1999 年版，第 1333 页。

"王弼对《周易》的阐发，不仅以《老》通《易》，而且用《庄》解《易》，将易学玄学化。"① 我们认为，对于王弼注本的理解，还是要以王弼自己的思想为指导，对于王弼来说，《老子》《周易》共同关注的核心问题是"无"，但是由于"无"无形无名，所以使用那些认识具体事物的方法是无效的，无法使用认识具体万物的方法认知的"无"，也就不能用描绘具体事物的语言来言说"无"，所以对于《老子》《周易》也就不能用执着于语言的方法去理解，王弼认为"得象忘言""得意忘象"才是理解《老子》《周易》的最好的方法。对于《老子》《周易》的理解不能执着于言，这决定了王弼注释《老子》《周易》的语言就不可能是随文而注，那么，那些以语言的契合性判断王弼注本与原文本之间的关系的方法自然是不可取的。事实上，为了获得《老子》《周易》的本体论资源，王弼归纳他们的核心问题，发掘他们的语言技巧，使用"附会"的解释方式……总之，王弼的一切努力都是在使用文本自身的资源去澄明文本的核心问题。王弼的做法完全是解释学的，他的注释也只能是"以易注易""以老注老"而不是其他。王弼对《老子》《周易》的注释与时人背离《老子》《周易》精神的注释传统显然完全不同，他在《老子注》《周易注》中澄明的是本于《老子》《周易》本义，这对于《老子》《周易》的流传来说，无异于一次摒弃异端，正本清源。

三　关于王弼"贵无"的问题

论及魏晋学术特点，便不能不称道其本体论哲学。汤用彤先生称之为"已不复拘拘于宇宙运行之外用，进而论天地万物之本体"②，康中乾先生更是认为，"宇宙本体论当是魏晋玄学的哲学主

---

① 蒋丽梅：《王弼〈易〉注用〈庄〉论》，《周易研究》2007 年第 4 期，第 44 页。

② 汤用彤：《魏晋玄学论稿及其他》，北京大学出版社 2010 年版，第 43—44 页。

题所在"①。在魏晋哲学的本体论思想中，王弼是最为重要的人物，他发明了玄学认识论，建构了本体论思想，他的玄学认识论与其本体论思想影响了整个魏晋玄学的逻辑发展，汤用彤先生称之为"玄宗之始"②，余敦康称其开启了中国古代哲学史上"一场划时代的变革"，"这场变革最终结束了统治两汉时期达数百年之久的经学传统，开创了贯穿整个魏晋南北朝时期的一代玄风"③。从以上诸论不难看出，本体论思想是王弼在中国哲学史上最为重要的贡献之一，那么，王弼的本体论思想的殊胜之处又在哪里呢？

王弼的本体一般被称之为"无"。汤用彤先生认为王弼之学在"以无为本"④，自汤先生之后，学者多从汤先生的研究范式，纷纷对"无"的内涵进行探究：刘大杰先生认为在王弼那里"'无'与'道'完全成为一物，但是在作用方面，无是有虚空的意思"⑤。唐君毅先生认为"此寂然至无，即无一切形器形体，而'无体'之'无'。此无，乃一切物之动之息处，亦一切物之获具存之所依"⑥。冯友兰先生认为，"直截了当地说，抽象的有就是无"⑦。康中乾先生认为王弼的"无"范畴应当包括三种（五个方面）的含义⑧等。近年来，有些学者提出不同见解，认为王弼的本体论思想不应为"贵无论"，而应为"贵道论"。奚秀昌先生在其硕士论文中指出："将王弼的'有无之辨'用'贵无论'概括，未必合适，如果非要

————————

① 康中乾：《魏晋玄学关于宇宙本体思想的逻辑演进》，《哲学研究》2011 年第 5 期。

② 汤用彤：《魏晋玄学论稿及其他》，北京大学出版社 2010 年版，第 23 页。

③ 余敦康：《魏晋玄学史》，北京大学出版社 2004 年版，第 3 页。

④ 汤用彤：《魏晋玄学论稿及其他》，北京大学出版社 2010 年版，第 45 页。

⑤ 刘大杰：《魏晋思想论》，上海古籍出版社 1998 年版，第 45 页。

⑥ 唐君毅：《中国哲学原论·原道篇》，《唐君毅全集》（第五卷），台湾学生书局 1986 年版，第 350 页。

⑦ 冯友兰：《中国哲学史新编》（中卷），人民出版社 2001 年版，第 402 页。

⑧ 康中乾：《有无之辨——魏晋玄学本体思想再解读》，人民出版社 2003 年版，第 168—194 页。

作出一个概括，那么，应该称之为'贵道论'"①；丁虎先生在其
《走出王弼玄学以"无"为本体论的误区》中指出："王弼哲学，无
论是从'无'在文本中的含义，还是从'无'与'道'的关系，都
无法说明'无'具有本体论的意义。从王弼的整个哲学体系上看，
仍是以'道'为本体。"② 那么，王弼的"无"究竟有什么特别之
处？为了回答这一问题，我们可以通过理清"无"与"道"的关系
来说明。

　　"无"在王弼那里被定义为本体论范畴，但是本体论思想并不是
王弼首创。因为，在中国古代哲学中作为形而上的"道"的范畴中
就包含本体论的意义。中国古代哲学中的"道"在形而上学层面具
有两种内涵：第一，万物的本源。比如《老子》第六章中说："谷
神不死，是谓玄牝，玄牝之门，是谓天地根。绵绵若存，用之不
勤。""'牝'，雌性动物之统称。'玄牝'借以形容万物最初之生养
者。"③ 这是对道生万物的一种形象的比喻。《老子》第二十五章：
"有物混成，先天地生，寂兮寥兮，独立不改，周行而不殆，可以为
天下母。""母"与"子"相对，子由母所生，所以这里是在说早在
万物之前道已经存在，天地万物都是由"道"产生的，在这个意义
上，"道"是万物之母，"道"具有本源的意义。在《周易》中，世
界万物生成的图景被描述为："易有太极，是生两仪，两仪生四象，
四象生八卦，八卦定吉凶，吉凶生大业。"（《周易·系辞上》）这是
说，万物是从易道中产生的，即道具有本源的意义。第二，"道"也
具有本体论的意义。比如《老子》第三十四章："万物恃之而生而
不辞，功成不名有，衣养万物而不为主。常无欲，可名于小；万物
归焉而不为主，可名为大。"这是说道生成万物之后，并没有因此而

---

　　① 奚秀昌：《王弼本体论思想再探》，硕士学位论文，吉林大学，2013 年 6 月，
第 19 页。

　　② 丁虎：《走出王弼玄学以"无"为本体论的误区》，《理论月刊》2014 年第 7
期。

　　③ （魏）王弼：《老子道德经注》，中华书局 2011 年楼宇烈校释本，第 19 页。

消失，反而成为万物自足的根本，成为万物的最高根据，这是说道的本体意义。在《周易》中，道也有本体意义，《周易·系辞下》："形而上者谓之道，形而下者谓之器，化而裁之谓之变，推而行之谓之通，举而措之天下之民谓之事业。"《周易》作者同样认为道产生万物之后，便以万物规律的形态存在于万物，这也是"道"的本体意义。《老子》《周易》中关于"道"的论述说明在中国古代哲学中"道"的范畴是"本体论"与"本源论"的统一，换句话说，就是在中国古代哲学中"本体论"与"本源论"是"纠缠"在一起的。

从"道"的本源意义上来说，"道"是存在于万物未分化之前独立存在的"实体"，此道为具体之"有"，这时的道之为"无"，是"有物混成，先天地生"的不可认知性；从"道"的本体意义上来说，"道"虽为客观存在，但是它已经不独立存在，而是分散到万物之中的"道之为物，惟恍惟惚。惚兮恍兮，其中有象；恍兮惚兮，其中有物"的存在，这时的"道"实质是"有"，但是其属性却是"视之不见名曰夷，听之不闻名曰希，搏之不得名曰微""其上不皦，其下不昧，绳绳不可名，复归于无物，是谓无状之状、无物之象"的"无"，这个"无"不是不可认知性，只是不能用"视""听""搏"等认识具体万物的方法去认知它，这个"无"是表征本体属性上的"无"。由以上分析来看，中国古代哲学中，道具有本原和本体两种内涵，而且两种内涵下的"道"都可以指称为"无"，其不同的是，作为本原的"无"是由于不能认识而产生的，而本体的"无"则完全是认知的结果，所以两种"无"有着本质的不同。王弼意识到这一点，所以他将指称本原的"无"称为不可体之道，而将指称本体的"无"称为可体的"无"——"不可体"之道是指本原意义的"道"，"不可体"指的是道在本原意义上的不可认知的"无"，"可体"的"无"指的是本体意义的"道"，"可体"指的是道在本体意义上是可以认知的。为了区别"道"的本体意与本源义，他将"道"这一名称留给了"本源意"，而将"道"的本体义重新命名了"无"。王弼对于"道不可体"而"无可体"的论述，表明他对道的本源意义和本体意义的认识是非常清楚的，正是由于他清楚地认识到道的本体意义，所以他有意地将《老子》《周易》中的本体之道提炼出来，汇通二者，重新构建了本体论思想。

综上所述，我们发现，在王弼那里，"无"的实质是道，但是"道"的实质又不是"无"。那么，我们该如何理解王弼的"本体"呢？这其实并不困难，因为王弼已经在其言意关系思想中给出了解决的方案。在王弼看来，"象"尽"意"却不是"意"，"言"尽"象"又不是"象"，所以对于意象言的规定性的理解就不能执着于意象言本身，而只能在其相互规定中去理解它们的规定性，这就是所谓的"得象忘言""得意忘象"。相似地，对于王弼的本体的理解无论是执着于"无"，还是执着于"道"都是不对的，反而是在"无"与"道"的相互规定中才能更好地理解本体的规定性。那么，是否以"无""道"作为王弼本体的做法就不对呢？我们认为，将王弼的本体规定为"无"或者"道"都有可取之处，也都不完全合理。因为，在王弼看来，命名有两种方法：第一种是名，名是由万物自身的属性特征来规定的；第二种是"称"，当人们不能够从整全的角度把握事物时，为了事从权宜，所以只能根据事物的某种属性特征，将事物以"称谓"的方式命名。对于本体而言，本体至大，又无形无名，所以是无法将其"命名"的，而只能予以"称谓"。如果我们从"本体"的属性来称谓时，我们可以称之为"无"；如果我们从"本体"的来源的角度则可称谓为"道"。所以从称谓的角度说将本体称之为"无"或"道"是合理的，但是王弼同时认为"称未尽其极"，也就是说"无"或"道"只表明了本体的某种属性，而非本体的整全性，所以用"无"或"道"的称谓本体也不完全合理。那么，如果从称谓法出发，哪个称谓最适合作为王弼的本体呢？对于王弼来说，王弼对于本体的关心不在于本体有怎样的属性、不在于本体的存在方式，也不在于本体的本原是什么，他最关心的是本体对万物的作用，即使万物之所以为万物所以然者的作用，从这个意义上说，我们认为王弼的"万物之宗"则是其最好的称谓。

以上分析表明，在中国古代哲学中，"道"是一个本源意义和本体意义的综合体，但是到了王弼这里，他不仅将道的本源意义与本体意义进行了区分，而且将二者分别赋予了不同的称谓。尽管王弼的"万物之宗"没有得到我们的认可，但是"无"作为中国古代哲学的本体观念已经深入人心。在王弼的影响下，本体论及围绕本体论而产生的玄学认识论成为魏晋玄学的一道风景线，所以，我们认为王弼哲学思想对魏晋玄学影响最大的就在于他的本体论思想，本体论哲学是王弼哲学思想最为闪光的部分。

四　关于王弼"清谈误国"的问题

王弼的哲学思想在中国社会发展史上曾经备受争议，甚至被认为是"空谈误国"的始作俑者，对于王弼最为严苛的历史评价莫过于晋代范宁：

> 王何蔑弃典文，不遵礼度；游辞浮说，波荡后生。饰华言以翳实；骋繁文以惑世。搢绅之徒，翻然改辙。洙泗之风，缅然将坠。遂令仁义幽沦，儒雅蒙尘；礼坏乐崩，中原倾覆。……王何叨海内之浮誉，资膏粱之傲诞，画魑魅以为巧，扇无检以为俗。郑声之乱乐，利口之覆邦，信矣哉！吾固以为一世之祸轻，历代之罪重；自丧之衅小，迷众之愆大也！①

范宁等人认为，何晏、王弼所开创的魏晋学术，对于社会动乱有不可推卸的责任。

那么，王弼的哲学思想是否确实存在不利于社会稳定的因素呢？王晓毅先生认为魏晋玄学虽然开创了一代新风，但是他们将理想人

---

① （唐）房玄龄：《晋书》，中华书局 2000 年标点本，第 1320 页。

格作为人生的终极价值，他们没有最终建立一个超越生命的精神圣界，这样，就"使社会思想向多元化方向发展，弱化了社会的凝聚力和整体的生存功能。因此，社会的失控、综合国力的削弱加上少数民族内迁，使中国陷入了长期的社会动荡和国家分裂"①。林丽真先生认为，"王弼的'幼而察惠'，诚如上述，不过开出智悟境界与艺术境界而已；若论德性境界，则可谓互不相涉。故其所悟之理，乃是玄之又玄的形上之理，并非生命主体自觉的心性之理。他之所以成为一代'名士'，乃在其生命精神所透显的清新俊逸之智光，而无关于人生修养上的实修实证"②。从王晓毅、林丽真先生的分析来看，他们认为王弼的哲学思想过于强调自己的本性和自然情感，缺少礼教作为价值标准和参考系，这是王弼哲学思想不利于社会稳定的主要因素。但是，从我们的研究来看，这种评价并不符合事实。对于王弼来说，他确实建立了一个略带神秘色彩的宇宙本体"无"，这个"无"也确实强调自己的本性和自然情感，但是这个"无"并不是超越性的，不是悬置于我们的认识和实践之外的。王弼认为名教是生于自然、成于自然的，名教所规定的一切都是圣人根据"无"所赋予人的自然本性而产生的，也就是说尽管王弼强调"自己的本性和自然情感"，但是这种"自己的本性和自然情感"是以名教的各种规定作为自己"价值标准和参考系"的，生于自然、成于自然的名教就是"自己的本性和自然情感"的至高境界。所以，我们认为，王弼不但没有抛弃名教，反而论证了名教的合理性，维护了名教之治的合法性。由此说来，王弼的哲学思想，既没有"蔑弃典文，不遵礼度"，也没有"游辞浮说，波荡后生"，不但如此，王弼还对动乱的社会现实作出了分析，而且提出了救治的方法。如此说来，王弼的哲学思想根本没有造成社会动乱的可能性。

如果非要将王弼哲学思想与动乱的社会现实联系在一起，那么，

---

① 王晓毅：《王弼评传》，南京大学出版社 1996 年版，第 341 页。

② 林丽真：《王弼》，台湾东大图书公司 1996 年版，第 5 页。

我们认为当时的社会之所以更加动乱，恰恰是由于王弼的哲学思想一直高居理论的神坛，而没有机会占据统治阶级地位造成的。由此，我们只能遗憾地说，王弼虽然建构了一个完整的思想体系，并且这个完整的思想体系从理论上完满地解决了魏晋玄学的时代课题。但是，由于王弼的人微言轻、由于那个时代的动乱无常，这个思想体系并没有被统治阶级认可，所以它并没有从实际上解决社会问题，终结当时的动乱局面。也许正因为如此，王弼哲学思想有时也为后人所诟病。

综上所述，我们足以发现王弼本体论思想的独特之处，王弼本体思想的建构本质上是王弼以缜密的思维将中国古代哲学中"道"的本体性意义从"道"的本体与本源意义的"纠缠"中分离出来，从中国哲学自身逻辑发展的角度说，这是中国古代哲学自身逻辑发展的一个重要环节。由此，我们可以肯定地说，王弼的哲学思想在中国古代哲学的发展史上，特别是中国本体论哲学的发展史上可谓贡献突出，堪称一枝独秀。

参考文献

一 古文献

1.《孟子》，中华书局 2006 年万丽华、蓝旭译注本。

2.《列子》，（晋）张湛注，上海书店出版社 1989 年版。

3.《庄子》，中华书局 2015 年方勇译注本。

4.（汉）班固：《汉书》，（唐）颜师古注，中华书局 1999 年版。

5.（汉）司马迁：《史记》，军事谊文出版社 2006 年标点版。

6.（汉）严君平：《老子道德经河上公章句》，中华书局 1993 年王卡点校本。

7.（汉）班固：《汉书·董仲舒传》，中华书局 1962 年标点版。

8.（魏）王弼：《老子道德经注》，中华书局 2011 年楼宇烈校释本。

9.（魏）嵇康：《嵇康集校注》，戴明扬校注，中华书局 2015 年版。

10.（晋）陈寿：《三国志》，（宋）裴松之注，中华书局 1999 年版。

11.（晋）郭象：《庄子注疏》，（唐）成玄英注，中华书局 2011 年版。

12.（南朝）皇侃：《论语义疏》，中华书局 2013 年标点版。

13.（唐）房玄龄：《晋书》，中华书局 2000 年标点本。

14. （宋）范晔：《后汉书》，（唐）李贤等注，中华书局 1999 年版。

15. （宋）范应元：《老子道德经古本集注撰》，黄曙辉点校，华东师范大学出版社 2010 年版。

16. （宋）周敦颐：《周子通书》，上海古籍出版社 2000 年标点版。

17. （宋）范晔：《后汉书》，（唐）李贤注，中华书局 1999 年版。

18. （清）阮元：《十三经注疏（清嘉庆刊本）》（一），中华书局 2009 年版。

19. （清）刘宝楠：《论语正义》，中华书局 1990 年标点版。

20. （清）瞿镛：《铁琴铜剑楼藏书目录》，中华书局 1990 年版。

二　学术著作

1. 冯契：《中国古代哲学的逻辑发展》，上海人民出版社 1984 年版。

2. 冯友兰：《中国哲学史新编》（中卷），人民出版社 1998 年版。

3. 冯达文：《中国哲学的本源——本体论》，广东人民出版社 2001 年版。

4. 高明：《帛书老子校注》，中华书局 1996 年版。

5. 高晨阳：《儒道会通与正始玄风》，齐鲁书社 2000 年版。

6. 高龄芬：《王弼与郭象玄学方法之研究》，花木兰文化出版社 2008 年版。

7. 郭齐勇、郑文龙：《杜维明全集》（第五卷），武汉出版社 2002 年版。

8. 贺昌群：《魏晋清谈思想初论》，商务印书馆 1999 年版。

9. 韩强：《王弼与中国文化》，贵州人民出版社 2001 年版。

10. 康中乾:《有无之辨——魏晋玄学本体思想再解读》,人民出版社 2003 年版。

11. 楼宇烈:《王弼集校释》,中华书局 1980 年版。

12. 林丽真:《王弼》,台湾东大图书公司 1996 年版。

13. 刘大杰:《魏晋思想论》,上海古籍出版社 1998 年版。

14. 李崇智:《人物志校笺》,巴蜀书社 2001 年版。

15. 李建中、高华平:《玄学与魏晋社会》,河北人民出版社 2003 年版。

16. 牟宗三:《才性与玄理》,广西师范大学出版社 2006 年版。

17. 南怀瑾:《老子他说》,复旦大学出版社 2002 年版。

18. 钱穆:《庄老通辩》,生活·读书·新知三联书店 2005 年版。

19. 饶宗颐:《老子想尔注校证》,上海古籍出版社 1991 年版。

20. 唐君毅:《中国哲学原论·原道篇》,《唐君毅全集》(第五卷),台湾学生书局 1986 年版。

21. 汤一介:《郭象与魏晋玄学》,北京大学出版社 2000 年版。

22. 汤用彤:《魏晋玄学论稿》,上海古籍出版社 2001 年版。

23. 田永胜:《王弼思想与诠释文本》,光明日报出版社 2003 年版。

24. 王晓毅:《中国文化的清流》,中国社会科学出版社 1991 年版。

25. 王新春:《神妙的周易智慧》,中国书店出版社 2001 年版。

26. [德] 瓦格纳:《王弼〈老子注〉研究》,杨立华译,江苏人民出版社 2009 年版。

27. [奥] 维特根斯坦:《哲学研究》,李步楼译,陈维杭校,商务印书馆 2000 年版。

28. 吴树平:《东汉观记校注》,中州古籍出版社 1987 年标点本。

29. 许抗生:《魏晋玄学史》,陕西师范大学出版社 1989 年版。

30. 徐复观：《中国思想史论集续篇》，上海书店出版社 2004 年版。

31. 徐震堮：《世说新语校笺》，中华书局 1984 年版。

32. 熊铁基、马怀良、刘韶军：《中国老学史》，福建人民出版社 1995 年版。

33. 余敦康：《何晏王弼玄学新探》，方志出版社 2007 年版。

34. 余敦康：《魏晋玄学史》，北京大学出版社 2004 年版。

35. 章太炎：《章太炎全集》，上海人民出版社 1985 年版。

36. 詹锳：《文心雕龙义证》，上海古籍出版社 1989 年版。

37. 张连良：《中国古代哲学史》，中国社会科学出版社 2015 年版。

38. 张舜徽：《周秦道论发微》，中华书局 1982 年版。

三　期刊论文

1. 陈琦：《王阳明"致良知"思想研究》，博士学位论文，吉林大学，2014 年 12 月。

2. 陈正夫：《老子"道"的宇宙论及其历史作用》，《江西大学学报》1991 年第 2 期。

3. 陈来：《魏晋玄学的"有""无"范畴新探》，《哲学研究》1986 年第 9 期。

4. 董春：《易学视域下的儒道会通》，博士学位论文，山东大学，2017 年 5 月。

5. 戴连璋：《王弼易学中的玄思》，《中国哲学研究集刊》1991 年第 1 期。

6. 丁虎：《走出王弼玄学以"无"为本体论的误区》，《理论月刊》2014 年第 7 期。

7. 傅齐纨：《王弼〈老子注〉"本末"思想及诠释方法》，硕士学位论文，华侨大学，2014 年 6 月。

8. 冯友兰：《魏晋玄学贵无论关于有无的理论》，《北京大学学报》（哲学社会科学版）1986 年第 1 期。

9. 关英菊、刘昱：《从心理和文化的矛盾看人的存在的辩证本性》，《长白学刊》2004 年第 2 期。

10. 高晨阳：《论王弼玄学体系的建构方法》，《中国哲学史》1999 年第 3 期。

11. 高晨阳：《玄学的主题：自然与名教之辨》，《孔子研究》1994 年第 3 期。

12. 黄燕强：《"进化"视野下的"中国哲学史"创作》，《哲学研究》2017 年第 4 期。

13. 贺来：《"认识论转向"的本体论意蕴》，《社会科学战线》2005 年第 3 期。

14. 胡占光：《"崇本息末"与"崇本举末"——王弼对〈老子〉的两种诠释路向》，硕士学位论文，安徽师范大学，2014 年4 月。

15. 蒋丽梅：《王弼〈易〉注用〈庄〉论》，《周易研究》2007 年第 4 期。

16. 康中乾：《郭象认识论辨析》，《陕西师范大学学报》（哲学社会科学版）2006 年第 5 期。

17. 吕玉霞：《魏晋时期儒佛道思想互动研究》，博士学位论文，山东大学，2011 年 4 月。

18. 刘宝才：《春秋思想的过渡性质与老子孔子学说的诞生》，《管子学刊》2001 年第 1 期。

19. 刘立夫、刘忠于：《有无之辨与魏晋玄学本体论问题》，《船山学刊》2003 年第 3 期。

20. 李兰芬：《"体无"何以成"圣"——王弼"圣人体无"再解》，《中山大学学报》（社会科学版）2008 年第 4 期。

21. 秦跃宇：《综合名实与中庸至德——刘劭儒道兼治研究》，《内江师范学院学报》2010 年第 5 期。

22. 齐振海：《〈认知与语言〉述评》，《外语研究》2009 年第

1 期。

23. 秦淮：《王弼"以无为用"论辨析》，《青海社会科学》2002 年第 1 期。

24. 宋志明：《名教出于自然——王弼哲学话题刍议》，《商丘师范学院学报》2011 年第 8 期。

25. 宋欢：《王弼与郭象自然观的异同》，硕士学位论文，吉林大学，2007 年 6 月。

26. 沈艳华：《崇本息末——王弼对老学的继承与发展》，硕士学位论文，河北大学，2004 年 10 月。

27. 涂文丽：《王弼易学思想述论》，硕士学位论文，郑州大学，2013 年 5 月。

28. 王晓毅：《王弼〈论语释疑〉研究》，《齐鲁学刊》1993 年第 5 期。

29. 王晓毅：《何晏、王弼易学"时义"观差异及其原因》，《周易研究》2016 年第 6 期。

30. 王炜：《〈既济〉〈未济〉两卦研究》，《中华文化论坛》2017 年第 11 期。

31. 王博：《"然"与"自然"：道家"自然"观念的再探究》，《哲学研究》2018 年第 10 期。

32. 吴迪：《王弼自然与名教思想研究》，硕士学位论文，吉林大学，2013 年 6 月。

33. 王先亮：《先秦儒道本体论研究》，博士学位论文，山东大学，2018 年 5 月。

34. 王天彤：《魏晋易学研究》，博士学位论文，山东大学，2007 年 4 月。

35. 舒习龙：《进化史观的传播与史书编撰的创新》，《理论导刊》2007 年第 3 期。

36. 徐为民：《非 P：不可说者的逻辑原型——维特根斯坦逻辑哲学中的不可说者探析》，《浙江大学学报》（人文社会科学版）

2002 年第 2 期。

37. 奚秀昌:《王弼本体论思想再探》,硕士学位论文,吉林大学,2013 年 6 月。

38. 许抗生:《关于玄学哲学基本特征的再研讨》,《中国哲学史》2000 年第 1 期。

39. 游艳玲:《王弼"老不及圣"论刍议》,《中山大学研究生学刊》(社会科学版) 1999 年第 1 期。

40. 姚遥:《魏晋玄学言意之辨研究》,硕士学位论文,吉林大学,2011 年 6 月。

41. 姚圣良:《汉代老子"角色"变换及其老学史意义》,《北方论丛》2008 年第 6 期。

42. 于永军:《马克思逻辑与历史统一的理论》,博士学位论文,山东师范大学,2010 年 6 月。

43. 张连良:《心理与文化关系问题是生存论的基本问题》,《长白学刊》1998 年第 1 期。

44. 张连良:《中国哲学的本体观念及建立本体的方法》,《吉林大学社会科学学报》2000 年第 5 期。

45. 张连良:《儒道融合的心路历程》,《长白学刊》1994 年第 6 期。

46. 张连良:《中国哲学的内在逻辑与中国哲学的诠释》,《长白学刊》2008 年第 5 期。

47. 郑明璋:《论董仲舒天人合一思想的三个层面》,《船山学刊》2009 年第 3 期。

48. 张妍:《王弼本末思想研究》,硕士学位论文,吉林大学,2013 年 6 月。

跋

　　人的一生中，总有许多事，值得回望，其原因，或许是因为它的重要，或许是因为它的坎坷。于我而言，五年半的博士学习，成为我人生中值得回望的事，既是因为它重要，也是因为它坎坷，更是因为在这段时间里，我曾经在很多人的帮助下，战胜艰难坎坷，获得了学术水平的提升，写成了最终的博士学位论文。

　　2013 年，我十分顺利地考入了吉林大学哲学社会学院，跟随张连良教授学习中国哲学，开启我的博士研究生生活。我是一名跨专业的博士研究生，"中国哲学"对我来说完全是一个陌生领域，面对新领域，我要完成学科思维方式的转变，还要跟进本领域的学术科研，学习的道路并非坦途，但是在导师的指导下，也算是一切顺利，所以在博二的上学期期末，就跟随师兄、师姐们进入了开题阶段，确立了《王弼哲学思想研究》这一学位论文选题。然而，就在博士三年级刚刚开始，准备进入论文写作阶段时，导师却因病入院。经抢救治疗，幸得安好，但是工作安排却受到了很大的影响，这对于我来说，绝对是个重大的打击。因为，尽管此前经过了两年的学习，但是至多是完成了思维转换，对于新领域还尚处于未上路状态，更无从谈大、小论文的写作。但是，对于博士研究生而言，不管你遇到了怎样的现实困境，大论文还是要写作，小论文还是要发表，这是获取学位资格的必由之路，然而，现实如此，也只能面对，无计之计，只能自己尝试写作。但是，比现实更现实的是，写作之后，也很难得到很好的指导。所以接下来的生活是单调的、灰色的——写作、投稿、退稿，写作、投稿、退稿……不断往复的日子让人有点儿压抑，甚至偶尔会让人感到绝望。然而，尽管如此，生活也似乎并没有怠慢我，因为在这个过程中，我收获了家人最大的支持和鼓励，也在反复的写稿、退稿中，收到了很多老师的意见和建议。正是因为有了这些老师的建议，我得以不断反思自己，修正自己，几经波折，终于完成了小论文的发表和大论文的写作，博士学位论文《王弼哲学思想研究》终于由此成稿。《王弼哲学思想研究》在学位论文审核及学位论文答辩期间，得到了各位内外审专家及答辩委员会老师的肯定，论文顺利通过内外盲审和答辩，我也因此被授予哲学博士学位，《王弼哲学思想研究》一文由此成为我人生之中，浓墨重彩的一页。

我取得了博士学位，也参加了工作，但是对于《王弼哲学思想研究》一文，仍然感觉有很多未尽之处。因为在论文盲审、答辩期间，内外审专家及答辩委员会的老师们在肯定我论文的同时，还提出了很多宝贵的意见，这些意见我视若珍宝。我不想在工作多年之后，使这些珍宝被遗忘或被蒙尘，所以经认真思索、仔细检视之后，我根据各位老师的意见和建议，再次完善《王弼哲学思想研究》一文，并以此成书。

《王弼哲学思想研究》一书，是由我独立完成的，但是从跟随导师学习并确立选题，到论文写作、答辩乃至于最后的成书，其间凝结了无数人对我的帮助，这一切，于我便是所受世间最大的恩惠。今将以成书，以慰藉我的家人、我的导师，更将以此书致谢于那些曾经帮助过我的老师们。谢谢！

孔祥玲
于吉林省四平市
2019 年 8 月 27 日